인터넷 세대를 위한

원격교육활용론

염명숙 · 조은순 공저

남두도서

남두(南斗) : 남두육성(南斗六星)

은하의 중심인 사수자리에 있는 국자모양의 여섯 개의 별로서, 인간의 탄생을 결정하는 별로 알려져 있다.

머리말

원격교육은 이미 오래 전부터 전통적인 학교교육의 대안형태로 운영되어 왔다. 초기 우편 시스템을 이용한 원격교육은 방송과 오디오, 비디오 교재 등 여러 매체들을 복합적으로 활용한 자학자습에 바탕을 두고 발전되었으나, 정보통신공학이 급속히 발전하면서 컴퓨터와 인터넷 테크놀로지에 기반을 둔 보다 개방되고 혁신적인 정보사회의 교육형태로 변화되고 있다.

최근 어느 나라를 막론하고 원격교육에 대한 관심이 고조되고 있으며, 유아교육에서 평생교육에 이르기까지 다양한 수준의 교육에 확산되어 활용되고 있다. 특히 인터넷 등 쌍방향 첨단매체의 발달과 평생교육에 대한 요구가 늘어가면서 원격교육의 활용범위는 향후에도 더욱 확대될 것이다.

테크놀로지가 가져온 이러한 사회적인 변화에 따라 사회교육 과정이 평생교육 과정으로 바뀌었고, 평생교육 과정에 원격교육활용론이 핵심 과목으로 인정받게 되었다. 더욱이 인터넷은 원격교육의 한 가운데 우뚝 서게 되었다.

이 책은 그 동안 저자들이 대학에서 〈원격교육교육론〉을 가르치면서 학생들이 쉽게 이해할 수 있는 원격교육 활용에 대한 개론서가 필요하다는 데 의견을 모아 교재를 집필하게 되었다. 원고를 준비하는 과정에서도 끊임없이 변화하는 원격교육의 범위와 내용 때문에 몇 번이나 수정이 되었으며, 아직도 완전하지 않은 감을 떨칠 수 없지만 더이상 탈고를 지체할 수 없다는 생각에서 과감하게 책으로 꾸미게 되었다.

이 책은 총 14장으로 한 학기에 맞추어 수업을 진행할 수 있도록 구성하였다.

제1장에서는 원격교육에 사용된 다양한 용어를 살펴보면서 원격교육의 정의를 파악하고, 제2장에서는 원격교육이 어떻게 발달되었는지를, 제3장에서

는 원격교육의 성장에 기여한 사회적 변화, 평생교육과 원격교육의 관계를 살펴보았다.

제4장에서는 원격교육의 핵심요소와 원격교육의 이론적 기초를 제시하였고, 제5장에서는 원격교육에서 활용되는 핵심 교수 - 학습 방법을, 제6장에서는 원격의 교수와 학습을 설계하는 방법과 내용에 대하여 알아보았다.

제7장에서는 원격교육에서 활용되는 다양한 매체를 살펴보았고, 제8장에서는 최근의 인터넷 중심 원격교육의 운영과 관리에 대하여 집중적으로 알아보았다.

제9장부터 제11장까지는 원격교육의 사례를 소개하였는데, 제9장에서는 우리나라 학교교육에서의 원격교육 사례, 제10장에서는 평생교육에서의 원격교육 사례, 제11장에서는 해외의 원격교육 사례를 소개하였다.

제12장에서는 학교교육에서부터 기업연수와 훈련에 적용되는 우리나라의 여러 가지 원격교육의 제도와 법규에 대하여 살펴보았고, 제13장에서는 원격교육의 발전을 위한 연구과제를, 제14장에서는 앞으로 끊임없이 발전한 원격교육의 미래와 전망에 대하여 간략히 알아보았다.

마지막으로 저자들은 원격교육에 관심을 가진 독자들에게 이 책이 조금이나마 도움이 되기를 간절히 바라며, 앞으로 원격교육에 대한 지속적인 관심과 성실한 연구로 더 알찬 내용이 될 수 있도록 계속 보완할 것을 약속드린다. 이 책을 사용하시게 될 선후배 선생님들과 학생들로부터의 관심어린 조언과 협조를 간절히 부탁드리며, 저자들은 이를 겸허하게 수용할 것이다.

언제나 저자들의 곁에서 사랑과 행복의 근원을 제공해주는 가족들과 항상 새날을 약속해주시는 하나님께 감사를 드린다. 끝으로 이 책의 출판을 도와주시고 원고를 탈고하기까지 용기와 격려를 주신 남두도서 사장님과 직원 여러분들께 이 자리를 빌어 감사한 마음을 전한다.

저 자 씀

차 례

제1장 원격교육의 이해

제2장 원격교육의 발달

제4장 원격교육의 이론적 기초

제5장 원격 교수-학습 방법

제6장 원격수업 설계

제7장 원격교육과 매체

제9장 원격교육 사례 I : 학교교육

제10장 원격교육 사례 II : 평생교육

제11장 원격교육 사례 Ⅲ : 해외의 원격교육

제12장 원격교육에 관한 법적 지원

제13장 원격교육의 연구과제

제14장 원격교육의 미래와 전망

제1장

원격교육의 이해

- 학습목표
- 핵심용어

01 원격교육의 특성

02 원격교육에 사용된 용어

03 원격교육의 정의

04 새로운 개념 정립의 필요성

- 요약 및 정리
- 탐구문제

• 학습목표

1. 전통적인 교육과 원격교육을 비교 설명할 수 있다.
2. 원격교육에 사용되는 용어들을 열거하고 그 용어의 특징을 설명할 수 있다.
3. 원격교육이 무엇인지 자기 용어로 설명할 수 있다.

* 핵심용어

- **동시적**(synchronous) : 송신자와 수신자 사이의 상호작용이 동시에 일어나는 의사소통(전화나 텔레컨퍼런스 등)
- **비동시적**(asynchronous) : 송신자와 수신자 사이의 상호작용이 동시에 일어나지 않는 의사소통(전자우편이나 팩스 등)
- **원격교육** : 교수자와 학습자들이 지리적으로 떨어져 있지만 교수매체를 사용하여 전통적인 수업에서 제공하는 것과 같이 교수자와 학습자, 학습자와 학습자간에 상호작용이 이루어지는 교수 - 학습 형태

원격교육은 이미 오래 전부터 전통적인 학교교육의 한 대안적 형태인 열린교육의 모습으로 운영되어 왔다. 초기 우편 시스템을 이용한 원격교육은 방송과 오디오, 비디오 교재와 통합하면서 여러 매체들을 복합적으로 활용한 자학자습에 바탕을 두고 발전되었다.

그러나 정보통신공학이 급속히 발전하면서 원격교육은 테크놀로지에 기반을 둔 보다 개방되고 혁신적인 정보사회의 교육형태로 변화되고 있다. 기존 학교교육에서는 기술공학이나 교수매체가 하나의 보조적인 위치에서 교육을 지원하였는데 반하여 정보통신공학을 이용한 뉴미디어는 집단적이고 폐쇄적인 학교교육의 형태를 근본적으로 바꿀 수 있는 형태로 원격교육의 발전을 가속화시키고 있는 것이다.

이 장에서는 전통적인 교육과 원격교육의 특성, 원격교육에 사용된 용어들을 비교하면서 원격교육의 정의를 설명한다.

01 원격교육의 특성

(1) 교육의 유형

미국 다코다 주립대학의 콜더웨이(Dan Coldeway)는 시간과 장소라는 두 가지 변인에 의해 교육이 실천될 수 있는 네 가지 접근방법을 소개하였다(Simonson et. al,, 2003). 시간과 장소를 조화시킨 네 가지 접근방법은 같은 시간에 같은 장소에서의 교육, 다른 시간에 같은 장소에서의 교육, 같은 시간에 다른 장소에서의 교육, 다른 시간에 다른 장소에서의 교육을 의미한다.

전통적인 교육은 같은 시간에 같은 장소에서 일어난다. 이것은 전형적으로 교사 중심적인 정규 수업을 의미한다. 다른 시간에 같은 장소에서 이루어지는 교육은 학습센터에서 개별학습을 하거나, 일정한 장소에서 다른 시간에 분반이 제공되어 학생들이 시간을 선택하여 수업에 참여할 수 있는 것을 의미한다. 이것은 매체센터 또는 컴퓨터실과 같은 장소에서 학생들에게 다른 시간에 같은 내용의 수업을 수강할 수 있도록 하는 교육이다.

마지막 두 유형은 다른 장소에서 일어나는 교육에 초점을 둔다. 원격공학 시스템을 사용할 때 수업은 같은 시간에 다른 장소에서 이루어진다. 가끔 텔레비전이 지역 교실의 교사와 학생과 원격지의 학습자를 연결하는 데 사용되고 있으며, 위성, 압축 비디오, 광섬유 시스템은 같은 시간 다른 장소의 교육에 점점 많이 사용되고 있다. 이 접근을 동시적 또는 실시간 형태의 원격교육이라고 한다.

학생은 서로 다른 시간에 서로 다른 장소에서 학습할 수 있다. 콜더웨이는 원격교육의 순수한 형태는 서로 다른 시간에 다른 장소에서 일어난다고 하였다.

다시 말하면 학습자는 언제 어디에서 배울지, 언제 어디에서 교수자료에 접근할지를 선택할 수 있다. 최근 월드 와이드 웹 코스는 어디서든지 학습자가 접근할 수 있고, 언제든지 선택할 수 있도록 하는데 이것을 비동시적 또는 비실시간 원격교육이라고 한다.

(2) 면대면 교육과 원격교육

면대면 교육은 교사나 학습자의 생생한 말과 행동을 직접 볼 수 있으며, 직접 경험이 가능하며 다른 사람과 함께 학습하는 즐거움을 맛볼 수 있다. 그러나 면대면 교육은 교사에 의존된 강의식 수업, 획일적인 교육이 되기 쉬우며, 학생들은 수동적으로 수업에 참여하게 된다. 원격교육은 언제 어디서나 누구에게든지 교육의 기회를 제공하는 반면 학습자가 고립되기 쉽고, 학습자의 학습동기가 상실되면 학습이 중단되거나 도중에 포기할 우려가 있다.

전통적인 면대면 교육과 원격교육을 시공간적인 측면, 학습자 특성, 교수방법, 상호작용 등 여러 가지 측면에서 〈표 1-1〉과 같이 비교하였다.

면대면 교육은 시공간적인 측면에서 교수자와 학습자가 함께 하며, 학습자들은 대체로 동질적이고 같은 지역에 거주하면서 학부모에게 의존하여 생활을 하고 있다.

대부분의 수업이 면대면으로 이루어지기 때문에 교수자와 학습자, 학습자간의 상호작용도 직접적으로 일어난다. 교육에 관한 모든 계획 및 자료개발은 담당 교수자가 책임을 지며, 수업은 교수자에 의존된 집단교육 형태로 이루어진다. 행정조직은 비교적 작은 규모이어서 교수자들이 행정업무의 일부를 담당한다.

〈표 1-1〉 전통적인 면대면 교육과 원격교육의 특성

내 용	전통적인 면대면 교육	원격교육
시공간적 측면	• 교수자와 학습자가 시공간적으로 함께 있음	• 교수자와 학습자가 시공간적으로 분리되어 있음
학습자 특성	• 대체로 동질적 • 같은 지역에 거주 • 대체로 학부모에 의존	• 대체로 이질적 • 분산된 지역에 거주 • 직장생활을 하거나 성인인 경우가 많음
교수방법	• 면대면 수업	• 교수매체를 통한 교육
상호작용	• 직접적인 상호작용	• 보고서 · 매체를 매개로 한 상호작용 • 학습자 지원체제를 통한 상호작용
교수개발	• 개별 교수자에 의존	• 부문별 전문가에 의한 공동 작업
수업형태	• 교수자에 의존한 집단교육	• 자학자습에 의한 개별학습
행정조직	• 교수자들이 행정업무의 일부를 담당	• 학생지원, 코스개발 등 강력한 행정조직이 필요

원격교육은 교수자와 학습자가 시공간적인 측면에서 서로 분리되어 있으며, 학습자들은 대체로 이질적이며, 분산된 지역에 거주하면서 직장생활을 하는 성인들로 풍부한 삶의 경험을 가지고 있다. 대부분의 수업이 매체를 통하여 이루어지기 때문에 교수자와 학습자, 학습자와 학습자, 학습자와 학습 지원체제 간의 상호작용이 매체를 매개로 이루어진다.

원격교육에서 대부분의 학습이 교재를 통하여 이루어지기 때문에 교수개발에는 여러 분야의 전문가들(내용전문가, 매체전문가, 교육공학자, 디자인 전문가 등)이 팀을 구성하여 교재를 제작한다.

원격교육 학습자는 고립된 상태에서 독립적으로 학습해야 하기 때문에 학습자가 코스를 시작하여 마치기까지의 전 과정을 지원하는 학습 지원체제를 포함한 강력한 행정조직이 필요하다.

02 원격교육에 사용된 용어

키간(Keegan, 1996)은 원격교육 초기부터 사용되었던 다양한 용어들을 다음과 같이 소개하였다.

- 통신교육/통신학습(correspondence education/correspondence study)

  원격교육의 역사는 우편으로 전달되는 코스로 시작되었다. 이 방법은 사립학교인 가정학습과 대학의 독립학습과 동일하게 사용되었다.
- 가정학습(home study)

  1926년에 미국의 통신학교의 교장들이 협회를 구성하고 명칭을 국제가정학습위원회라고 하였으며, 1995년에 회원으로 5백만 명의 학생이 등록하였다. 이 용어는 미국에서 고등교육(대학)이 아닌 원격 성인교육(기술 또는 직업중심 기관)에 사용되었다. 일반적인 용어로 'home study'라는 용어를 사용하기 어려운 점은 원격지의 학생이 집에서만 학습하는 것이 아니라 집이나 직장에서 학습할 수도 있다는 것이다. 1994년 협회는 원격교육과 훈련위원회라고 명칭이 바뀌었다.
- 독립학습(independent study)

  이 영역의 교육을 위해 독립학습이라는 용어를 제안한 사람은 메디슨에 있는 윈스컨신 대학의 찰스 웨더마이어(Charles A. Wedemeyer)였다. 웨더마이어는 독립학습이 미국에서 우편통신학습, 열린교육, 라디오 텔레비전 학습, 개별학습 등 별개의 것으로 알려진 다양한 교수-학습 활동에 일반적으로 사용될 수 있는 용어라고 생각하였다. 이 용어는 미국 고등교육 수준의 원격교육 프로그램에서 사용되었는데, 일반적인 용어로서 이 용어의 단점은 이것이 원격교육의 상황이 아니라 교육기관으로부터의 독립을 나타낸다는 것이다. 1995년 이 용어는 미국에서 대학 수준의 원격교육 프로그램에 광범위하게 사용되었다.

- 학외학습(external study)

학외학습은 오스트레일리아에서 광범위하게 사용된 용어이다. 이것은 오스트레일리아 대학에서 볼 수 있는 원격교육의 풍조를 잘 묘사하고 있다. 교육의 형태는 외부에서 이루어지지만 교육기관의 교수 요원이 분리된 것은 아니다. 교수 요원들은 교내와 외부에 있는 두 그룹의 학생들을 가르치면서 두 그룹의 학생들을 위해 같은 시험과 보상을 제공한다. 1990년 초기에 오스트레일리아 대학의 학외학습학과는 원격교육센터로 변경하고, 오스트레일리아 협회는 오스트레일리아 개방원격학습협회로 명칭을 바꾸었다.

- 원격교수(distance teaching or teaching at the distance)

무어(Moore)는 원격교수란 학습자와 교수자가 물리적으로 분리되어 있어 상호작용(시뮬레이션, 설명, 질의, 안내)은 물론 교수의 사전단계(목표선택, 교육과정과 교수전략 계획)가 인쇄교재나 기계 또는 전자기재를 통해서 실시되는 것이라고 하였다.

이 용어는 이것을 교수전략으로 사용한 영국의 개방대학이 발전하면서 대중화되었다. 그럼에도 불구하고 우리가 정의하고자 하는 교육 분야에는 부적절하였다. 원격학습이 전체적인 용어로 사용하기에 다소 학습자 위주인 것과 마찬가지로 원격교수는 교수자 위주이며, 기관에 강조를 두고 있다.

- 원격학습(distance learning or learning at a distance)

1990년에 원격학습이란 용어가 사용되기 시작하였다. 이것은 원격교육이 너무 관료적이고, 원격교수가 너무 교수자 중심인 것에 반하여 원격학습은 학습과정에서 학습자 중심을 강조하는 것이다. 미국에서 원격학습이란 용어는 원격교육에서 전자공학의 사용을 위한 포괄적인 용어로 사용되기 시작하였다. 포트웨이(Portway)와 레인(Lane)은 오디오 컨퍼런싱, 오디오 그래픽스, 텔레컨퍼런싱, 비즈니스 텔레비전(위성을 통한 일방향적 비디오 교수), 비디오 컨퍼런싱, 쌍방향 상호작용 비디오와 데스크탑 비디오 컨퍼런싱에서 이 용어를 사용하였다. 그러나 원격학습은 전체적인 분야가 아닌 원격교육 과정의 일부인 학습을 강조하는 제한적인 의미를 갖는다.

• 원격교육(distance education)

원격교수와 원격학습은 우리가 설명하려는 원격교육 과정의 일부이다. 원격교수는 학습자를 위해 학습자료를 준비하는 원격기관에 의한 코스 개발과정을 나타내며, 원격학습은 학습자의 관점에서 보여진 과정으로 알려져 있다. 원격 시스템에서 용어는 학습자 학습은 물론 원격교수의 관점을 포함하는 것이어야 한다. 원격교육은 교수와 학습의 요소를 결합시키는 적절한 용어이다.

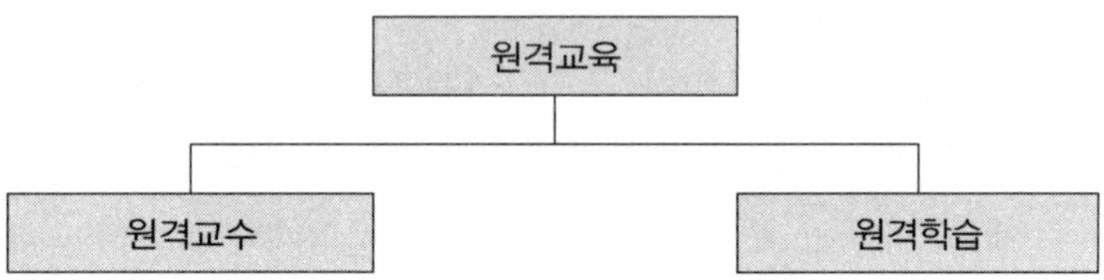

[그림 1-1] 원격교육 과정

과거의 원격교육자들은 우편통신 또는 홈 스터디와 같은 용어가 학생들에게 편안하다는 이유로 그런 용어에 집착하였다. 그러나 원격교육이란 용어는 전통적인 집단교육으로부터 원격교육을 구분하는 교수자와 학습자가 분리된 교육의 기본적인 특징을 잘 나타내고 있다.

이것은 또한 원격교육의 특징을 보여주는 두 가지 특징적인 운영 시스템인 코스 개발 하위 시스템(원격교수)과 학생지원 하위 시스템(원격학습) 을 포함하고 있다. 원격교육은 이러한 형태의 교육을 위해 가장 적합한 용어로 선택되었으며 국제적으로 사용되기 시작했다.

03 원격교육의 정의

시몬슨(Simonson, 2003) 등은 원격교육의 정의를 이야기하는 것이 쉬운 일은 아니라고 하였다. 그 이유는 원격(distance)이란 용어가 지리적 거리, 시간적 거리, 그리고 지적인 거리감 등 다수의 의미를 갖기 때문이다.

또한 원격교육이란 용어는 다양한 매체를 통해 수많은 청중을 지원하는 매우 다양한 프로그램에 적용되어 왔다. 어떤 프로그램은 인쇄매체를 사용하고, 어떤 프로그램은 원격매체를 사용하고 있으며, 많은 프로그램들은 두 가지를 모두 사용한다.

마지막으로 원격통신공학의 빠른 변화도 원격교육의 정의에 영향을 주어 왔다. 원격교육의 정의를 파악하기 위해 원격교육자들이 제안한 정의들을 살펴보면 다음과 같다.

(1) 원격교육 정의의 변화

① 도먼(G. Dohmen, 1967)

원격교육은 팀으로 구성된 교사들에 의해 학생상담, 학습과제의 제시, 학생의 성공에 대한 감독이 수행되는 체계적으로 조직된 자기학습의 형태이다. 매체를 수단으로 하여 원격지에서도 교육이 가능하다.

② 피터즈(O. Peters, 1973)

원격교수/교육은 지식·기술·태도를 전달하는데 있어서 분업과 조직원리의 적용은 물론 기술적인 매체의 광범위한 사용을 합리화하는 방법이다. 특히 많은 학습자들이 어느 곳에 살든지 관계없이 동시에 많은 학습자를 가르칠 수 있도록 양질의 교수자료를 재생산하는 것을 중시한다.

③ 무어(M. Moore, 1973)

원격교수는 교수행동이 학습행동과 분리되어 실행되는 교수방법이며, 학습자와 교수자의 의사소통은 인쇄·전자나 기계장치에 의해서 촉진된다.

④ 홈버그(B. Holmberg, 1977)

원격교육이란 튜터의 계속적이고 즉각적인 감독이 강의실 또는 같은 공간에서 이루어지지는 않지만 개인교수, 조직의 계획, 지도, 수업의 혜택을 받는 모든 수준에서의 다양한 학습형태를 포함한다. 인쇄매체·오디오나 라디오·비디오나 텔레비전 또는 컴퓨터를 기본으로 하는 모든 형태의 원격교육에서 교사와 학습자의 분리는 기본적인 요소이다.

이러한 분리는 원격교육을 전통적인 면대면, 직접적인 교수 및 학습의 형태와 차별화한다. 학습자료의 구조화와 교육조직을 통해 학생들을 효과적인 학습으로 연결하는 것 또한 원격교육과 사적인 학습, 흥미 있는 저서나 문화적 텔레비전 프로그램에서의 학습을 차별화한다.

⑤ 게리슨과 쉐일(D. Garrison & D. Shale, 1987)

원격교육은 교수자와 학습자간의 교육적 의사소통의 대부분이 인접하지 않은 곳에서 일어나는 것을 암시한다. 이것은 교육과정을 촉진하고 지원하는 목적을 위해 교수자와 학습자간의 쌍방향 의사소통을 포함해야 한다. 필요한 쌍방향 의사소통을 매개하기 위해 공학을 사용한다.

⑥ 베이커와 그의 동료들(B. Baker and others, 1989)

베이커와 그의 동료들은 새로운 원격공학에 비추어 원격교육의 정의를 확장하도록 주장한다. 원격공학에 기초한 원격교육 접근은 통신교육의 제한점을 극복하며, 교수자와 학습자의 교수-학습 경험은 시간적으로 근접한 상태에서 동시에 일어난다.

오디오나 비디오 커뮤니케이션 연결은 교사와 학습자가 실시간으로 의사교환을 가능하게 하고, 학습에 대한 질문이나 의견에 즉각적인 반응을 허용한다. 전통적인 교실환경과 같이 학생들은 강연자에게 즉각적인 설명을 들을 수 있다.

⑦ 무어(M. Moore, 1990)

원격교육은 인쇄 또는 전자적 의사소통 매체를 통해 학습자와 서로 다른 공간과 시간에서 교수자가 계획된 학습을 학습자에게 영위하도록 수업을 제공하는 모든 제도이다.

⑧ 포트웨이와 레인(P. Portway and C. Lane, 1994)

원격교육이란 교수자와 학습자 또는 학습자간에 지리적으로 분리되어 있으며, 교수전달에 있어서 전자적 기재나 인쇄자료에 의존하는 교수-학습 상황을 언급한다. 원격교육은 원격교수 과정에서 교수자의 역할과 원격학습 과정에서 학습자의 역할을 포함한다.

(2) 키간의 정의

키간(1986)은 여러 원격교육의 정의를 비교 분석한 후보다 포괄적인 원격교육의 정의를 구성하는 다섯 가지의 요소를 다음과 같이 제안하였다.

첫째, 면대면 교육과 구분하여 원격교육은 "대부분의 학습과정을 통하여 교사와 학생이 반영구적으로 분리"되어 있다. 이것은 원격교육의 가장 기본적인 특징을 지적한 것으로 기존의 여러 정의에서도 나타나고 있다. 키간은 여러 원격교육기관을 분석하면서 교사와 학생의 분리된 수준과 종류가 여러 형태로 존재하고 있음을 파악하면서 기관에 따라서 면대면 교육의 요소를 선택적 혹은 의무적으로 통합하고 있다고 말한다. '반영구적 분리'라는 의미는 이러한 원격교육의 실제를 반영한 것이다.

둘째, 개인적으로 하는 학습이나 스스로 하는 학습과 구분하여 원격교육은 "학습자료를 계획하고 준비하며, 학생들을 지원하는 서비스를 제공함에 있어 교육적 조직의 영향력"을 제공한다. 이는 원격교육이 매체를 통하여 스스로 하게 되는 평생교육이나 독학 등과는 달리 공공기관이나 사설기관에서 조직적으로 준비하여 교재를 제공하는 형식적 교육형태임을 분명히 한 것이다. 물론 원격교육에서 학생들은 자학학습을 하게 되는 경우가 대부분이나 이 자학학습은 스스로 하는 독학과는 달리 원격교육기관에 의하여 조직된 것이며, 기관의 행정적 지원을 받는다.

셋째, 교수-학습 과정에 인쇄매체 · 오디오 · 비디오 · 컴퓨터 등의 기술적 매체들을 사용한다. 기존의 면대면 교육에서도 교과서나 비디오 등 교수매체를 사용하기는 하지만 기본적으로 교사에 의해 교육내용이 전달되는 반면 원격교육에서는 매체를 통하여 교육내용이 전달되고 교사와의 대화 역시 매체를 통하여 이루어지게 된다. 원격교육에서는 교육내용의 전달이나 상호작용을 위하여 하나 이상의 매체를 활용하는 것이 일반적이다.

넷째, 원격교육에서는 면대면 교육에서 교수매체를 사용하는 방식과는 달리 쌍방향 의사소통의 기회를 제공하고 학생들이 교사와 상호작용할 수 있는 방식으로 매체를 활용한다. 원격교육에서는 오랫동안 교사와 학생간의 쌍방향 의사소통을 강조하여 왔는데 이는 인쇄매체나 방송 등이 제공할 수 없는 상호작용의 기회를 우편제도나 전화 · 팩스, 컴퓨터 통신 등을 이용하여 제공하고자 한 것이다. 면대면 모임도 이러한 맥락에서 실행되고 있다.

다섯째, "대부분의 학습과정에서 학습집단이 반영구적으로 존재하지 않는다"는 것이다. 원격교육에서는 학생들이 가끔 모임을 갖기는 하나 대개 집단으로 학습하지 않고 개별적으로 학습하게 된다. 학생들이 모임을 갖는 방식은 면대면일 수도 있고, 전자적 매체를 통한 것일 수도 있으며, 특히 기술공학이 발전하면서 각종 텔레컨퍼런싱이나 컴퓨터 통신망을 통하여 학생들이 협동적으로 과제를 수행하고, 토론하며, 나아가 취미 모임 등도 가질 수 있다.

즉 원격교육의 속성으로 지적되어온 자학학습이나 개별학습이 이제는 동료들과의 협동학습과 통합될 수 있음을 강조하고 있는 것이다. 그러나 이러한 학습의 협동적 · 집단적 특성은 원격교육에서는 의무적이기보다는 선택적인 것이며, 원격교육의 기본은 개별학습이다.

(3) 시몬슨 등의 정의

시몬슨(2003) 등은 원격교육의 정의에 4가지 주요 요소가 포함된다고 하였다([그림 1-2] 참조).

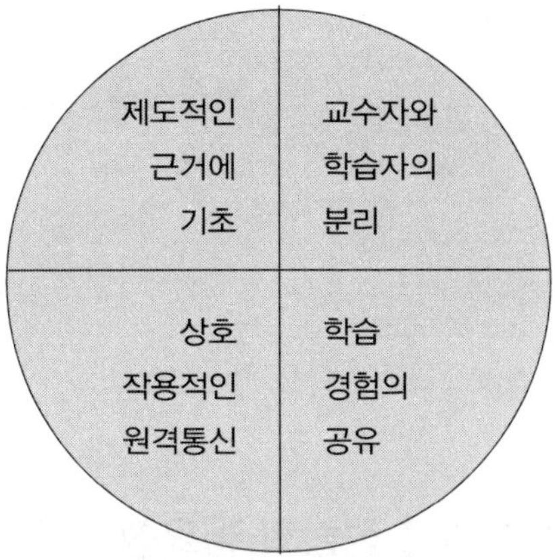

[그림 1-2] 원격교육의 구성요소

원격교육은 제도적인 근거에 기초하며, 이것은 원격교육을 자기학습과 구별시키고 있다. 제도적인 근거에 기초를 둔 교육기관은 전통적인 학교 또는 대학일 수도 있고, 비형식적인 교육기관 또는 기업 · 회사, 협회 등이 될 수도 있다.

원격교육의 두번째 요소는 교수자와 학습자의 분리에 대한 개념이다. 교수자와 학습자는 시공간적으로 분리되어 있을 뿐만 아니라 지적으로 분리되어 있다. 교수자는 학습자들이 소유하지 못한 코스에서 제시되는 내용을 이해하고 있으며, 이러한 교수자와 학습자의 지적 거리감을 줄이는 것이 원격교육 시스템의 목적이다.

세번째 요소는 상호작용적인 원격통신인데 상호작용은 동시적일 수도 있고 비동시적일 수도 있다. 상호작용이 교수의 주 특성이 될 수는 없지만 가능한 한 허용되어야 하고, 자주 일어나야 하고, 관련적이어야 한다.

원격통신 시스템이란 말은 텔레비전 · 전화 · 인터넷과 같은 전자매체를 의미하지만 전자매체에 한정되는 것은 아니며, 원격지에서 의사소통한다는 의미이다. 전자적 원격통신 시스템이 보다 향상되고 보편화되면서 현대 원격교육 시스템의 주가 되어가고 있으나, 우편 시스템과 같은 오래된 원격교육 시스템도 계속 중요한 역할을 할 것이다.

최종적으로 학습자 · 자원 · 교수자를 연결하는 개념으로 학습자와 상호작용하는 자원이 있다. 자원은 학습을 촉진하는 학습경험으로 조직되어야 한다.

04 새로운 개념 정립의 필요성

현대는 예측할 수 없는 변화로 특징지어진다. 초음파의 비행기 여행, 위성 텔레비전, 컴퓨터 의사소통, 사회적 변화가 가져온 세계화는 원격교육을 새로운 방법으로 접근하도록 자극한다.

키간은 원격교육을 면대면 교육과 구분하면서 교사와 학생이 물리적으로 혹은 시공간적으로 분리되어 있다는 특성을 강조하였고, 독학이나 개인적인 학습과는 달리 운영과정상에서 조직적 지원을 받는 교육형태임을 지적하였으며, 매체를 매개로 하되 쌍방향 상호작용을 추구한다는 이념적 특성을 포함하였다. 아울러 원격교육의 기본은 개별학습이지만 협동학습의 요소도 가능함을 지적하고 있다.

그러나 키간의 정의는 현재 사회와 기술의 변화를 제대로 반영하지 못하고 있다(정인성, 1999 재인용).

우선 텔레컨퍼런싱 기술의 발달은 원격교육에서 교사와 학생이 공간적으로는 분리되어 있으나, 같은 시간대에 가르치고 배울 수 있는 환경을 제공하고 있어서 "교수자와 학습자간의 분리"가 반드시 시공간적 분리를 의미하지는 않는다는 점이 간과되고 있다는 것이다.

이와 관련하여 시몬슨과 쉬로세(Simonson & Schlosser, 1995)는 "원격교육은 형식적 조직에 기반을 둔 교육활동으로 일반적으로 교수자와 학습자가 공간적으로 서로 떨어져 있으나 반드시 시간적으로 분리되는 것은 아니며, 비디오, 디지털 정보, 음성으로 된 교육내용을 가지고 서로 쌍방향 상호작용을 가능하게 하는 텔레컨퍼런싱 시스템이 사용된다"라고 정의하고 있다.

원격교육의 기본 학습형태가 개별학습이라는 주장 역시 기술의 변화에 따라 개별학습과 함께 협동학습·집단학습이 통합된 형태라는 해석으로 바뀌어져야 할 것이다. 인쇄자료나 방송을 통하여 혼자 개별적으로 공부한 자료를 가지고 컴퓨터 통신망이나 텔레컨퍼런싱을 통하여 교수자나 다른 학습자와 토론하면서 협동적으로 과제를 함께 수행해나가는 형태로 변화되고 있는 것이다.

지금까지 원격교육은 대다수의 학습자를 대상으로 하여 산업화된 조직이나 관료적 행정지원을 받아 표준화된 교재를 기반으로 제공되어 왔으나, 사회의 변화에 따라 산업화된 조직적 지원 없이 소수의 학습자들을 대상으로 주문형 교육인 개인별 서비스 형태로 제공되는 사례가 늘어나고 있다.

개인교사나 소규모 사설기관이 소수 학습자를 대상으로 특정 교과를 원격으로 제공하는 형태도 늘어나고 있으며, 기존의 교육기관에서 면대면 수업에 더하여 컴퓨터 통신 등을 이용하여 질의/응답이나 토론을 진행하는 형태도 보편화되고 있다.

원격교육의 형태가 이제는 대량생산과 대량소비에서 지역적·개인적 수요와 요구에 따라 열린교육의 모습으로 나아가고 있다고 한 주장은 원격교육의 개념이 변화되고 있음을 지적한 것으로 보인다.

기존의 면대면 교육을 실시하던 기관에서 원격교육방식을 도입하고, 기술발달에 따라 원격교육의 시공간적 분리개념이 변화하며, 컴퓨터 통신망 등을 이용한 학생간 상호작용이 보편화됨에 따라 원격교육에 대하여 기존 교육방식과 비교하여 명확한 개념 정의를 내리기가 더욱 어려워지고 있다.

시몬슨(Simonson, 1995)이 지적한 대로 원격교육의 개념이 상대적으로 중요하지 않게 되어가고 있으며, 오히려 원격교육을 다른 개념들과 구분하여 정의하기보다는 어떻게 원격교육이 다른 교육형태들과 통합되어 가는지에 관심을 기울여야 할 것으로 보인다.

요약 및 정리

원격교육은 교수자와 학습자들이 지리적으로 떨어져 있지만 교수매체를 사용하여 전통적인 수업에서 제공하는 것과 같이 교수자와 학습자, 학습자와 학습자간에 상호작용이 이루어지는 교수-학습 형태이다.

전통적인 면대면 교육은 교수자와 학습자가 시공간적으로 함께 있으며, 학습자는 대체로 동질적이다. 면대면 수업을 하기 때문에 교수자와 학습자, 학습자와 학습자간에 직접적인 상호작용이 이루어진다. 반면 원격교육은 교수자와 학습자가 시공간적으로 분리되어 있으며, 학습자들은 대체로 이질적이며, 교수자와 학습자, 학습자와 학습자간에 교수매체에 매개로 한 상호작용이 이루어진다.

원격교육을 명명하는 데 사용된 용어는 통신교육 · 가정학습 · 독립학습 · 학외학습 등 매우 다양하며, 각 용어는 그 당시 원격교육의 특징을 포함하고 있다. 키간은 여러 원격교육의 정의를 비교 분석한 후 원격교육의 정의를 구성하는 요소를 다섯 가지로 설명하였다.

원격교육은 교수자와 학습자의 반영구적으로 분리, 학습지원 조직, 교수매체와 활용, 쌍방향 의사소통, 개별적인 학습을 기본으로 한다.

시몬슨 등은 원격교육의 개념에는 네 가지 요소가 포함된다고 하였다. 원격교육기관은 제도적인 근거에 기초하여야 하며, 교수자와 학습자는 분리되어 있지만 원격통신에 의해 상호작용을 하며, 학습경험을 공유한다.

그러나 원격공학 기술의 발달과 사회적 변화는 원격교육을 새로운 방법으로 접근하도록 자극하고 있다. 텔레컨퍼런싱 시스템의 사용은 교수자와 학습자가 공간적으로는 분리되지만 시간적으로 분리되지 않게 하며, 컴퓨터 통신망이나 텔레컨퍼런싱을 통하여 협동학습이나 집단학습도 가능하게 하였다. 과학기술의 발달과 사회적 변화는 원격교육의 형태에도 변화를 주고 있으며, 이에 따라 원격교육의 정의도 점차 바뀌어야 할 것이다.

탐구문제

1. 원격교육의 정의가 왜 다양한지 설명하시오.
2. 원격교육기관을 하나 선정하여 원격교육의 특성들을 파악하시오.

제 2 장

원격교육의 발달

● 학습목표

1. 원격교육의 발달과정을 단계별로 설명할 수 있다.
2. 원격교육체제의 구성요소들과 그 관계를 설명할 수 있다.
4. 원격교육체제의 입력과 출력 변인들을 열거할 수 있다.

* 핵심용어

- **행동주의 학습이론** : 학습을 경험의 결과로 나타나는 관찰할 수 있는 행동의 변화로 정의하고, 인간 내부의 변화보다는 관찰 가능한 결과로서의 행동에 초점을 두는 학습이론
- **인지주의 학습이론** : 학습을 인지구조의 변화라고 정의하고, 인간의 외적 행동보다는 정신적 구조와 더불어 인간의 인지과정에 초점을 두는 학습이론
- **구성주의** : 학습을 자기 규율적이고, 자기 조직적이며 자율적인 환경에서 학습자 스스로 지식을 형성해나가는 것이라고 정의하고, 학습자를 실제적인 맥락에서 학습자가 주체적으로 학습과정에 참여하며 협동학습을 강조하는 학습이론

원격교육은 교수-학습 과정에 인쇄매체 · 오디오 · 비디오 · 컴퓨터 등의 기술적 매체들을 사용하기 때문에 다양한 매체와 통신기술의 발달에 영향을 받으며 변화되어 왔다.

원격교육은 우편통신에서 출발하였으며, 정보기술과 정보공학에 힘입어 급성장을 이루었고, 1982년 국제통신교육협회(International Council for Correspondence Education)가 국제원격교육협회(International Council for Distance Education)로 전환되면서 원격교육이란 명칭이 정식으로 사용되기 시작하였다.

이 장에서는 원격교육의 발달과정과 원격교육체제에 대해서 설명한다.

01 원격교육의 발달과정

대부분의 원격교육학자들은 원격교육의 발달과정을 시기별로 나누어 설명하고 있는데, 이러한 설명은 시기별로 원격교육 시스템의 다양한 요소들을 이해하고 설명하는 데 도움을 준다. 이러한 분류는 간혹 원격교육이 선형적으로 발달한다고 생각하거나 또는 후속되는 세대에 의해서 이전 세대가 대치된다고 생각하기 쉬운데 이것은 잘못된 생각이다(Garrison & Anderson, 2003).

제1세대는 제2세대와 제3세대에 의해 대치되는 것이 아니라 제2세대와 제3세대로 진행되는 가운데 계속적으로 영향력을 발휘한다. 그 예로 아직도 수천 명의 학습자들을 지원하는 제1세대와 제2세대 원격교육 시스템들을 쉽게 찾아볼 수 있다.

(1) 제1세대 원격교육

1) 인쇄매체와 우편제도의 활용

제1세대의 원격교육은 산업화 모델을 특징으로 하며, 이 대량생산 모델은 원격교육 시스템이 수천 명의 학생들에게 비용이 효과적으로 전달될 수 있는 높은 수준의 코스와 프로그램을 제작하게 하였다.

이 세대의 대표적인 공학은 인쇄교재와 코스 안내서이며, 이러한 교재들은 도서관에서 흔히 볼 수 있는 형태의 책이 아니었다. 이 교재들은 유능한 전문가들로 구성된 코스팀에 의해 설계되고 제작된 것들이다. 특히 코스 안내서는 부재중인 교수자와 독립적인 학습자간에 대화적 접근을 반영하도록 정교하게 만들어 '안내된 교훈적 상호작용'이 일어나도록 하였다.

제1세대 교육학은 책무성, 관찰가능성, 복잡한 개념을 쉽게 이해할 수 있도록 하위요소로 분석하는 행동주의 관점에 기반을 두며, 교수자의 임무는 학습자의 학습에 대한 즉각적인 강화를 제공하는 것이다 (Garrison & Anderson, 2003).

제1세대 원격교육 시스템은 학습자의 자유와 독립성을 최대화하는 것이며, 학습자가 독립적으로 학습하며, 집단의 일원이 아니라는 것을 암시하는 독립학습이라는 명칭을 사용하였다. 그러나 원격교육 시스템에서 학습하는 학습자들은 교사의 안내 없이 학습하는 독립적인 학습자를 의미하는 것이 아니며, 우편을 통한 비동시적인 상호작용을 유지해 왔다.

2) 교육기획의 확대

제1세대 우편제도를 이용한 통신교육은 1833년 스웨덴에서 통신을 이용한 작문교육에서 시작되었다. 1840년 영국에서는 피트만(Issac Pitman)이 통신을 통하여 속기교육을 실시하였으며, 1843년에 통신교육기관이 설립되었다. 이때의 속기교육은 1주일 단위로 하여 속기법에 대한 교육내용이 우편으로 배달된 후 공부한 내용을 다시 받아 피드백해주는 형태로 진행되었다.

보다 조직적인 통신교육은 19세기 중엽 독일에서 시작된 어학통신교육강좌에서 시작하여 스웨덴 · 영국 · 미국 등에서 발달되었으며, 이때는 통신교육만을 제공하는 기관에서부터 기존 대학의 확장 프로그램으로 통신교육을 제공하는 형태까지 보다 다양화되었다.

영국의 경우 1970년대와 1980년대에 걸쳐 에딘버그와 런던 등에서 통신교육기관들이 설립되었다. 미국에서는 1891년 신문사 편집자였던 포스터(Tomas J. Foster)가 광산의 사고예방 프로그램을 통신으로 제공하였으며, 이후 국제통신학교로 발전하여 통신교육의 확대에 기여하였다.

1880년~1890년 사이에는 시카고대학과 위스컨신대학 등에서 대학 확장 프로그램으로 통신교육부를 설치하여 성공적으로 운영하였다. 이렇게 발전된 통신교육은 교통의 발달과 교육기회 확대라는 사회적 변화와 더불어 더욱 조직화되고 제도화되었다.

20세기 초 제1차 세계대전을 전후로 호주 · 미국 · 캐나다 · 프랑스 등에서는 통신교육이 전통적인 면대면 공교육을 대신하는 형태로 활용되었다. 특히 최초의 원격교육대학으로 알려진 남아프리카 대학(University of South Africa, UNISA)은 1946년 기존의 전통적 대학교육에 통신교육체제를 병행하였고, 1951년 통신을 통하여 학위를 수여하여 남아프리카공화국의 대학 교육의 기회를 확장하는 데 기여하게 되었다.

1900년대에 들어오면서 통신교육의 대상이 성인에서 고등학교 학생들로 그 범위가 확대되었다. 우편제도를 통한 통신교육의 특성은 인쇄교재를 이용하여 실용적인 기술교육이나 어학 등을 교육내용으로 한 성인 중심의 보완교육 형태로 시작되었다가 여러 가지 이유로 공교육기관에서 학습할 수 없는 아동을 대상으로 학교교육의 대안으로 조직적인 교육을 제공하는 형태로 발전한 것이다.

이 시기의 원격교육은 성인을 대상으로 교육 서비스의 영역을 확대하여 많은 사람에게 교육의 기회를 개방하였으며, 공교육의 혜택을 받을 수 없는 아동을 대상으로 하여 공교육의 기회를 확대하였다.

아울러 이 시기의 통신교육은 두 가지의 서로 다른 접근방식을 발견할 수 있다(Holmberg, 1986). 스웨덴 등에서 실시한 보다 자유로운 형태의 원격교육에서는 학습자가 스스로의 학습속도를 선택하도록 한 반면 대학 확장 프로그램으로 도입된 통신교육에서는 매주 학습할 내용들이 학사일정에 따라 주어지는 고정된 형태의 통신교육이 실시되었다.

(2) 제2세대 원격교육

1) 대중매체의 활용

제2세대 원격교육에서는 대중매체, 방송매체가 새로운 공학으로 규정되고, 인지주의 학습이론이 점차적으로 허용되는 시대에서 발전되었다(Garrison & Anderson, 2003).

대량으로 값비싼 매체를 제작하여 학생들이 가상적으로 실험실과 작업실을 방문할 수 있게 하고, 교실에서 교사의 오디오나 비디오 이미지를 볼 수 있도록 허용하였다. 인지주의 학습이론의 발달은 선행조직자, 역할 모델, 성찰의 요약 등을 사용하게 하였다.

그러나 교수자와 학습자간의 직접적인 상호작용은 대부분 제1세대와 같이 전화나 우편을 이용하였다. 제2세대에서 교재제작을 위한 코스팀은 보다 완벽한 제작팀으로 규모가 커지고, 교재를 제작하는 데 고도의 기술과 더 많은 비용이 소요되었고, 높은 제작비용을 상환하기 위해 대규모의 학습자들을 필요로 하였으며, 세계적인 시장으로 코스를 팔려고 시도하게 하였다.

2) 원격교육의 대중화

제2세대 대중매체를 이용한 원격교육은 보다 많은 사람들을 대상으로 원격교육이 성장하는 계기가 되었다. 우편통신제도가 값싸고 이용이 편한 대신 느리고 개별적인 정보전달의 특성을 갖고 있기 때문에 그 이용이 한정된 반면 라디오나 텔레비전 등의 대중매체는 제작 및 송출비용 등이 많이 들기는 하지만 대량의 정보를 다수 학습자들에게 전달할 수 있다는 특성을 갖고 있었다. 아울러 전화의 출현으로 대중전파매체의 일방성을 보완하는 기술도 갖추게 되었다.

따라서 제2세대 원격교육은 우편을 이용한 인쇄교재는 물론 라디오와 텔레비전 등의 전파매체 · 전화 등을 복합적으로 사용하여 각 매체의 장점을 살리고 단점을 보완하였다.

대중 전파매체가 교육의 수단으로 사용되기 시작한 것은 라디오의 경우 1920년 이후, 텔레비전의 경우 1937년 이후이지만 본격적으로 원격교육에 이용된 것은 1960년 이후이다. 특히 1969년 영국 개방대학의 설립은 대중 전파매체를 이용한 원격고등교육 발전의 계기가 되어 세계 각 나라가 방송학교, 개방학습센터, 방송대학, 개방대학 등의 이름으로 원격교육기관을 설립하게 되었다.

영국의 개방대학과 같이 카세트 · 라디오 · 비디오와 텔레비전을 복합적으로 활용하는 형태는 많은 원격교육기관의 전형적 모델이 되었으나, 일본의 방송대학 등과 같이 텔레비전 방송을 주 교육매체로 이용하는 기관도 있다.

중국은 인구의 증가로 대학교육의 수요가 늘어나자 1970년대 말과 1980년대 초에 국가적 차원의 원격고등교육 프로그램을 시작하였다. 중국은 중앙광파전시대학(China Central Radio & TV University)을 설립하였으며, 초기에는 고등교육 수혜자의 20% 이상을 배출하였다.

(3) 제3세대 원격교육

1) 정보통신공학의 활용

제3세대 원격교육은 다양한 원격통신공학에 의해서 제공되는 비동시적인 상호작용과 동시적인 상호작용 능력을 이용한다. 일부 학자들은 비디오, 오디오 텔레컨퍼런싱의 상호작용 능력과 컴퓨터 매개통신에서 컴퓨터의 향상된 특성(비동시성)간의 차별성을 주장하면서 그것에 의해 제4세대를 만들어냈다.

제3세대 원격교육 시스템은 개별학습자와 학습집단의 구성원으로서의 학습자들이 지식을 창출하고, 재창출하는 기회를 제공하는 구성주의 학습이론에 기반을 둔다.

이러한 지식의 구성은 내용, 과제, 프로젝트의 협상과정에서 일어나며, 토론, 협동 프로젝트와 자원중심 교과과정이나 문제중심 교과과정의 설계를 통해서 정교화된다(Garrison & Anderson, 2003).

제3세대 정보통신공학을 이용한 원격교육은 기존 원격교육의 방법과 역량을 보완·확대하는 데 크게 기여하였다. 컴퓨터, 컴퓨터 매개통신, 쌍방향 케이블 텔레비전, 통신위성, 각종 원격통신 체제 등은 원격교육에서 상호작용을 실현할 수 있도록 하여 원격교육에서 부족한 면대면의 상호작용을 보완하도록 하였다.

각종 정보통신 매체들은 세계 도처의 전문적 지식과 기술, 수많은 종류의 교육 프로그램을 원하는 사람에게 원하는 시간에 제공할 수 있는 기반을 가져왔으며, 평생학습사회가 추구하는, 원하는 사람에게 언제, 어디서나 필요한 교육을 제공할 수 있는 기술적 환경을 제공한 것이다.

2) 개별화된 원격교육

그간 원격교육의 대중화와 양질의 교재개발을 제작하여 원격교육의 질적 수준향상에 기여해온 영국의 개방대학은 1980년대부터 컴퓨터 통신매체 등을 활용하여 쌍방향 원격교육을 시도하였으며, 개별화된 학습자 지원 서비스를 강화하였다.

유럽의 원격교육기관들도 인쇄교재와 함께 인터넷 등 정보통신 매체를 교육에 도입하여 적극적으로 활용하고 있다.

미국이나 캐나다에서는 원격교육이 주로 기존 대학의 확장 프로그램의 형태로 제공되어 왔는데, 1990년대부터 원격 영상강의 체제를 이용한 원격교육이 제공되었고, 1990년대 중반 이후 인터넷을 이용한 가상수업이 늘어나면서 시·공간을 초월한 쌍방향 의사소통이 가능한 사이버 공간에서의 원격교육이 급속도로 발전하였다.

이 과정에서 사이버대학, 가상대학 등의 원격교육기관이 출현하기 시작하였으며, 이들 중 일부는 기존 교육체제나 제1세대, 제2세대의 원격교육체제에 컴퓨터와 통신기술을 적용시킨 교육형태가 아닌 새로운 형태의 원격교육기관으로 발전하였다.

(4) 제4세대와 제5세대 원격교육

러존과 무어(Lauzon & Moore, 1989), 테일러(Taylor) 등은 방대한 내용에 대한 정보검색, 컴퓨터 매개 통신의 상호작용 능력, 자바와 같은 컴퓨터 보조 프로그래밍을 통해 국부적으로 분배 처리되는 정보처리 능력 등 네트워크의 세 가지 주요 특성을 조화한 제4세대가 출현하였다고 주장하였다.

이것들은 명백하게 강력한 새로운 도구이지만 원격교육 프로그래밍에서 그것들의 실현은 아직 초보적인 상태이다(Garrison & Anderson, 2003).

대부분 제4세대에 속한다고 생각되는 특징들을 채택하지 못했음에도 불구하고 테일러(2001)는 '지능적이고 융통적인 학습 모델'을 제5세대의 원격교육 모델로 밝혔으며, 남부 퀸스랜드 대학(University of Southern Queensland)의 e-University 프로젝트를 제5세대 시스템의 발달로 설명하였다.

개리슨과 앤더슨(Garrison & Anderson, 2003)은 현재 새로운 세대를 정의하는 테일러의 예에서 예시한 것과 같이 원격교육에서 '지능'의 적용사례를 발견하지 못하였으나, 아마도 테일러의 제5세대에서의 관심사는 원격교육 시스템의 다른 요소들을 교수내용의 전달 시스템에 통합하는 것일 수도 있다고 하였다.

요약하면 제5세대에서는 웹에 인공지능을 부여하고, 웹에 언어구조적으로 의미를 구축하여 사람이나 또는 사람이 아닌 독립대행자(autonomous agents)에 의해서 검색·항해·처리될 수도 있게 하는 것이다.

〈표 2-1〉 원격교육의 발달과정

<table>
<tr><th>시기</th><th>연대</th><th>학습이론</th><th>주요 통신수단</th><th>교육목적</th></tr>
<tr><td>제1기</td><td>18세기 초</td><td>행동주의</td><td>• 우편제도
• 인쇄매체</td><td>• 성인대상 실용교육 및 어학교육
• 학위교육</td></tr>
<tr><td>제2기</td><td>1920년대 이후</td><td>인지주의</td><td>• 대중방송매체
라디오(1920년)
텔레비전(1973년)
• 인쇄 및 시청각교재</td><td>• 학위교육
• 평생교육
• 재교육</td></tr>
<tr><td>제3기</td><td>1980년대 중반 이후</td><td rowspan="3">구성주의</td><td>• 컴퓨터/컴퓨터 매개 통신
• CATV
• 위성방송 및 멀티미디어
• 시뮬레이션</td><td>• 학위교육
• 평생교육
• 재교육</td></tr>
<tr><td>제4기</td><td>1990년대 후반 이후</td><td>• 이동통신 단말
• 텔레컨퍼런스
• 위성통신
• 멀티미디어/시뮬레이션
• 가상현실</td><td>• 학위교육
• 평생교육
• 재교육
• 특수교육</td></tr>
<tr><td>제5기</td><td>2001년 이후</td><td>• 인공지능
• 언어 구조적 웹
• 독립 대행자</td><td>• 학위교육
• 평생교육
• 재교육
• 특수교육</td></tr>
</table>

02 원격교육체제의 구성요소

[그림 2-1]은 원격교육의 모든 수준과 유형에서 발견되는 공통된 구성요소를 포함하고 있다. 원격교육체제는 어떤 특정한 내용을 가르칠 것인지를 결정하고, 학습자들이 무엇을 배울 것인가를 발견하는 과정처럼 학습하고 가르칠 기능이 있어야 한다. 또한 코스 설계를 위한 하위체제와 교사 · 학습자 · 운영자에게 상호통신 서비스를 제공할 하위체제가 있어야 한다. 교수자 · 튜더 등은 학습과정을 돕기 위하여 다양한 학습환경에 있는 학생과도 상호작용을 한다.

마지막으로 가장 일반적인 수준에서 각각의 하위체제의 다양한 요소들은 통제하고 감독하는 정책과 관리구조를 가진 조직이 있어야 한다(양영선 · 조은순, 1998).

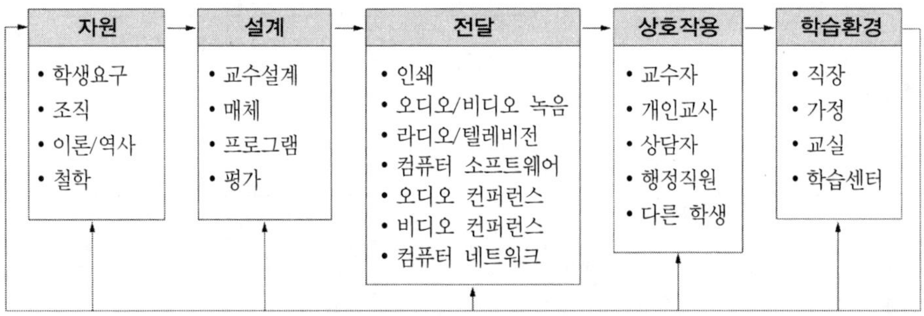

[그림 2-1] 원격교육체계의 구성요소

(1) 자 원

대학 · 전문대 · 학교 · 정부나 기업의 훈련부서 등의 조직에서 가르칠 지식이 무엇인지를 결정하는 책임은 조직과 자신의 분야, 문헌, 이론, 현재의 상황, 문제 등을 아는 교직원들의 몫이다. 이 결정은 조직의 교육적 임무와 철학을 바탕으로 이루어지고, 교사의 철학이 반영되며, 조직의 역사와 조직이 속해 있는 국가의 교육역사에 의해 정해질 것이다.

대부분의 원격교육조직에서는 학생들이 필요로 하는 지식이 무엇인지를 아는 것과 학습자가 무엇을 배우고자 하는지를 고려하여 코스를 개발하는 것이 중요하다. 학생은 잠재적인 자원과 지식의 창조자로서 간주되며, 코스는 프로젝트 학습과 자기주도적 학습활동을 하도록 설계된다.

원격교육조직이나 코스가 학생들을 얼마만큼 지식 자원으로 유인할 것인지는 조직과 교직원의 교육철학에 의해 영향을 받을 것이다. 학습과 교수에 대해서는 다양한 아이디어가 있으며, 교육조직이나 코스를 이해하거나 분석 · 평가하기 전에 어떤 철학이 강조되고 이를 지지할지에 대하여 분명히 할 필요가 있다.

(2) 코스 설계

원격교육 코스를 산출하는 데에는 많은 종류의 설계 전문가가 관련된다. 교수는 매체를 통하여 제공되고 공학기술에 의하여 전달되기 때문에 매체자료는 교수원리와 기술 및 테크놀로지에 대한 지식을 가진 전문가들이 설계해야 한다.

교수설계 기술과 테크놀로지에 대한 지식 모두를 가진 내용 전문가도 있지만 이런 책임이 여러 전문가에 의해서 수행된다면 더 바람직하다. 교수설계자는 내용 전문가와 함께 작업하면서 코스의 목표, 연습

문제와 학습활동, 인쇄매체의 레이아웃, 오디오 테이프와 비디오 테이프의 내용, 오디오 컨퍼런스, 비디오 컨퍼런스, 컴퓨터 컨퍼런스에 의한 상호작용을 위한 질문 등에 대해 서로 의견을 일치해야 한다.

그래픽 설계자, 프로듀서, 다양한 매체 전문가들은 양질의 코스 자료와 프로그램을 만들기 위해 내용 전문가와 교수설계자의 아이디어를 수용해야 한다. 그리고 어떤 부분의 강의가 어떤 매체에 의해 가장 효과적으로 전달될 수 있는지를 결정해야 한다.

마지막으로 평가와 연구 전문가는 학생들의 요구와 원격교육이 가르치고자 하는 것이 일치했는지, 비용 효과적인 강의를 제공했는지 등을 확인하기 위하여 원격교육 코스의 모든 측면에서의 효과와 함께 개별 학생의 학습성취도를 평가할 방법을 계획해야 한다.

원격교육 코스를 설계하는 데는 많은 기술이 필요하기 때문에 가장 성공적인 원격교육 코스의 핵심적인 특성 중의 하나는 여러 전문가들로 구성된 코스팀에 의하여 설계하는 것이다.

(3) 테크놀로지를 통한 정보통신과 상호작용

모든 교육에서 교수팀과 학습자 사이에는 의사소통이 있어야 한다. 원격교육에서 이 의사소통은 테크놀로지를 통하여 일어난다. 테크놀로지는 인쇄매체(주로 책과 학습안내서)나 오디오 카세트, 비디오 카세트, 라디오나 텔레비전 방송, 컴퓨터 소프트웨어, 오디오 컨퍼런스, 오디오 그래픽이나 비디오 컨퍼런스, 컴퓨터 매개통신 등이 있다.

교사와 학생의 메시지를 전달하는 데 테크놀로지를 사용하는 원격교육은 면대면 강의 · 토론 · 칠판 등에 의존하는 것보다 대부분의 사람들에게 매우 생소하다. 그러나 많은 교육자들에게 도전적으로 보이는 테크놀로지는 정보를 검색하고 오락을 할 때 사용하는 것과 유사하게 사용된다.

(4) 상호작용 : 교수자의 역할

모든 교육에서처럼 원격학습자에게도 교수자와 충분한 상호작용을 가짐으로써 아이디어와 정보교환이 가능하도록 하는 것이 중요하다. 많은 교육자들도 학습자와 상호작용을 갖는 것이 교육학적으로 중요하다고 본다. 적당하다고 여겨질 수 있는 상호작용의 특성과 정도는 조직과 설계자의 교육철학, 교과의 특성, 학습자의 성숙도, 학생이 있는 장소, 코스에서 사용되는 매체 등에 따라서 변한다.

원격교육과 정규교육 사이의 중요한 차이점 중의 하나는 원격교육 코스에서의 상호작용이 그 코스의 설계자도 내용 전문가도 아닌 교수자에 의해 수행된다는 것이다. 총체적인 체제접근에서 원격교육 코스는 보통 교수설계자, 매체 전문가, 내용 전문가팀에 의해 설계된다. 이러한 팀에 들어가는 비용과 매체 제작비용이 크기 때문에 원격교육비용이 효과적이기 위해서는 코스를 수강하는 학생의 수가 정규교육에서보다 더 많아야 하고, 학생 수가 이처럼 많기 때문에 설계자는 교수자가 되려고 해서는 안 된다.

원격교육에서 총체적인 체제접근을 사용하는 절차는 일단 코스가 설계되고 우편통신이나 라디오나 텔레비전, 인공위성이나 컴퓨터 등에 의해 전달되면 교수조직은 보통 튜터라고 불리는 교수자에게 학생들을 배정하며, 교수자는 설계된 자료를 기반으로 학생들과 상호작용하면서 개별화된 교수를 제공한다.

교수자와 학생간의 상호작용은 코스 설계자가 정한 주제나 질문을 기초로 하며, 실시간으로 텔레컨퍼런스 테크놀로지를 이용하여 수행할 수 있다. 텔레컨퍼런스는 아주 빠른 상호작용을 제공하며, 이 상호작용은 흔히 집단형태로 이루어진다.

지금까지도 우편을 통한 개인교수와의 문서통신에 의한 상호작용이 가장 일반적으로 이루어지고 있다. 총체적인 체제접근에서는 코스 설계팀이 각 코스 단원의 내용을 기반으로 과제를 정하고, 개별 학생은 과제를 해서 그들의 개인교사에게 우편으로 보낸다. 개인교사는 편지로 학생의 과제를 읽고, 비평하고, 답장한 후에 전화로 토론을 한다. 우편에 의한 상호작용은 진도는 느리지만 비용이 적게 들며, 각각의 학생에 대한 개별 집중도를 높일 수 있다.

점차 컴퓨터에 의한 문자적 상호작용, 오디오와 비디오 통신에 의해 동시에 상호작용하는 것을 혼합한 데스크톱 워크스테이션이 더 많이 사용될 것이다. 이는 텔레컨퍼런스 교수의 즉각성과 함께 상호통신 코스와 같은 동일한 개별화를 제공한다.

학생들은 코스의 내용을 학습하도록 돕는 것이 주요 임무인 교사와 상호작용할 뿐만 아니라 학습기법들에 대해 제안하고 학습을 방해하는 학문적·개인적 문제를 해결하도록 돕는 상담자와도 상호작용을 하게 된다. 또한 코스에 등록하거나 학습진행 정도를 확인할 때는 행정직원과 상호작용할 것이다.

이상적으로는 원격교육 코스가 전통적인 교실환경에 있는 것과 같이 학생들에게 텔레컨퍼런스로 동시적 상호작용할 기회를 제공하기도 한다. 때로는 설계자가 원격코스에서 집단 상호작용이 필요하다고 판단할 때 이러한 집단 상호작용을 제공하기 위해 특별한 면대면 모임을 갖는다.

(5) 관리와 행정

상호작용의 다른 측면은 원격교육 코스와 프로그램의 관리와 행정이다. 관리자는 쉽게 접촉할 수 없는 학습자들의 요구를 측정할 책임을 갖는다. 원격교육은 보통 값비싼 테크놀로지를 사용하기 때문에 코스를 제작하는 데 많은 비용이 소요된다. 행정가는 재정·인사·시간 등을 관리하여 코스가 정해진 시간에 제작되도록 여러 가지 작업을 조정할 책임이 있다. 그리고 적절한 교직원과 직원을 채용하고 훈련시켜야 한다.

교수자는 보통 원격지에 있기 때문에 이들을 관리·운영하고 지도할 특별한 절차가 개발되고 유지되어야 한다. 원격교육 시스템의 일부분이 제대로 작동하지 않으면 전체적인 교육 시스템이 위험에 처하기 때문에 개별적인 피드백과 평가가 상당히 중요하다.

관리 부분을 위해서는 정치적인 과정에도 참여해야 하는데 정책결정자는 다른 사람들이 원격교육의 잠재성을 이해하도록 돕고, 재정적인 문제를 해결하고, 이 새로운 형태의 교육을 수용하는 데 필요한 조직의 문화적 변화를 가져오도록 해야 한다.

(6) 학습환경

어떤 원격교육조직이라도 학습환경의 특성에 많은 관심을 가져야 한다. 학생은 코스 자료를 공부하고 자신의 직장·가정·교실·학습센터, 심지어 여행할 때에도 교수자와 상호작용하게 된다.

전쟁터·잠수함·등대·감옥에서의 원격학습자에 관한 많은 이야기가 있다. 그러한 환경에서는 학습을 어렵게 하는 여러 종류의 교란과 방해를 받기 쉽기 때문에 그러한 장소 및 직장이나 가정에서 학습한다는 것은 진정한 도전을 의미한다.

이러한 잠재적인 문제를 극복하기 위해서 학생은 의식적으로 효과적인 원격학습자가 되는 기술과 습관을 획득해야만 한다. 예를 들어 학생들은 편안하게 공부할 수 있는 자신의 시간과 장소를 찾아야만 한다. 이는 동료 직원이나 가족과의 협조로 직장에서나 가정에서 학습을 할 수 있도록 시간을 정하는 것을 의미하기도 한다. 원격교육 코스 자료의 적합한 설계는 학습의 성공에 영향을 미칠 수 있다. 대부분의 설계자들은 요약과 개관이 자주 나오는 짧고 독립적인 부분들로 코스가 조직되어야 한다고 믿는다.

어떤 설계자들은 실생활의 일, 공동체, 가정의 이슈에 학문적인 내용을 연결시켜 학생들이 일상의 문제들과 자신의 공부를 통합하도록 도움으로써 이러한 문제들이 학습의 일부분이 될 필요가 있다고 강조한다. 상담자는 원격학습자가 가정에서의 학습에 필요한 개인적·사회적 적응을 보조하는 데 특별히 도움이 될 수 있다.

텔레컨퍼런스로 코스를 전달받는 학생은 보통 교실이나 회의실 내의 작은 그룹 환경에 놓여 있다. 이러한 환경의 장점을 따서 교수 설계자는 각 그룹 구성원간의 상호작용과 다른 장소에 있는 그룹과의 상호작용을 포함하는 활동을 설계해야 한다. 또한 텔레컨퍼런스 장비가 적절하게 작동하고 교실의 설비가 만족스러운지를 확인하는 '사이트 조정자'가 있는 것이 바람직하다.

가능하다면 학습센터는 학생들이 가정이나 직장과 지리적으로 가까이 있어야 한다. 학습센터는 개별화된 학습을 위한 교수자료와 장비, 개인 열람석, 그룹 미팅이나 개인교사와 상담자와의 사적 미팅을 위한 방을 제공하는 등 많은 가치 있는 역할을 하게 된다. 어떤 경우에든 학습센터는 크기에 따라서 보조직원을 활용하는 등의 운영을 할 필요가 있다.

(7) 체제의 입력과 출력

위에서 제시한 원격교육체제들의 요소는 모든 원격교육조직과 코스에 필수적이며, 이들 요소간의 상호의존성은 매우 크다.

예를 들면 설계의 정확한 성격, 전달에 사용되는 커뮤니케이션 테크놀로지와 상호작용 등은 특정한 코스 내의 지식자원, 학습자의 요구, 학습환경 등에 의존한다. 특정한 전달 테크놀로지나 테크놀로지의 혼합에 대한 선정은 가르칠 내용, 가르칠 사람, 학습이 일어날 장소들에 의해 결정되어야 한다.

교수매체의 설계는 내용, 전달 테크놀로지, 원하는 상호작용의 종류, 학습환경 등에 의존하며, 이러한 모든 것들은 정책과 관리에 의해 영향을 받는다. 더욱이 원격교육체제의 한 요소에서의 변화는 모든 다른 구성요소에 즉각적인 영향을 미친다.

원격교육체제의 요소간의 상호관계를 보는 다른 방법은 체제 모형에서 흔한 기법으로 체제를 입력과 출력의 관점으로 보는 것이다. 입력 요소들은 어떤 방법으로든 출력 변인들에 영향을 미친다.

〈표 2-2〉 원격교육의 입력과 출력 변인들

입 력	출 력
• 학습자 특성	• 학습자 만족도
• 교수자 · 튜터의 경험	• 학습자의 성취점수
• 행정직원들의 능력	• 학습자의 코스 완성도
• 코스 개발의 효율성	• 전체 등록자 수
• 학생들의 자원에의 접근	• 질적 평가
• 반응 시간	• 인증
• 사이트의 조정	• 비용과 수익
• 교수적 협력/지원	• 이동
• 평가의 신뢰도	

03 원격교육체제의 유형

원격교육은 대체로 다음 세 가지 유형 중 하나의 형태로 실시된다(김재웅 · 방명숙, 2000). 처음부터 원격교육만을 목적으로 설립된 원격대학(단일모형), 전통적인 대학이 원격교육을 함께 제공하는 경우(이중모형), 그리고 여러 가지 교육방법을 동시에 제공하고 학생이 자기의 요구와 기회에 따라 편리한대로 공부할 수 있으며, 학점이 완벽하게 호환되는 유형(혼합모형)이 있다.

〈표 2-3〉 원격교육체제의 유형

유 형	내 용
단일모형	원격교육만을 목적으로 설립
이중모형	전통적인 대학에서 원격교육을 함께 제공
혼합모형	여러 가지 교육방법을 동시에 제공하고 학생이 편리한 대로 선택

이 세 가지 유형 중 어느 것을 선택할 것인가는 교육정책과 계획, 고등교육 및 개별 대학의 정책, 그리고 조직 및 법규와 관련된 여러 가지 준거와 요인들에 의해 결정된다. 여기에서 교육적 이익과 불이익은 2차적인 요소로 간주된다.

원격교육의 교육학적 구조는 이 세 가지 유형에서 각각 다르게 나타나고 있으며, 따라서 당연히 교수-학습 과정에도 각각 다른 영향을 미친다. 원격교육에 대한 세 가지 다른 유형에 따라 예상되는 교수-학습 행동이 각각 다를 수 있다는 것이다.

많은 학생들은 대규모 원격개방대학에서 제공하는 단일모형 원격교육에 참여하고 있다. 일부 대학들은 실제로 수십만 명의 학생 수를 자랑하고 있다. 이러한 대학의 학생들은 학습상담 체제가 미흡한 관계로 스스로 알아서 공부하도록 되어 있다. 또한 학생들은 대체로 이들 원격대학으로부터 분리되어 있고, 교수자와 동료 학생들로부터 고립되어 있다. 학교에서 발간한 안내자료를 통한 자학학습(self-study)이 전형적인 교수방법이다.

호주에서 잘 발달되어 있는 이중모형 대학에서의 교수-학습은 전혀 다른 양상을 띠고 있다. 여기에서는 코스별로 각 수업에서 교육받을 수 있는 학생 수만큼 등록을 받는다. 이것은 학생 수가 그렇게 많지 않다는 것을 의미한다. 그들과 교수 및 대학의 관계는 밀접한 편이며, 관계가 두절될 가능성이 거의 없다. 왜냐하면 그들은 정기적으로 대학에서 제공하는 수업에 의무적으로 출석해야 하기 때문이다.

이러한 개념에 비추어 보면 원격교육을 받고 있는 외부(external) 학생도 강의 노트, 테이프 등 각종 자료를 활용하여 멀리서 대학의 강의에 출석하고 있는 것이다. 이러한 방법은 전통적인 대학의 수업에 간접적으로 출석하고 있는 상태라고 할 수 있다. 교육학적인 관점에서 볼 때 이것은 단일 모형과는 근본적으로 다른 개념이다.

혼합 모형 원격교육 형태는 면대면 교육과 원격교육을 모두 제공하고 전자정보 통신매체 및 네트워크를 더욱 많이 활용하고 있다. 이것은 성인 학습자들을 포함하여 모든 학생들의 요구에 매우 융통성 있게 반응할 수 있을 것이다. 여기에서 학습방법은 주로 자율적 자기주도적 학습이 될 것이다. 학생들은 다양한 매체를 통해서 제공되는 교육을 받을 것인지 아니면 자기 자신의 학습전략에 따라 많은 재량권을 갖고 학습할 것인지 선택할 수 있게 된다.

후자의 예로서 학생들은 작은 학습 동아리를 통하여 밀도 있는 학습지도를 받을 수도 있고, 디지털 학습환경 속에서 자기주도적으로 학습할 수도 있으며, 컴퓨터 매개 통신을 활용하여 다른 학생들과 경험을 나누며 학습할 수도 있을 것이다.

요약 및 정리

원격교육의 역사는 크게 세 단계로 살펴볼 수 있다.

제1세대는 우편제도를 이용한 통신교육의 시대로 성인을 대상으로 교육의 기회를 확대하였다. 통신교육의 특성은 인쇄교재를 이용하여 실용적인 기술교육이나 어학 등을 교육 내용으로 한 성인 중심의 교육으로 시작되었으나, 점차 공교육기관에서 학습할 수 없는 아동을 대상으로 발전한 것이다.

제2세대는 방송 등 대중 전파매체를 이용한 산업화된 원격교육의 시대로 교육기회를 더욱 확대하면서 교육방법의 다양화를 시도하였다. 특히 1969년 영국 개방대학의 설립은 대중전파매체를 이용한 원격고등교육 발전의 계기가 되어 세계 각 나라가 다양한 이름으로 원격교육기관을 설립하게 되었다.

제 3세대는 정보통신기술을 도입한 상호작용적 원격교육 또는 가상교육의 시대로 교수-학습 활동의 질적 향상을 강조하였다. 각종 통신매체들은 원격교육에서 상호작용을 실현할 수 있도록 하여 원격교육에서 부족한 면대면의 상호작용을 보완하도록 하였다.

일부의 학자들은 네트워크의 특성이 강화된 제4세대 원격교육을 출현을 주장하고 있으며, 제4세대의 특징들이 보편화되지 않은 상태에서 인공지능을 특징으로 하는 제5세대 원격교육 시스템을 주장하는 학자들도 있다.

원격교육체제의 구성요소로 자원, 설계, 전달, 상호작용, 학습환경을 들 수 있으며, 이 요소들은 각각 하위요소를 포함하고 있다. 이들 구성요소들은 상호의존성이 매우 크기 때문에 한 구성요소의 변화는 다른 구성요소에 즉각적인 영향을 미친다. 원격교육이 성공적으로 실행되기 위해서는 모든 구성요소들에 똑같이 주의를 기울이면서 총체적인 체제로 이해하고 개발되어야 한다. 원격교육체제의 요소들간에 상호관계를 보는 다른 방법은 체제를 입력과 출력의 관점으로 보는 것인데 입력 변인들은 출력 변인들에 영향을 미친다.

원격교육은 대체로 다음 세 가지 유형 중 하나의 형태로 실시된다. 처음부터 원격교육만을 목적으로 설립된 단일 모형, 전통적인 대학이 원격교육을 함께 제공하는 이중 모형, 그리고 여러 가지 교육방법을 동시에 제공하고 학생이 자기의 요구와 기회에 따라 편리한대로 선택하면서 학점이 완벽하게 호환되는 혼합 모형이 있다.

탐구문제

1. 원격교육의 발달단계에 따라 각 단계의 특징을 설명하시오.
2. 원격교육기관을 선택하여 교육체제의 구성요소에 따라 분석하시오.
3. 원격교육의 입력과 출력 변인의 관계를 설명하시오.

제3장

원격교육과 평생교육

- 학습목표
- 핵심용어

01 평생교육의 필요성

02 평생교육의 개념

03 원격교육의 성장에 기여한 사회적 변화

04 평생교육과 원격교육의 관계

05 평생학습진흥 종합계획

- 요약 및 정리
- 탐구문제

• 학습목표

1. 평생교육의 필요성을 설명할 수 있다.
2. 평생교육의 개념을 정의할 수 있다.
3. 원격교육의 성장에 기여하게 된 요인들을 열거할 수 있다.
4. 원격교육과 평생교육의 관계를 파악할 수 있다.
5. 평생학습진흥 종합계획에서 원격교육의 역할을 설명할 수 있다.

* 핵심용어

- **사회교육** : 가정이나 학교가 아닌 사회에서 이루어지는 교육
- **성인교육** : 아동이나 청소년이 아닌 성인을 대상으로 하는 교육
- **계속교육** : 학교를 졸업한 후에도 계속하여 받는 교육

경력 향상을 위한 요구, 자기개발 및 개인의 성장에 대한 요구가 높아짐에 따라 평생교육에 대한 관심이 늘어나고 있으며, 평생교육에 대한 사회인식도 점차 변화하고 있다.

이에 따라 학교일정에 맞추지 못하는 학습자들과 보다 융통적인 스케줄 선호하는 경향으로 인하여 원격교육에 대한 관심 또한 늘어가고 있으며, 점차 원격교육이 중요한 평생교육의 수단으로 인식되어 가고 있다.

원격교육으로 인하여 교육은 더욱 개방화, 세계화되는 경향을 보이고 있으며, 평생교육의 기회도 보다 폭넓게 확대되어 가고 있다.

01 평생교육의 필요성

평생교육이 전 세계적으로 대두되게 된 배경에는 학교교육이 지니고 있는 한계에 대한 비판과 함께 과학기술의 발달, 세계화와 정보화라는 현대사회의 변화, 인간의 생활주기의 변화에 따른 것이다(권대봉, 2001).

(1) 학교교육의 한계

급변하는 현대사회에서 학교를 중심으로 이루어지던 교육활동이 제 기능을 다하지 못하면서 학교의 독점 기능으로 이해하던 전통적인 교육관이 부적절하게 인식되기 시작하였다.

학교교육 중심의 개념만으로는 현대사회의 급격한 변화에 적절히 대처할 수 없을 뿐만 아니라 다양하고 복잡하게 부각되는 개인의 교육욕구를 충족시키기가 어렵게 되었다. 현대사회에 들어와서 교육대상은 아동에서 성인으로 확대되고, 교육내용이 학습자를 중심으로 전문화, 다양화되었으며 교육의 기회 또한 탄력성을 지니게 됨에 따라 새로운 환경에 적합한 새로운 형태의 교육이 필요하게 되었다.

(2) 과학기술의 발달

과학기술의 급속한 변화 및 지식의 기하급수적인 증가를 내재한 현대사회는 직업세계를 비롯하여 모든 삶의 영역에 구조적인 변화를 요구하고 있다. 수많은 직종이 새로이 출현되고, 각 직종들의 계속적인 변화와 발전은 평생교육 차원에서 계속적인 교육을 요구하고 있다. 또한 과학기술의 발달로 인한 주변환경의 변화는 인간의 소외의식을 심화시키고 있어 현대인 모두에게 많은 적응상의 문제를 제기하고 있다. 현대사회의 이러한 인간소외 문제를 극복하기 위해서는 평생교육을 통하여 모든 개인이 실존의 의의를 깨닫고, 자기 정체성을 지속적으로 재정립할 수 있도록 해야 한다.

(3) 세계화와 정보화

세계화란 국경을 초월하여 정치 · 경제 · 사회 · 문화예술 등 모든 부분이 지주적 차원에서 하나의 공통된 방향으로 통합 · 통일됨을 뜻한다. 이에 우리의 생활권은 국제 생활권으로 확대되었으며, 이에 대한 교육적 대응책이 요청되었다. 따라서 세계화에 따른 변화에 대응하기 위해서는 개인 · 조직 · 국가 차원의 평생교육이 필요하다.

정보화 사회는 개인 · 기업 · 국가가 정보를 통한 가치창조에 노력을 해야 하는 사회이다. 누가 필요한 정보를 적시에 수집하여 이용하느냐에 따라 정보의 가치가 달라지며, 정보의 가치를 효율적으로 창출하는 자가 경쟁의 우의를 차지하게 된다.

이제 정보는 단순한 수집 대상이 아니라 분류하고, 조직해서 자신에게 필요한 것을 선별해야 하는 이른바 학습의 대상이 된 것이다. 따라서 정보를 수집하는 능력, 저장하는 능력, 필요한 정보를 취사선택하여 정보의 부가가치를 높일 수 있는 능력 등 정보에 관한 종합적인 자질을 함양하도록 하는 평생교육이 요구된다.

(4) 인생의 주기 변화

인간은 전 생애를 걸쳐 성장하고 발달한다. 인간의 발달단계는 영 · 유아기, 아동기, 청소년기, 성인기, 노년기로 이어지는데 지금까지 각 발달단계에서 균등한 의미의 교육이 제공되지 않았으며, 또한 각 단계의 계속적인 발달을 소홀히 했던 것도 사실이다. 과거와 달리 현대의 과학 · 의학기술의 발달, 정보화의 발달은 인간의 생활주기를 변화시켰고, 더 나아가서는 인생의 주기를 변화시키고 있다.

직장에서 일을 끝낸 후의 여가시간이 연장되었고, 생명의 연장으로 인한 정년 퇴직 후의 노년기를 어떻게 보낼 것인가 하는 문제는 더 이상 개인적인 문제로 치부할 수 없게 되었다.

개인적 · 조직적 · 국가적 차원에서 인간의 생활과 인생주기의 변화에 따른 평생교육에 관심을 가져야 하며, 평생교육은 인간의 계속적인 발달과정을 이해하고 이를 기초하여 모든 교육 프로그램이나 교육방법을 구현해야 한다.

02 평생교육의 개념

평생학습은 공간적인 개념에서 교육이 가정과 학교가 아닌 사회에서 이루어진다고 사회교육이라고도 하며, 교육 대상의 측면에서 교육의 수혜자가 주로 성인이기 때문에 성인교육이라고도 하고, 시간적 개념에서 학교를 졸업한 후 계속하여 받는 교육이기 때문에 계속교육이라고도 하며, 평생동안 받는 교육이라고 하여 평생교육이라고도 한다.

평생학습이라는 용어를 기술하는데 겪게 되는 어려움은 그 용어의 탄생과 관련이 있다. 평생교육은 여러 국제기구가 지원해 온 각종 전략들이 추구하는 목표들 속에 포함되어 있는 모든 용어들을 가리킨다.

1970년 유럽 협의회(Council of Europe)는 영속교육(permanent education)이라는 개념을 소개하였으며, 1972년에 UNESCO는 평생학습의 요구에 관하여 강조하였으며, 1973년 OECD는 순환교육(recurrent education)이라는 개념을 소개하였다. 이러한 용어들은 모두 교육이 더 이상 어린이와 청소년 시기에 그리고 정해진 교육기관내의 활동으로 한정되지 않는다는 것을 강조하였다.

평생학습의 개념은 앞서 언급한 주요 국제기구들이 평생학습을 교육 체제의 근본적인 개혁을 위한 기본 원리와 수단으로서 지속적이고도 적극적으로 주장함에 따라 여러 분야에 영향을 끼쳐 왔다. 이러한 노력의 결과로 평생교육은 점차 삶의 전반에 걸쳐 의도적으로 학습이 일어나도록 하는 교육으로 인식되고 있으며, 다음과 같은 의미를 담고 있다.

첫째, 평생교육의 핵심은 교육에의 접근 기회를 확대하고 누구나 원하는 시점에서 교육을 받을 수 있게 한다.

둘째, 교육에의 접근 기회의 확대란 학교에 다닐 수 없는 아동이나 성인 누구나 형식적 교육기관 외에도 교육을 받을 수 있는 기회가 주어져야 한다.

셋째, 교육방법이나 학습 교재의 다양성이 보장되어 학습자의 학습 방식의 선택이 가능하여야 한다. 평생교육은 각 개인이 평생에 걸쳐 자신의 잠재력을 개발할 수 있도록 허용하는 것이며, 이에 대한 조직적이고 의도적인 지원이 필요하다. 또한 평생교육의 특성을 고려할 때 제도, 교육내용과 방법 등 평생교육의 실현방식은 융통적이고 개방적이어야 한다.

03 원격교육의 성장에 기여한 사회적 변화

공학의 발달은 원격교육에 대한 흥미를 유도하고 원격교육의 성장에 기여하였다. 그러나 공학뿐만 아니라 다음과 같은 요인들이 원격교육에 대한 환경에 다양한 변인으로 작용하고 있다(Mehrotra et al., 2001).

① 경력 향상을 위한 고등교육의 요구 증가

현 사회에서 대부분의 직장환경과 업무가 복잡해지면서 점차적으로 사회변화를 이해하고, 사람들과 경쟁하고, 직업이나 전문성에서 앞서기 위해 고등교육을 요구하고 있다. 오늘날 원격 전달방법은 캠퍼스에서 떨어진 곳에서 사는 비전통적인 학습자를 위하여 고등교육의 기회를 제공하고 있다.

② 융통적인 스케줄에 대한 요구 증가

일상생활이 복잡한 학생들이나 전통적인 학교의 일정에 맞추지 못하는 학생들이 보다 융통적인 스케줄은 요구하고 있다. 일부 전통적인 대학의 학생들은 자신의 교육을 위해 일을 해야 하고, 나이든 학생들은 전일제 직장을 갖고 있거나, 아이들을 양육해야 하기 때문에 전통적인 학교의 스케줄에 맞추기 어렵다. 원격교육방법은 바쁜 학생들에게 그들의 직장과 가족의 책임은 물론 그들의 교육목적에 부응하도록 보다 융통적인 교육을 제공한다.

③ 개인적 성장을 위한 코스의 요구 증가

풍요함과 수명의 증가와 개인의 삶의 질에 대한 관심이 높아지면서 건강과 복지, 개인의 재정과 취미와 같은 특별한 흥미를 추구하기 위한 요구가 늘어나고 있다. 이와 더불어 개인용 컴퓨터의 가격저하와 인터넷의 연결에 대한 접근성이 증가하면서 지리적으로 고등교육기관에 접근할 수 없는 지역에 위치한 학습자들에게 이러한 기회를 제공하는 원격교육 프로그램의 사용이 가능해졌다.

④ 평생학습에 대한 젊은이들과 사회의 태도의 변화

과거의 고등교육은 젊은이들이 유명해지고 급여가 많은 직업을 갖기 위한 관문으로 간주하였다. 그러나 점차 고등교육에 대한 관점이 변화하면서 교육을 통한 계속적인 지적 활동이 나이를 초월하여 몸과 마음을 보호해주고 성장시키는 것으로 인식되고 있다. 원격교육은 여행의 부담없이 집에서 지적인 생활을 계속하도록 만들어 준다.

⑤ 많은 직장에서의 자격증취득 요구

매년 많은 직장에서 새로운 자격증을 취득하도록 요구하는 사례가 늘어 있으며, 이에 따라 자격증취득을 위한 강의들이 점차 늘어가고 있다. 원격교육은 교육장소로 이동하기 위해 별도의 시간을 소비할 필요가 없으므로 바쁜 직종에서 일하는 사람들에게 매력적이다.

⑥ 학위보다는 특별한 능력을 우선하는 경향의 증가

오늘날 많은 고용주들이 사람을 선발할 때 학위보다는 특별한 능력에 순위를 두고 있다. 원격교육은 넓은 지역에서 학생들을 모으는 잠재력을 갖고 있으며, 세부적인 요구에 맞는 비용이 효과적인 수업이 가능하여 원하는 능력을 개발하는데 적합한 방법이다. 게다가 훈련 코스는 직장이 있는 곳까지 직접 전자적으로 전달된다.

⑦ 교사 중심적인 교육에서 학습자 중심적인 학습으로 변화

원격교육의 어떤 형태는 교육 패러다임의 변화와 양립한다. 예를 들면 웹기반 코스는 ITV나 전통적인 교실수업보다 학습자의 선택을 보다 확대한다.

⑧ 다양한 학생들의 학습 스타일에 대한 교육자의 인식 증가

원격교육의 다양한 형태는 전통적인 교육과 병행하고자 하는 학습스타일을 가진 학생들을 위해 대안적인 학습방법을 제공한다.

⑨ 학습장애를 가진 학생들에게 융통적인 교육방법을 제공

원격교육은 이동성과 운송의 장애를 감소시킬 수 있다. 예를 들면 웹기반 수업은 청각장애가 있는 학습자들에게 대안적인 형태를 제

공한다.

⑩ 수업에 참여하는 학생들의 의지의 다양성

어떤 학생들은 문화적 배경, 가족교육, 개인적인 기질, 그 외의 다른 이유로 전통적인 수업에서 토의에 참여하지 않으려고 하거나 교사의 질문에 구두로 반응하지 않는다. 예를 들어 원격교육에서 웹기반 토론그룹이나 채팅을 이용한 방법은 말하는 기술보다는 글에 의한 의사소통에 더 의존한다. 전통적인 수업에서 참여가 낮은 학생들이 웹기반 토론에서 적극적인 참여자가 되는 예들을 보는 것은 흔한 일이다.

점차 원격교육은 고등교육의 주류가 되고 있으며, 다양한 교육기관이 원격교육 프로그램을 제공하고 있다. 원격교육은 더 이상 주변 활동이나 외딴 지역을 지원하는 교육이 아니며 다양한 교육기관들이 수용하는 대안적인 교육형태이다.

04 평생교육과 원격교육의 관계

평생교육에 관한 활동은 여러 면에서 원격교육의 발전에 지대한 영향을 미쳤다. 교육과 학습의 기능에 관한 뿌리깊은 사고와 습관을 변화시켰고, 정치가, 전문가, 그리고 일반 대중에게 새로운 태도와 이해를 알림으로써 1970년대와 1980년대 원격대학들을 대학으로서 수용하게 하는데 크게 기여하였다.

반면 원격교육은 평생교육의 도입과 발전을 위한 하나의 수단으로 이해할 수 있다. 많은 나라에서 원격교육은 고등교육의 기회를 확대하였고, 성인들에게 계속교육과 재교육을 제공하여 평생학습사회의 실현에 크게 기여하고 있다.

원격교육과 평생학습 사이의 중요한 구조적 상관관계를 살펴보면 다음과 같다(김대웅 · 방명숙, 2000).

- 원격교육에서는 성인학습에 대한 요구가 이미 충족되어 있다. 원격교육은 오랫동안 실천되어 왔으며 제도적으로 보장되어 있기 때문에 새롭게 추구되어야 할 비전, 계획, 의도가 아니다.
- 원격대학은 많은 나라에서 대학의 지평을 확장하였고, 평생학습 개념과의 관련 속에서 대학을 변화시켰다.
- 원격교육은 대안적 학습형태의 창출에 대한 요구를 충족시킨다. 전통적인 학교와 관련하여 살펴보면 원격교육은 아주 뛰어난 대안으로서 교육체제의 혁신에 공헌하고 있는 것으로 평가된다.
- 원격학생들은 학습이 성인의 삶을 위한 준비일 뿐만 아니라 삶과 일의 통합적 부분으로 이해하고 있었다. 학습은 통상 학생의 개인적 삶 가운데서 그리고 직업생활을 하는 가운데서 일어나며, 이 양쪽 삶에 영향을 끼치고 있다.
- 원격교육은 참여자들이 학습하는 동안 자기자신의 경험에 기초하여 자기가 어떤 사람인지를 깨닫도록 도와준다.
- 전통적인 교육의 개념에서는 경험과 인식이 분리되어 하나가 다른 하나를 따라가지만 원격교육에서는 이 둘이 혼합되어 있다. 교육과 훈련, 일과 학습, 여가와 학습, 퇴직과 학습이 각각 분리되어 있는 것이 아니라 서로 보완하는 관계에 있다. 삶의 전 과정을 통한 학습이 여기에서는 이미 일어나고 있다.
- 원격교육에서는 자기결정 학습에 더 큰 관심을 기울여야 한다는 요구가 어느 정도 충족되고 있다. 이러한 관점에서 보면 학생들은 언제, 어디에서, 어떻게, 얼마나, 어떤 순서로, 어떤 리듬을 가지고 공부할 것인지를 결정할 수 있고, 따라서 그 결정에 대한 책임

도 지게 되는 것이다. 이러한 자기결정은 계약학습에 대한 Empire State College의 성공적인 사례에서 알 수 있듯이 학습내용과 그 순서의 선택을 포함하게 된다.

- 원격대학은 전통적인 대학에 비하여 '학습하는 방법에 대한 학습'에 의지하는 정도가 훨씬 크다. 어떤 점에서 보면 독학 전략과 특수한 학습기법에 대한 적절한 소개 없이는 원격교육 자체가 불가능하다고 할 수 있다.
- 원격대학들은 새로운 집단의 학생들에게 대학교육 기회를 제공하고 있다는 점에서 일반대학들에 비해서 교육 기회의 평등에 기여하는 바가 크다. 이들은 자신의 나이, 지역, 기타 불리한 조건들로 인하여 정상적으로 대학교육을 받을 수 없었던 사람들이다.
- 많은 경우에 원격학생들은 계속적인 전문적 · 사회적 성장에 의하여 동기 유발되고 있다.
- 원격교육은 열린 학습사회의 건설에 중요하게 기여하고 있다. 왜냐하면 실제적으로 누구나 언제든지 대학교육을 받을 수 있고, 공공 매체의 활용으로 교육이 일반대학에 비해 훨씬 투명하게 이루어지고 있기 때문이다. 미국 교육정책 구호를 인용한다면 원격대학은 문자 그대로 벽 없는 대학이다.
- 매체에 기초하고 있는 대학으로서의 원격대학의 경험은 디지털 정보 · 통신매체를 활용함으로써 지식을 보다 빠르고 쉽게 전파할 수 있다는 것을 보여준다. 원격대학은 이미 가상대학으로 가는 길목으로 들어섰다.

이러한 원격교육과 평생교육의 상관관계를 통하여 원격교육은 평생학습의 도입과 발전을 위한 한 대안이 될 수 있음을 알 수 있다.

05 평생학습진흥종합계획

2002년부터 2006년까지 추진된 제1차 평생학습진흥종합계획은 중앙평생교육센터, 지역평생교육정보센터와 평생학습관 설치 등 국가 - 지역평생교육 추진의 제도적 기반을 마련하였고, 평생학습 도시지정 확대, 저학력 성인을 위한 성인문해교육 지원 및 소외계층의 평생학습 참여를 위한 재정지원 등 새로운 정책대상을 발굴하고 그 수용에 부응하는 성과가 있었다.

우리나라 평생학습진흥종합계획에서는 평생교육과 원격교육의 관계를 보다 잘 설명하고 있다. 평생학습진흥종합계획을 살펴보면 성인들의 고등교육 수요를 충족시키기 위하여 학점은행제를 근간으로 하여 독학사제, 문하생 학력인정제, 사내대학, 기술대학, 원격대학 등 평생교육제도 및 시설을 이용하여 성인 고등교육기회를 확충하고 유사제도간의 연계 통합을 도모하는 방향으로 계획을 추진하고 있다.

그러나 국가와 지역, 공공과 민간영역을 아우르는 종합적인 평생교육체제를 수립하지 못하고, OECD 선진국에 비해 평생학습참여율이 낮은 한계가 있었다. 1차 계획의 성과와 한계를 바탕으로 개인의 생활시간 분석과 평생학습 참여실태 · 수요분석을 통해 학습자 중심의 제 2차 평생학습진흥종합계획을 수립하게 되었다.

(1) 제1차 평생학습진흥종합계획

1) 제1차 평생학습진흥종합계획의 비전과 목적

평생학습은 새로운 지식 기술변화의 요구에 어쩔 수 없이 배워야 하는 수동적 반응 내지 학교교육의 연장이 아니라 내재된 학습본능을 살려 창조성을 실현하고 문제를 해결하는 가운데 자아를 실현하는 즐거움의 원천으로서의 학습인식 확산 및 동기유발에서 출발한다. 평생학습은 개인적 차원에서의 자아실현, 경제적 차원에서의 경쟁력 제고, 사회적 차원에서의 통합성 증진을 도모하여 국가경쟁력 제고와 개인적 삶의 질향상을 추구한다. 따라서 평생학습진흥종합계획의 비전은 '배우는 즐거움, 나누는 기쁨, 인정받는 학습사회 실현'으로 정하였으며, 그 체계도는 [그림 3-1]과 같다.

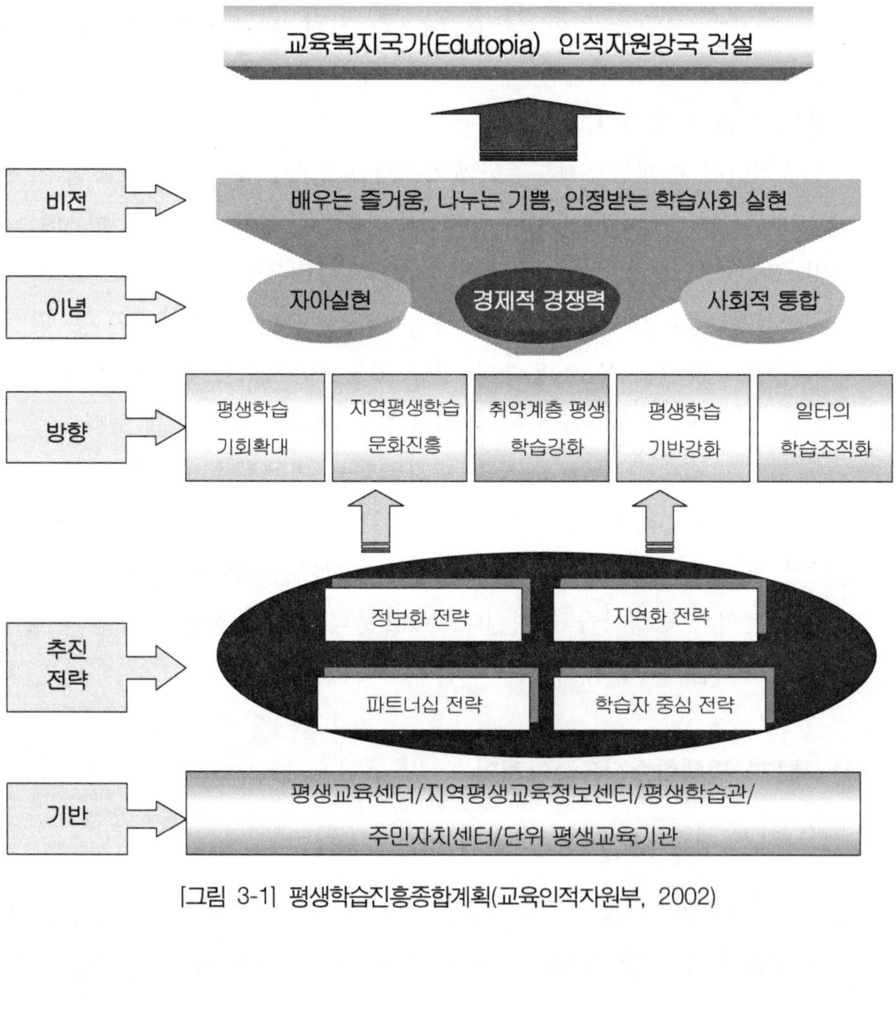

[그림 3-1] 평생학습진흥종합계획(교육인적자원부, 2002)

2) 추진전략

① 학습자 중심 전략

평생교육정책의 패러다임이 국가 중심, 제도권 중심, 공급자 중심, 교수 및 강좌, 법·제도 중심의 구조화된 평생교육에서 학습자 중심, 수요자 중심, 유연한 평생학습활동으로 전환되고 있다. 평생학습정책도 과거와 같이 국가가 공급자 및 법·제도에 입각하여 교육을 제공하는 공급자 중심의 제도주의적 전략보다는 스스로 생각하며 배우는 학습활동, 평생학습 문화형성을 강조하는 학습자 중심 전략으로 추진한다.

② 파트너십 전략

평생학습은 대상과 영역 및 참여기관이 다양하므로 다양한 평생교육시설 및 단체들 간의 수평적·동반자적 관계에서 비전을 공유하고, 공동의 목적을 달성하기 위하여 얼마나 자발적으로 참여하고 서로 연계 협조하느냐에 따라 그 진흥이 달려 있으므로 수준별·분야별 다양한 파트너십 체제를 구축하여 추진한다.

③ 정보화 전략

오늘날의 학습사회 모형은 웹 유토피아에 기초한 정보화 사회 모형이며, 평생학습활동이 정보통신기술을 이용하여 가상공간에서 상당 부분 이루어질 것이다. 정보화를 평생학습의 대상은 물론 평생학습이념을 실현할 수 있는 전략적 도구로 적극 활용하는 평생학습의 정보화 전력을 추진한다.

④ 지역화 전략

평생학습정책은 지역 주민의 학습 요구를 충족시키기 위해 지역 주민이 스스로 전개하는 지역학습 사회이므로 지역사회 교육정책 내지 '학습지역 만들기' 운동의 일환으로 지방자치단체 차원에서 주도적으로 추진한다. 또한 지역 평생학습의 거점 기구인 지역 평생교육정보센터, 평생학습관, 평생교육협의회 운영의 활성화를 도모한다.

3) 원격대학의 설치 확대 및 운영

원격대학의 설치에 따라 일차적으로 성인 고등교육 및 재교육의 기회를 확대한다. 고등교육법에 의한 대학의 재학생 교육기능을 강화하고(학점교류차원), 학령기 학생 중 원격대학 진학희망자에 대한 교육기능 수행 등 기존의 고등교육기관에 대한 보완적 역할을 강화하고, 운영을 내실화 하는 방향으로 추진한다.

원격대학은 평생교육법 제 22조에 의하여 성인학습자의 평생교육기회를 확대하기 위해 도입된 평생교육시설로서 그 과정을 이수하는 경우 학력인정과 학위가 수여되는 고등교육기관으로서 성공적으로 정착되고 있다.

(2) 제2차 평생학습진흥종합계획

1) 제2차 평생학습진흥종합계획의 비전과 목적

2008년부터 2012년까지 5년간 추진될 제2차 평생학습진흥종합계획에서는 배우는 즐거움, 일구어 가는 내일, 함께 살아가는 평생학습 사회구현(Learning together, Working together, Living together)이라는 비전 하에 국가경쟁력을 높이는 창조적 지식근로자 육성, 평생학습을 통한 관용 및 포용사회 실현, 평생학습 기반구축을 목표로 하고 있으며 그 체계도는 [그림 3-2]와 같다.

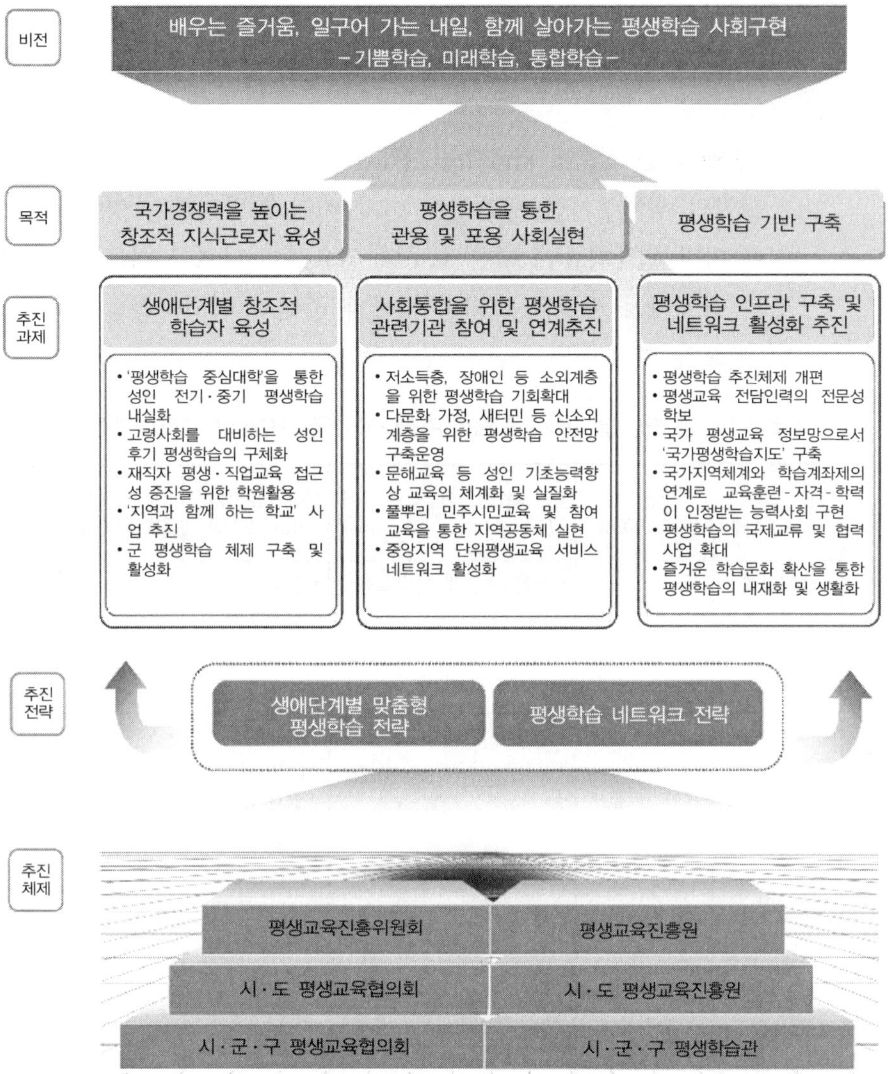

[그림 3-2] 제2차 평생학습진흥종합계획(한국교육개발원, 2007)

2) 추진전략

개인의 생활시간과 생애주기를 고려한 수요자 중심의 생애단계별 맞춤형 평생학습 전략과 평생학습 추진기관·추진내용의 수평적·수직적 연계를 고려한 평생학습 네트워크 전략을 중점 추진전략으로 채택하였다.

① 생애단계별 맞춤형 평생학습 전략

성인의 생애주기별 생활시간 변화 시점에 발생하는 생애사적 사건에 따라 평생학습에 대한 요구와 필요성이 다르기 때문에 생활시간과 생애사적 사건을 고려한 수요자 중심의 평생학습정책을 추진할 필요가 있다.

〈표 3-1〉 생애단계별 평생교육 중점 추진내용(한국교육개발원, 2007 수정)

<table>
<tr><th colspan="2">구분</th><th>성인 입문기
(20~24세)</th><th>성인전기
(25~39세)</th><th>생애 제1전환기
(40~44세)</th><th>성인 중기
(45~54세)</th><th>생애 제2전환기
(55~59세)</th><th>성인 후기
(60~69세)</th><th>성인 완성·정리기
(70세~)</th></tr>
<tr><td rowspan="6">평생교육 주요 내용</td><td rowspan="2">자아실현</td><td>• 생애설계 취업·진로 교육</td><td></td><td colspan="2">• 제2인생설계 준비교육</td><td>• 은퇴 후 생애 설계교육</td><td></td><td>• 생애 정리교육
• 기본생활 적응교육</td></tr>
<tr><td></td><td></td><td colspan="2">• 노후대비 교육</td><td>• 건강교육 (심리적 위기 극복 및 노인 질환 대비 등)</td><td>• 노후 건강 관리교육</td><td></td></tr>
<tr><td>고용가능성 증진</td><td>• 직무기초 (능력 교육 팀워크, 리더십 교육 등)
• 직업윤리 교육</td><td>• 직무능력 전문화 교육</td><td colspan="2">• 제2직업준비교육 창업·전직·전업 준비 교육 경력단절 여성 직업교육 등</td><td></td><td>• 노후 커리어 관리 교육</td><td></td></tr>
<tr><td rowspan="2">사회적 포용증진</td><td>• 부모역할 교육</td><td>• 부모역할 및 자녀교육</td><td colspan="2">• 가족갈등 해소, 교육 (부부 간, 부모, 자녀 간)</td><td></td><td>• 세대 간 통합교육</td><td></td></tr>
<tr><td></td><td></td><td colspan="2">• 지역사회 참여교육 및 사회봉사 활동 교육</td><td>• 지역사회 참여교육</td><td>• 사회봉사 참여 교육</td><td>• 사회 관계 개선 교육</td></tr>
</table>

② 평생학습 네트워크 전략

생애단계별 학습기회의 수직적 통합, 형식 · 비형식 · 무형식 및 가정 · 학교 · 지역사회 간의 수평적 통합을 핵심 전략으로 하며, 평생교육법상의 추진체제와 행정자치부 - 광역자치단체 - 기초자치단체로 이어지는 일반행정체제를 연계하여 평생학습의 수직적 · 수평적 연계를 강화한다.

또한 기초지자체 내의 주민복지 문화센터 등 다양한 평생교육시설 및 단체간의 네트워크 추진, 기존 평생학습도시를 중심으로 학습도시와 미지정 도시간의 네트워크 추진으로 평생학습 자원의 효용가치를 높이고 평생학습 정책추진의 효율성을 제고한다.

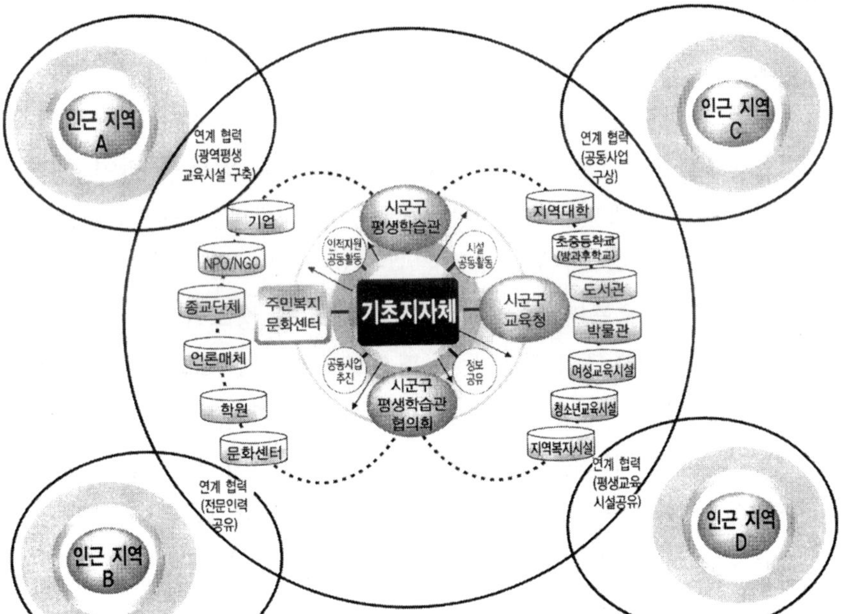

[그림 3-3] 기초지자체 중심 평생학습 네트워크 모형(한국교육개발원, 2007)

(3) 평생교육종합정보시스템

2001년부터 서비스를 실시한 평생교육종합정보시스템은 정보화 관련 평생교육의 진흥을 위해 평생학습 정보확산을 통한 지식강국 건설(평생교육법 제15조)을 목표로 평생교육에 대한 연구, 평생교육 종사자에 대한 연수 및 평생교육에 관한 정보의 수집과 제공(평생교육법 제13조)을 위하여 평생교육 관련 정보를 수집하고 제공하는 정보 시스템이다(한국교육개발원, 2007).

1) 평생교육 정보 네트워크 구축

평생교육 종합정보망을 활성화하고 통합적 평생교육 정보지원 네트워크 구축을 위해 다음과 같은 전략을 중심으로 사업을 추진하고 있다.

첫째, 전 국민의 평생학습을 촉진할 수 있는 개인학습 관리체제를 지향해야 한다. 학습자의 전 생애에 걸친 학습결과를 학습자가 시기별 · 유형별 · 결과별로 저장 · 관리 · 검색할 수 있도록 하여 체계적인 개인학습 지원체제를 구축하는 정보지원 시스템을 구축한다.

둘째, 평생교육 관련 정보들을 통합하고 관리할 수 있도록 해야 한다. 온라인과 오프라인의 광범위한 평생교육 정보들을 체계적으로 수집하고 관리함으로써 학습자가 평생교육에 관한 모든 정보들에 효과적으로 접근할 수 있는 방법들을 제시해야 한다.

셋째, 평생교육 관련 정보망의 연계성을 강화해야 한다. 평생교육 종합정보망에서 중앙집권적으로 지역기관 및 타기관의 시스템을 감독하고 관리하기 보다 통합 조정을 통해 평생교육 정보들이 소통될 수 있도록 해야 한다.

넷째, 다양한 전달방식을 통한 평생교육 정보의 접근성을 강화해야 한다. 정보의 쌍방향성과 제시방법을 다양하게 함으로써 평생학습이 이루어지는 공간 어디서나 시간을 초월하여 정보에 접근할 수 있도록 하는 유비쿼터스적 환경을 지향해야 한다.

다섯째, 평생교육 자원개발, 관리, 평가체제를 구축해야 한다. 이를 통해 평생교육 관련 자원들을 효과적으로 관리하고 배분하며 효과적인 질관리도 달성할 수 있으며 피드백을 통한 네트워크 구축사업을 전개할 수 있는 기반을 구축할 수 있다.

2) 평생교육종합정보시스템의 정보 서비스 내용

평생교육종합정보시스템은 평생교육과 관련된 정보의 수집 및 제공을 목적으로 하여 국민들에게 유용한 평생교육 정보를 원스톱으로 제공하고, 중앙과 지방의 평생교육 단체 및 시설 상호간의 네트워크를 구축하여 국민의 학습활동을 지원하고 있다.

종합정보 시스템의 주요 기능을 영역별로 나누어 보면 다음 4가지로 구분하여 볼 수 있다.

① 평생교육과 관련한 정보의 제공

종합정보 시스템에서는 평생교육기관, 평생교육사, 평생교육 현황과 정책 및 관련 뉴스에 과한 일반적 정보와 함께 지역의 평생교육기관(지역평생교육정보센터, 평생학습도시)과 연계되는 네트워크를 구축하고 관련 정보를 탑재함으로써 누구나 손쉽게 전국의 평생교육기관과 관련 정보를 찾아볼 수 있게 하였으며, 사용자를 위한 정보 나눔터를 구축하고 상담, 자료실, 전자설문을 실시하여 사용자들의 편의를 도모하고 있다.

② 평생교육 관련 정보의 데이터베이스 제공

평생교육정보시스템에서 탑재하여 제공하고 있는 데이터베이스는 전국의 평생교육기관 및 평생교육강사 등의 정보와 함께 현재 진행되고 있는 관련 평생교육 프로그램을 제공하고 있으며, 관련 자료로 평생교육사 DB, 연구자료, 연수자료, 행정자료, 통계자료 등이 제공되고 있다. 더불어 평생교육 용어사전 및 관련 동영상 자료도 탑재되어 일반인 및 관련 종사자를 위한 학습자료 데이터 구축도 추진하고 있다.

③ 평생학습 사이버 교육의 운영

평생교육종합정보시스템의 사이버 교육은 온라인 동영상 강의를 통한 교육으로 이루어지고 있고, 평생교육 실무자 및 평생교육사를 대상으로 직무교육과정 및 전문교육과정과 일반인을 대상으로 하는 일반교육과정으로 구성되어 있다.

개인별 로그인을 통하여 직접 자신의 수강현황 및 진행상태를 파악할 수 있으며 온라인 상담실(FAQ, Q&A)을 운영하여 학습자들에게 학습에 대한 전반적인 이해를 돕고 있다.

향후 영역을 확장하고 개선하여 국내는 물론 해외 평생교육기관과의 연계를 통하여 양질의 사이버 학습을 평생교육 관계자 및 성인학습자에게 제공할 계획이다.

④ 평생교육기관 및 평생교육 관련 사업과의 연계

평생교육센터는 지역평생교육정보센터 및 평생학습관 이외에도 다양한 평생교육시설과 연계되어 있으며 이러한 네트워크를 통해 연관 사업 및 연계 사업을 추진하고 있다.

평생교육에 관한 기관 간 정보의 교류 및 정보를 수집하고 추진사업을 공유하며 관련 기관 간의 연계를 주도함으로써 통합적 네트워크 구축을 최종 목표로 종합정보 시스템을 운영하고 있다.

요약 및 정리

평생교육은 학교교육이 지니고 있는 한계에 대한 비판과 함께 과학기술의 발달, 세계화 정보화 사회로의 변화, 인간의 생활주기의 변화에 따라 그 필요성이 부각되었다. 평생교육의 개념은 주요 국제기구들이 교육체제의 근본적인 개혁을 위한 기본 원리와 수단으로서 평생교육을 지속적이고도 적극적으로 주장함에 따라 여러 분야에 영향을 끼쳐 왔다. 이러한 노력의 결과로 평생교육은 점차 삶의 전반에 걸쳐 의도적으로 학습이 일어나도록 하는 교육으로 인식되고 있다.

평생교육의 특성을 고려할 때 평생교육의 실현 방식은 융통적이고 개방적이어야 한다.

세계 여러 나라에서 원격교육은 고등교육의 기회를 확대하고, 계속교육과 재교육을 제공하고 평생학습사회의 실현에 기여하고 있다. 원격교육은 성인학습에 대한 요구, 대안적 학습형태의 창출에 대한 요구를 충족시키고 있다. 원격교육에서 학습은 성인의 삶을 위한 준비일 뿐만 아니라 삶과 일의 통합적인 부분으로 간주되며, 교육과 훈련, 일과 학습, 여가와 학습, 퇴직과 학습이 서로 보완하는 관계에 있다. 원격교육에서는 학습에 대한 결정이 학습자에 의존하며, 그 결정에 대한 책임도 학습자가 지게 된다.

우리나라의 평생학습진흥종합계획에서도 평생교육과 원격교육의 관계를 찾아볼 수 있다. 제1차 평생학습진흥종합계획을 살펴보면 성인들의 고등교육 수요를 충족시키기 위하여 학점은행제를 근간으로 하여 독학사제, 문하생 학력인정제, 사내대학, 기술대학, 원격대학 등 평생교육제도 및 시설을 이용하여 성인 고등교육기회를 확충하고 유사제도간의 연계 통합을 도모하는 방향으로 계획을 추진하였다. 제2차 평생학습진흥종합계획에서는 평생교육종합정보시스템을 구축하여 국민들에게 유용한 평생교육 정보를 원스톱으로 제공하고 중앙과 지방의 평생교육 단체 및 시설 상호간의 네트워크를 구축하여 국민의 학습활동을 지원하고 있다. 원격교육은 평생교육의 도입과 발전의 중요한 수단이 될 것이다.

탐구문제

1. 평생교육의 필요성을 열거하시오.
2. 원격교육의 성장에 기여한 사회적 변화를 열거하시오.
3. 평생교육과 원격교육의 관계를 설명하시오.
4. 평생학습진흥종합계획에서 원격교육의 역할을 설명하시오.
5. 평생교육종합정보시스템의 목적과 기능을 설명하시오.

제4장

원격교육의 이론적 기초

● 학습목표

1. 원격교육에서 대화의 의미를 설명하고 예를 들 수 있다.
2. 원격교육에서 구조의 의미를 설명하고 예를 들 수 있다.
3. 원격교육에서 자율의 의미를 설명하고 예를 들 수 있다.
4. 독립성과 자율성 이론의 특징을 설명할 수 있다.
5. 산업화 이론의 특징을 설명할 수 있다.
6. 상호작용과 커뮤니케이션 이론의 특징을 설명할 수 있다.

* 핵심용어

- **대화** : 교수자와 학습자간의 직·간접적인 모든 상호작용
- **구조** : 목표를 달성하기 위해 학습내용을 작은 단원으로 나누어 자세히 계획하고, 학습시간을 엄격히 통제하고 획일적으로 관리하고 평가하기 위해 사전에 조직화한 것
- **자율** : 학습자가 자기주도적이며, 자신이 교육의 주체가 되는 상황
- **독립성과 자율성 이론** : 원격교육의 핵심은 학습자가 자기 학습에 책임을 가지고 주도적으로 자율적으로 학습하는 것이라고 설명하는 이론
- **산업화 이론** : 원격교육의 핵심은 교수과정에서 분업을 시도하고, 표준화된 작업과정을 통해 표준화된 교수 - 학습 과정을 제공하는 산업화된 형태라고 설명하는 이론
- **상호작용과 커뮤니케이션 이론** : 원격교육의 핵심은 안내된 교훈적 대화가 일어나는 것이라고 하면서 상호작용과 의사소통을 중요시하는 이론

01 원격교육의 구성 개념

무어(Moore)는 대화(dialogue), 구조(structure), 자율(autonomy)이라는 세 가지 개념이 향후 원격교육의 이론적 논의와 실천적 논의에서 매우 중요한 위치를 차지할 것으로 주장하였다. 이 개념들에 대한 상세한 분석을 통해 원격교육에서 어떻게 학문을 가르치고 배우는가 하는 과정과 특징에 대한 보다 잘 파악할 수 있을 것이다.

교훈적 대화, 구조화된 학습, 자율적 학습은 전통적 대학의 일반적인 교육에서 거의 찾아볼 수 없는 것이기 때문에 이 세 가지 개념에 대한 논의는 중요한 의미를 갖는다. 전통적인 대학에서 이루어지고 있는 설명식 교육에서는 교육적 대화와 학문적 대화가 우리가 바라는 것처럼 이루어지지 않는다. 수학이나 컴퓨터 과학의 일부 영역에서의 컴퓨터 기반 수업을 제외하고는 교육공학적 원리에 따라 개발된 교육 프로그램은 절대로 최소한의 역할만 수행하고 있다.

그리고 전통적인 형태의 학위과정에서는 자율학습이 고급 과정에서만 부분적으로 허용되고 있다. 아주 상세하고도 치밀하게 계획된 교육 프로그램이 원격대학, 특히 유럽의 원격대학에서 활용되고 있다고는 하지만 대화학습, 자기통제에 의한 학습 등은 여전히 쉽지 않은 과제이다.

사람들은 일반적으로 전통적인 실천방법을 고수하려고 한다. 이런 이유에서 대화 · 구조 · 자율의 세 개념은 더 자세하게 분석될 필요가 있으며, 이러한 분석은 원격교육에서의 교수 - 학습에 이러한 개념이 적용될 수 있다는 것을 정당화하는데 도움을 줄 것이다.

(1) 대 화

1) 대화의 개념

무어는 원격교육을 구성하는 주요 개념 중 대화를 첫 번째 요소로 지적하였다. 이것은 원격교육 경험을 갖고 있는 사람들을 포함하여 많은 대학교수들을 놀라게 할지도 모른다. 왜냐하면 전형적인 원격학생은 주로 학습자료를 통해서 집에서 외롭게 자학자습하는 학생들이기 때문이다.

여기에서 대화는 우편통신교육에서 언급하는 편지나 대화내용을 글로 표현한 것을 의미하는 것이 아니라 교수자와 학생 사이의 직·간접적인 상호작용, 즉 실제 대화를 의미한다. 교수자와 학습자 사이의 말·행동·아이디어 또는 다른 상호작용에서 이루어지는 교차에 초점을 둔 용어이다.

전통적인 교육에서조차 교수자와 학습자간의 대화를 실현하기는 어렵다. 초·중등학교나 대학에서 일방적인 설명식 교수법이 선호되는 가운데 대화는 경시되고 있으며, 특히 많은 학생을 대상으로 하는 수업에서는 대화의 기회가 극히 제한될 수밖에 없다. 대학교육이 대중화되고 있는 오늘날, 특수한 교과 몇 개를 제외하면 대화를 통한 교수-학습은 따라야 할 규범이기보다 오히려 예외가 되어가고 있으며, 원격교육의 경우에도 대화의 원리가 경시되고 있다.

① 대화의 교육적 기능

원격교육에서의 교수-학습에서 대화가 차지하는 중요성을 이해하기 위해서는 그것의 교육적 기능을 살펴볼 필요가 있다. 원격교육에서 교사와 학생 사이의 대화가 있는 경우 이것의 유일한 목적은 학생들이 학습자료를 가지고 스스로 공부하다가 직면하게 되는 어려움을 극복하도록 돕는 데 있는 것은 아니다.

대화는 돕는 기능만 가지고 있는 것이 아니라 그것 자체가 특별한 교육적 과업을 지니고 있는 독립적인 교수 - 학습 형태이다.

학생들은 서로 다른 의견을 교환하고, 반대 또는 찬성 의견을 내기도 하고, 결과를 의심하며 비판함으로써 단지 학습내용을 읽고, 표시하고, 내적으로 수용하는 경우에 도달하게 되는 것과 다른 지점에 도달하게 되는 것이다. 학생들은 학문적 대화에 참여함으로써 다음과 같은 능력을 습득하게 된다(김재웅, 방명숙, 1998).

- 대상 학문의 언어를 사용하여 목적을 분명히 하면서 논쟁하기
- 토론 과정에서 자기의 이론적 관점을 채택하고, 그 근거를 대며, 그것을 유지, 수정, 포기하기
- 다른 학생이 제시하는 지식에 관하여 탐구하고 비판적으로 평가하기
- 토론을 통하여 자기 성찰의 계기를 삼는 한편 토론의 진전을 위한 발판을 마련하기
- 자기가 얻은 지식과 그것을 얻는 데 활용된 방법에 대하여 다른 학생과 함께 메타 수준에서 비판적으로 자신있게 성찰하기
- 지식의 집단적 발전을 경험하기
- 자기자신의 생각을 합리적으로 체계적으로 구두로 표현하기

이러한 능력은 아무리 독창적으로 잘 만들어졌다 하더라도 인쇄매체를 통한 수동적인 학습에서는 결코 습득될 수 없는 것이다. 일방적인 제시전달형 교수방법은 지식의 암기능력의 습득 · 유지, 그리고 재생산은 가능하나 비판적 사고, 합리적 사고능력을 기를 수 없다.

② 대화에 영향을 미치는 요인

원격교육에서 직접 간접적으로 대화를 할 수 있는 방법은 학습센터의 튜터나 상담자의 도움을 받거나 전화, 우편 또는 다른 매체의 도

움을 받는 길밖에 없기 때문에 전통적인 학습에 비하여 어려움이 많다. 실제로 학습센터에 정기적으로 출석할 수 있는 학생이 별로 없기 때문에 대부분의 학생에게 학습센터에서의 활동은 별 의미가 없다.

그리고 이와 같은 대화는 노동집약적이고 비용이 많이 들기 때문에 원격대학들은 모든 학생들을 위하여 이러한 형태의 대화 수업에 재정을 투입하기 어렵다.

원격교육에서의 대화는 코스 설계에 반영되는 교육철학, 교수자와 학습자의 성격, 코스의 특성, 그리고 환경적 요소에 의해서 결정된다(양영선 · 조은순, 1998).

대화에 영향을 미치는 중요한 환경적 요소는 학습집단의 존재와 크기이다. 모든 것이 통제된다면 교수자와 학습자 사이의 1 : 1 대화가 학습집단의 특정 학습자와의 대화보다 더 많아질 것이다.

대화에 영향을 미치는 다른 환경적 변인은 언어로서 외국어로 공부하는 학습자는 교수자와 같은 언어를 사용하는 학습자보다 교수자와 대화가 적을 것이다. 또 다른 환경적 변인은 의사소통 매체이다. 우편통신을 이용한 대화는 글로 쓰는 것이기 때문에 잘 구조화되어 있지만 속도가 느리다.

컴퓨터 컨퍼런스를 사용하는 코스에서는 더 많은 대화가 일어나기 쉬운데 그 이유는 서로 입력하는 과정에서 교수자와 학습자들이 더 빠르고 빈번하게 반응을 할 수 있기 때문이다.

오디오 컨퍼런스는 집단기반이기 때문에 각 개별 학습자를 위한 대화는 적을 것이다. 외국 학생들은 빠르고 동시적인 오디오 컨퍼런스보다는 문서 기반의 비동시적 컴퓨터 컨퍼런스를 더 편안하게 느끼고 대화에 더 참여할 것이다.

2) 원격교육에서의 대화

대화는 교수자가 수업을 제공하고 학습자가 반응할 때 일어나는 말, 행동, 아이디어 또는 다른 상호작용에 의해서 이루어진다. 원격교육에서의 대화는 코스 상담, 학습센터, 학생자치 학습동아리, 출석수업 등을 통해 일어난다.

① 코스 상담

원격학생들의 상담을 중요하게 생각하고 있는 원격대학들은 코스 상담자를 배치하여 학생과 대학간의 지속적인 대화의 기회를 제공한다. 코스 상담자는 원격학생들의 입학에서 졸업까지 개별적인 학사상담을 담당한다. 대화는 상호간에 합의된 장소에서 또는 전화나 문서로 이루어지기도 한다.

이러한 학사상담은 학생들이 꼭 필요로 하는 결정적인 시기에 접촉할 사람이 있다는 느낌을 갖게 하고, 원격학생들을 원격대학과 통합시키는데 중요한 역할을 수행하여 학생들에게 계속성 · 안정감 · 긴장감 · 실재감을 준다.

코스 상담에서 주로 다루어지는 내용은 원격교육 코스 등록안내, 수강하고 싶은 코스의 내용, 직업안내, 시험준비, 중도탈락 위험에 대한 상담, 재정문제, 가정문제를 포함하여 학생의 개인적 · 사회적 요구와 관련된 사항 등이 다루어진다.

원격대학이 코스 상담에 얼마나 관심을 갖고 있는가는 전일제 또는 시간제 코스 상담자의 수와 한 사람의 코스 상담자가 담당하고 있는 학생 수를 보면 알 수 있다.

일부 원격대학의 교수들은 코스 콘텐츠 개발에 주 관심을 갖고 있으며, 교육과 직결되지 않은 사항들에 대한 상담에 부정적인 견해를 갖기도 한다. 또한 코스 상담이 유명 무실하다는 비판을 받기도 한다.

그러나 나이든 학생들은 전통적인 대학의 정규 코스를 수강하고 있는 젊은 학생들과 구조적으로 다른 출발점 상황에 있기 때문에 더 많은 학생들이 상담을 요구할 가능성이 높다.

② 학습 센터

튜터(tutor)를 활용할 수 있는 정도는 나라마다 기관마다 큰 차이가 있는데 튜터당 학생 수는 1 대 3에서 1 대 300에 이르기까지 매우 다양하다. 이러한 차이는 대화의 빈도와 질에 영향을 미친다. 영국의 개방대학은 학교 전체 예산의 약 1/3을 튜터 인건비로 활용하고 있으며, 이 튜터 제도가 영국의 개방대학의 질을 높이는데 크게 기여한 결과 이 대학이 영국 전체 4년제 대학 중 종합평가 순위 10위 정도에 위치하고 있다(김재웅 · 정인성, 2002).

튜터와 학생간의 대화는 주로 코스의 콘텐츠와 관련된 것이기 때문에 학과, 교과목에 따라 크게 차이가 난다. 가장 많이 다루어지고 있는 대화는 학습곤란 극복에 관한 것이지만 이것에 한정되어서는 안 되고, 학생들은 대화를 통하여 코스 자료만으로 부족한 인지능력을 개발하고 분화시켜야 한다. 대화의 형식은 매우 다양하여 학생들은 튜터와 개별적으로 대화를 할 수도 있고 집단으로 만날 수도 있다. 튜터들은 가끔 정규수업을 담당하기도 하고 보충강의를 하기도 하며, 세미나나 토론에서 사회를 보기도 한다.

③ 학생자치 학습동아리

일부 원격대학들은 학생들이 자발적으로 교수 - 학습에 관한 문제를 토론을 통하여 공동으로 해결해나가고, 경험을 교환할 수 있도록 학습동아리(study circles)를 구성하여 운영하도록 지도한다. 이 학습동아리는 학생들이 자발적으로 만든 비공식 집단이며, 학생들은 공식적인 튜터와의 대화나 세미나에서 부족한 것을 이 곳에서 보충할 수 있다. 학생들은 자신의 문제를 드러내놓고 이야기함으로써 완전히 다른 각도에서 그 문제를 볼 수 있게 하며, 이러한 종류의 대화는 때때로 자기 확신과 지식의 확립에 도움을 준다.

또한 다른 학생들도 자기와 유사한 학습문제를 가지고 있다는 것에 대해 공감할 수도 있고, 자신의 능력에 대해 인식하게 됨으로써 자기 의심과 자신에 대한 부정적인 자아개념에 대한 문제도 해결될 수 있다.

이러한 형식의 대화가 쉽게 일어나는 것은 아니다. 이것은 직장을 가진 성인 학습자들이 시간이 부족한 이유도 있지만 스스로 조직 · 운영하는 학습동아리에 대한 교육적 가치를 제대로 인식하지 못하기 때문이다.

인터넷은 학생동아리에게 새로운 기회를 제공하고 있다. 인터넷을 통하여 대화를 나누는 원격학생의 수는 점차로 늘어나고 있으며, 인터넷으로만 만나는 인터넷 동아리들도 운영되고 있다.

④ 출석수업

대화의 특징이 가장 뚜렷이 드러나는 것은 원격학생들이 캠퍼스에서 공부하는 출석수업이다. 세미나, 여름학교(영국), 기숙학교(호주), 면대면 교육(한국) 등 출석수업의 형태는 다양하다. 구두 상호작용으로 이루어지는 출석수업은 효과적인 교수-학습의 원동력이 될 수 있으나 많은 원격대학에서 큰 부분을 차지하지 못하고 있다.

출석수업은 원격학생들이 다른 학생들과 접촉하면서 캠퍼스 생활의 경험을 하고 짧은 기간이나마 전통적인 대학의 학생이 된 기분을 느끼게 해주기 때문에 꼭 필요한 경험이라고 하기도 한다.

그러나 원격교육에서의 출석수업이 전통적인 강의나 논문읽기 등과 같은 일방적인 지식전달을 위해 남용되지 않도록 해야 한다. 가능하면 집중적인 토론, 의견교환, 공동 문제해결, 이미 학습한 내용을 다른 관점에서 조명하기, 비판적인 질문제기, 연구결과의 가치에 대한 성찰, 지식의 응용 등을 위해 시간을 사용해야 할 것이다.

(2) 구 조

1) 구조의 개념

구조(structure)라는 개념은 대화와는 달리 자발적인 개입과 예기치 않은 전개를 위해 열려 있는 것이 아니라 닫혀 있다. 무어는 구조라는 상황은 목표를 가진 기초 위에 작은 단계로 나누어 끊임없이 계획되고, 사용 시간도 엄격히 통제되고, 획일적으로 관리되고 평가되는 것이라고 하였다.

이러한 교수-학습의 수단은 주의 깊게 개발된 인쇄매체, 또는 멀티미디어 패키지로 교수자를 대신하여 학습이 일어나도록 통제한다. 무어는 구조화의 예로 TV 프로그램을 예로 들었는데, TV 프로그램은 내용의 아주 자세한 부분, 교사의 모든 행동은 물론 주어진 강의시간도 분 단위로 사전에 계획되어 있다.

결과적으로 학습자는 그에게 주어진 학습의 진로를 벗어난다든지 개인의 학습요구 또는 자발적인 공헌에 따라 그것을 변화시킬 기회가 주어지지 않는다.

① 구조의 개념과 교육공학

지난 2세기 동안 교수 방법 및 내용의 명료화는 교육학에 있어서 핵심 부분을 차지하여 왔다. 언제, 어디서, 무엇을, 어떻게 가르칠 것인가는 교수-학습의 논의에서 가장 중요한 문제였다.

무어가 언급하는 구조의 개념은 교육공학을 언급하지 않고서는 이해할 수가 없다. 교육공학은 개념 모형과 방법론적 수단을 제공해 주었고, 이것은 전세계에 전파되었다.

원격교육에서의 교수-학습과 관련해서 볼 때 이것은 교수-학습이 교육공학에서 도출된 준거에 따라 일어난다는 것을 의미한다. 교수-학습의 목적이 그러한 준거에 따라 분석되고 선택되고 정의되며, 기술적인 매체가 이러한 과정을 보다 효율적으로 만들기 위해 활용되고, 주어진 목적이 달성되었는지 확인하기 위하여 시험이 실시되며, 확립된 구조를 최적화하기 위하여 평가가 실시된다.

이러한 구조의 대표적인 사례는 각 학습단계, 각 교수전략이 치밀하게 계획되고 개발되어야 하며, 학습을 단순화하고 교수를 성공적으로 하기 위해 교수내용이 작은 단위로 나누어져야 한다고 주장하는 교수이론이 적용된 프로그램 학습이다.

이것은 과학적 방법과 정확하게 조화를 이루고, 체제접근과도 방향을 같이 하며, 특히 이러한 경향은 전문적인 교육공학자들이 참여하면서 원격교육 코스의 개발에 영향을 미쳤다.

② 구조의 제한점

교육학의 관점에서 볼 때 교육공학에 기초하여 개발된 잘 구조화된 원격교육 코스들은 몇 가지 제한점을 갖고 있다. 구조적인 원격교육 코스들은 교수 - 학습 기능에 너무 집착한 나머지 학생의 참여 등 다른 중요한 기능을 경시하고 있다.

또한 이들 구조는 대체로 세분화된 교육목적에 의해서 결정되므로 범주화될 수 없고 조작적 정의로 표현될 수 없으며 표준화된 시험으로 평가될 수 없는 내용들을 소홀히 하는 경향이 있다. 참여, 성찰, 메타 의사소통을 통한 학습을 경시하며 극단적으로 교사 중심적이다.

그러나 정확하게 계획되고, 고안되고, 검증되고 평가되는 교수 - 학습 체제인 원격교육체제를 확립하는 것은 꼭 필요한 일이다. 1970년대와 80년대이래 일부 산업 대국에서 필요로 했던 대중 고등교육은 이러한 교육방법이 없었더라면 그 실현이 불가능했을 것이다.

대화의 개념이 교육적으로 바람직하기 때문에 그 중요성이 인정되고 있다면 구조 개념은 그 실천적인 가치 때문에 원격대학들이 포기할 수 없는 요소이다.

2) 원격교육에서의 구조

원격대학에서는 학습을 자세하게 안내해 주는 코스가 개발된다. 코스는 사전에 기획되고, 개발되고, 검증을 거치며, 학습자들은 이러한 코스를 통해 학습을 해나간다. 구조화된 교수-학습 인쇄매체는 원격교육의 특징을 잘 나타내고 있다.

인쇄매체는 학습자의 학습을 이끌어주고, 통제하고, 평가해 줌으로써 전통적인 교수-학습을 대신하고 있다. 이러한 방식으로 구조화된 인쇄매체는 원격교육 교수-학습 체제의 중심을 이루게 되었다.

① 코스 개발의 형태

원격교육에서 많은 코스들은 서로 다른 교육적 구조를 지니고 있다. 메이슨과 굿이너프(Mason & Goodenough, 1983)는 참여하는 전문가의 수와 중요도에 따라 코스 개발 유형을 다섯 가지로 구분하였다.

- **제1유형** : 한 명의 대학교수가 전통적 대학의 코스를 위해 코스 자료를 개발하고 이것을 원격학생을 위해서도 사용한다.
- **제2유형** : 한 명의 대학교수가 코스의 집필자로서 전적인 책임을 지고 편집자와만 협력작업을 한다.
- **제3유형** : 한 명의 대학교수가 교육공학자 및 편집자와 느슨한 협력관계 속에서 집필자로 참여한다.
- **제4유형** : 한 명 또는 한 집단의 교육공학자가 코스 개발의 책임을 진다. 코스의 내용 측면을 보장하기 위해서 그들은 외부 대학교수들로부터 기초 교재를 제공받는다. 이 기초 교재는 교육공학자들의 손을 거쳐 자학자습용 교재로 탈바꿈하게 된다. 그리고 교육공학자들이 집필자가 아니라 편집자와 함께 교재를 다듬는다.
- **제5유형** : 다양한 학문 배경을 가진 대학교수와 교육공학자, 매체 전문가, 교과서 전문가, 그래픽 전문가, 편집자 등이 코스

팀을 이루어 공동으로 책임을 지고 공동으로 교재개발에 참여한다.

원격교육을 위한 구조화된 교수 - 학습 프로그램은 교육공학 기반 정도와 자기학습 가능성 정도에 따라 분류할 수 있다. 제1유형은 이 두 가지가 모두 결여되어 있다. 그러나 이런 형태의 원격교육 코스를 사용하는 나라가 의외로 많다. 교육공학과 자기학습 원리를 가장 많이 반영한 것은 제4유형이다.

그러나 교육공학에의 지나친 의존, 교육적 감각의 결여, 학문교육 전통의 역할에 대한 잘못된 평가 등으로 말미암아 대학교수들이 하청업자 수준으로 취급되는 결과를 가져왔다. 제5유형은 대학교수들과 교육공학자들 사이의 협력을 목표로 하고 있는 통합 설계팀을 구성하는 영국 개방대학의 코스팀이 이 유형에 속한다.

② 교수 - 학습 프로그램의 구조화

1970년대 대규모의 원격대학이 설립되면서 종전 원격수업형태와는 다른 새로운 원격교육 유형을 창출하게 되었으며, 이러한 구조적 변화는 전통적인 원격교육과 교육공학의 연합으로 가능하게 되었다. 이에 따라 교수 - 학습 프로그램의 구조도 변화되었다.

1970년대와 1980년대 교육공학의 영향 아래 원격교육 코스들은 다음과 같은 혁신과정을 통해 극적인 발전을 이루게 되었다. 기술매체와 교육연구 결과의 적극적인 활용·개발 및 통제 등 경험적 과정의 일상적 활용, 전문가 집단의 지식 및 기술의 활용 등을 통해 학문교육은 극도로 변화되었고, 의사소통 형식도 보다 과학화되었다.

구조화된 원격교육 코스가 합리적 계획, 체제적 개발, 경험적 검증 및 계속적인 평가 등 교육공학의 원리에 따라 얼마나 잘 만들어지고 있는지 알아보기 위해 영국의 개방대학의 예를 들 수 있다.

영국의 개방대학은 교육공학연구소를 설립하고 원격교육 코스를 개발하는 데 있어서 대학의 교수들에게 자문하고 지원하고 있다. 코스를 개발하기 위한 코스팀이 구성되면 코스팀은 사전에 완성되어야 하는 원격교육 코스의 구조를 규정하고 원격교육의 운영과 관련된 많은 요소들에 대해 책임을 진다.

원격교육 코스가 대학의 개별 교수에 의해서 집필되는 것이 아니라 분업에 기초하여 구성된 대학의 전공 관련 교수들과 다른 여러 전문가들로 구성된 팀에 의한 협동작업에 의해 개발되는 것이다.

코스팀에 의해 시안이 만들어지고, 수정되고, 검증되는 과정에서 팀 구성원의 다양한 관점, 태도, 실제 경험이 반영되어 교수-학습 프로그램이 구조화된다. 코스팀에 의한 교육 프로그램의 구조화는 다른 원격대학들의 지지를 얻고 있으며 성공적인 모델로 평가되고 있다.

반면 독일의 페른 대학에서는 교수-학습 프로그램이 특별히 구성된 코스팀에 의해 개발되지 않는다. 이런 방법이 대학설립 단계에서 교수들에 의해 거부되었기 때문이다. 교수들이 코스의 전적인 책임을 가져야 하며, 모든 코스는 반드시 교수들의 검인을 받도록 하고 있다. 그 대신 페른 대학은 교수와 교육공학자 사이에 느슨하고 융통성 있는 연대 방식을 택하고 있다.

코스 저자로서 교수들은 원격교육개발센터의 내용 전문가와 교육공학 및 매체 전문가가 제공하는 충고와 지원을 활용하고 있다. 구조화된 원격교육 코스가 코스팀에 의해 개발되지는 않았지만 페른 대학 방식으로 개발된 코스들은 개인적 사고방식, 표현방식 자체가 갖고 있는 힘, 개별 대학교수들의 독창성을 반영하고 있다.

(3) 자 율

1) 자율의 개념

무어(Moore)는 자율(autonomy)이라는 개념을 학생의 자기결정에 한정시켰다. 그에 따르면 자율적으로 학습하는 학생은 자기자신의 뜻에 따라 자신의 학습을 결정할 수 있는 사람이다.

성인교육의 선구자 중의 한 사람인 말콤 노울즈(Malcolm Knowles)에 따르면 자율은 성인에게 자연스러운 행동이며, 특히 자기자신의 개념에 따라 스스로 자기주도적으로 무엇이든지 할 수 있는 곳에서는 더욱 그렇다고 하였다.

독일의 경우 자율적 학습자와 자율적 학습의 개념이 사용되기 시작한 것은 겨우 30년 전의 일이며, 그것이 처음 사용된 분야는 프로그램 학습과 원격교육 분야이다. 이런 개념들은 새로운 형태의 교수-학습에 놓여 있는 학생들의 특수한 상황을 표현하기 위해 사용되었다.

① 자율학습과 메타 인지

자율적 학습은 무어가 표현한 자기통제 학습 이상의 것이다. 교육적 차원에서 자율은 한 개인이 교육적 지도 · 영향 · 효과 그리고 의무의 대상에서 벗어나 자기가 자신의 교육의 주체가 되는 상황을 가리킨다.

학습자가 자율적인 존재가 되는 것은 교사의 기능을 넘겨받아 수행하는 것이다. 학습자가 스스로 학습요구를 인식하고, 학습목표를 결정하고, 학습내용을 선택하고, 학습전략을 수립하며, 교수매체와 자료를 구비하고, 추가적으로 필요한 인적 · 물적 자원을 확인 · 활용하며, 스스로 학습을 조직 · 통제 · 검토 · 평가하는 것이다.

자기자신의 학습을 계획하고 통제하고자 하는 사람은 메타 인지 능력이 있어야 한다. 침머만(Zimmerman)은 학습 자기자신의 학습 과정에 있어서 메타 인지적이고, 동기 유발적이고, 행동적인 적극적

참여자가 될 때 비로소 자율적인 학습자가 되는 것이라고 하였다.

메타 인지는 특별한 지적 능력을 의미하며 학습자는 자기자신의 행동으로부터 일정한 거리를 유지할 줄 알아야 하며, 비판적 관조를 가지고 자기 행동을 들여다볼 줄 알아야 한다.

② 인본주의 심리학의 영향

1970년대와 1980년대에 걸쳐 설립된 원격대학들과 개방대학들은 전통적인 대학의 압력을 받았고, 오늘날에도 여전히 받고 있다. 전통적인 대학에서는 구두 형태든 인쇄매체 형태이든 설명적 교수법과 수동적 학습방법이 지배적이고, 교육의 콘텐츠는 미리 처방되며, 폐쇄적인 학습상황이 주종을 이루고 있다.

원격교육이 이러한 방법들을 택하게 되고, 행동주의적인 관점에 기반을 둔 원격교육 코스 개발의 틀 속에서 지지를 받으며 이들은 더욱 강화되었다.

한편 1970년대는 인본주의 심리학이 인기가 있던 시기이기도 하다. 인본주의 심리학자인 칼 로저스(Carl Rogers)는 내담자 중심 대화기법의 원리를 학습에 적용하였다. 교사는 더 이상 전면에 나서지 않았고 학습자의 수동성은 능동적 활동으로 바뀌었고, 폐쇄적인 교육상황은 개방적인 상황으로 변하였다. 이러한 변화의 결과 자율적 집단 토론, 프로젝트 방법, 실습을 통한 학습 등이 적절한 교수-학습 방법으로 자리를 잡게 되었다.

자율학습 개념은 오랜 기간 동안 교수-학습의 이론과 실천에 있어서 매우 친숙한 개념이고, 이론적 실천적으로 관련된 업적도 많다. 전통적인 설명식 교육방법은 어떤 점에서 사회발달 초기 단계와 관련이 되어 있어 현대와는 적합하지 않은 반면 자율학습은 현대의 발전추세와 일치하고 있으며, 미래지향적인 방법이라고 할 수 있다.

2) 원격교육에서의 자율

원격교육에 있어서 자율학습 모형들은 프로젝트 학습, 계약학습, 독학 등이 있으며, 이 모형들은 인본주의 심리학을 배경으로 하고 있다. 여기에서 유의해야 할 사항은 이러한 모형은 일반적인 상황에서는 찾아볼 수 없는 특이한 상황 속에서 개발되었다는 것이다. 그럼에도 불구하고 이 모형들은 원격교육에서의 자율학습을 가능하게 해주는 유용한 측면이 있다.

① 인본주의적 교수 - 학습 모형

자율학습이 이루어지려면 전통적인 교육현장에서 일어나고 있는 교수 행위와 정반대의 행위가 요구된다. 교수자들은 더이상 정보의 원천이나 정보전달자가 아니라 상담자 · 안내자 · 촉진자의 역할을 수행해야 한다.

교수자의 새로운 과업은 학습환경을 조성하고, 자율학습에 유리한 학습분위기를 유도하고, 공감과 이해심이 있는 분위기 속에서 학생들은 존중한다. 학습자들은 지금까지 익숙했던 수동적인 학습에서 벗어나 자기주도적으로 자기의 만족을 위하여 정보를 습득하는 등 호기심을 가지고 학습에 참여한다.

학습자들은 적합한 정보의 원천에 관심을 갖고 그것을 활용하고, 정보와 지식을 평가하고, 이것들이 자신이 의도하고 있는 학습에 유용한 것인지 꼭 필요한 것인가 판단할 수 있는 능력을 개발해야 한다.

교육과정의 측면에서 볼 때 닫힌 교수 - 학습 체제에서 열린 교수 - 학습 체제로 변화하고 있고, 외부에서 개발되어 처방된 코스 자료에서 자기발견, 자기선택, 자기평가를 기초로 하는 학습경험으로 변화하고 있으며, 일방적인 가르치는 교수학에서 돕는 교수학으로 변화하고 있다.

이러한 변화에 칼 로저스의 영향이 크다. 칼 로저스의 비지시적 내담자 중심 치료요법은 모든 단계의 상담과 교육에서 활용되었고, 이에 따라 학습자 중심 비지시적 교육의 모형이 제시되었다.

전통적인 원격교육에서는 교수자와 학습자 사이에 또는 학습자들 사이에 직접적이고 인격적인 접촉의 제한을 받기 때문에 이러한 모형을 적용하는 데는 어려움이 따른다.

② 프로젝트 학습 모형

프로젝트 학습은 죤 듀이와 킬 패트릭의 영향을 많이 받았다. 실용주의 관점에서 이들은 학습자들에게 더 많은 독립성과 책임감을 부여하는 체계적 행위와 학습을 연결시켰다.

듀이는 아동들이 문제를 스스로 탐구하는 과정, 즉 프로젝트를 수행하는 과정에서 사고하는 방법을 배울 수 있다고 믿었으며, 패트릭에 의해 프로젝트 방법이 본격적으로 실시되고 소개되었다.

프로젝트란 원래 '던지다, 생각하다, 계획하다'라는 의미로 학습자가 마음속에 가지고 있는 생각을 외부로 내어 던짐으로써 구체적으로 실현하고 형상화하는 것이다.

학습자는 스스로 주어진 과제의 틀 안에서 직접 주제를 선정하고, 문제해결과 학습을 위한 전략을 계획하고, 자신의 학습결과를 평가하고, 프로젝트의 수행결과에 대한 책임을 진다.

학과들 사이에 약간의 편차가 있기는 하겠지만 프로젝트 학습방법을 학위과정에 통합하는 것이 쉬운 일은 아니다. 우선 작은 탐구 프로젝트를 시작하면서 교재 안에서 탐색을 권장하거나 발견학습을 촉발시키는 문제해결 과제를 주고, 점차 큰 규모의 프로젝트를 수행하도록 권장할 수 있다.

경우에 따라서는 전체 학습기간 동안 전통적인 표준화된 학습교재와 병행하여 프로젝트를 진행하면서 표준화된 학습을 보완할 수도 있을 것이다.

③ 계약학습 모형

원격교육에서 자율학습 모형이 성공적으로 운영되고 있는 곳은 미국의 엠파이어 스테이트 대학(Empire State College)이다. 이곳에서 학생들은 자기들의 학습시간, 장소, 기간을 결정할 뿐만 아니라 그 내용과 목표, 작업방식, 그리고 평가의 형태까지도 결정한다.

원격교육학의 관점에서 이상적인 모형이다. 이 학교에서의 자율학습은 특별한 학습계약에 따라 계획되고, 논의되고, 통제되고 평가된다.

학습계약을 할 때 학생들은 일정기간 안에 성취하고 싶은 학습목표를 설정하고, 활용하고자 하는 문헌들을 기술하며, 자기들이 완성한 학습결과를 가지고 토론하거나 문제에 봉착하였을 때 자기들에게 할당된 조언자를 얼마나 자주 찾아갈 것인지 결정하고, 나아가 졸업을 위해 학점을 얼마나 취득할 것인지도 결정한다.

계약서 초안이 만들어지면 조언자가 한번 검토하고, 전공과 관련 있는 교수에 의해 반드시 승인을 받도록 되어 있다.

따라서 계약서의 조항을 지키기 위해 학생들은 대학을 떠나 완전히 독립적으로 집에서 학습을 하며, 지역도서관을 활용하기도 하고, 관련 전문가의 도움을 받기도 한다.

이 모형에서 학생들에게 학습할 과목으로부터 그 목표, 내용 · 방법, 매체, 평가기준에 이르기까지 폭넓은 자율성이 부여된다. 학생들은 교육과정 운영상의 자기결정권을 거의 완전히 행사하고 그들의 학습은 개별화된다.

대학에서는 최종적으로 학습계약이 대학의 학문적 기준에 적합한지의 여부와 학생들의 학습결과에 의해 학점을 부여할 것이지를 결정한다.

02 원격교육의 이론

원격교육 이론은 직접적으로 원격교육의 실제 분야에 영향을 주기 때문에 원격교육을 연구하는 데 매우 중요한 역할을 한다.

홈버그(1985)는 "이론이란 탐구분야의 현상에 대한 아이디어의 체계적인 정돈과 심사숙고하여 내려진 가정의 논리적 구조를 의미한다"고 주장하면서, 그간 원격교육이 의사결정을 위한 이론적 배경이 주어지지 않은 상태에서 심사숙고하지 않고 시행착오적인 접근을 해왔다고 하였다.

키간(1996)에 따르면 원격교육에 대한 확고한 기본 이론은 정치적·재정적, 교육적, 사회적 결정을 해야 할 때 자신있게 결정할 수 있는 기준을 제공할 수 있다고 하였다. 키간은 원격교육의 이론을 자율성과 독립성 이론, 산업화 이론, 상호작용과 커뮤니케이션 이론 등 세 가지 그룹으로 나누었다.

(1) 자율성과 독립성 이론

자율성과 독립성 이론(theories of autonomy and independence)은 원격교육에서 학습자가 스스로 학습하는 특성을 강조한 것으로 대표적인 학자는 독일의 델링, 미국의 웨더마이어, 미국의 무어를 들 수 있다.

1) 델링의 자율성 이론

델링은 "원격교육이란 학생의 학습을 감독하고 지원하는 것은 물론 교수자료의 선택, 가르치기 위한 준비와 제시를 포함하며, 하나 이상의 적절한 매체에 의해서 학생과 교사 간의 물리적 거리를 이어주는 계획된 체계적인 활동"이라고 하였다.

그는 원격교육을 인위적인 신호전달체제의 보조물을 갖춘 학습과 커뮤니케이션 과정의 다차원적인 시스템으로 보았으며, 다음 여덟 가지 차원을 열거하였다.

- 학습자
- 사회(법률 · 행정 · 가족을 포함한)
- 지원조직(원격 교수기관)
- 학습목표
- 학습내용
- 학습결과
- 거리
- 전달체제

그의 접근에서 특이한 것은 원격교육을 교수과정이라고 하지 않고 학습을 지원하는 것이라고 하였으며, 여덟 가지 차원에도 교사는 제외되었다.

일반적으로 원격교육 시스템에 교사는 없고, 지원조직 안에서 학생의 학습과 관련되는 기능은 다양한 기계 · 사람들 · 학습자료에 의해서 수행된다고 하였다. 델링은 교사의 역할과 교육조직의 역할을 최소한으로 축소하고 학습자의 자율성과 독립성을 강조하였다.

2) 웨더마이어의 독립학습 이론

웨더마이어는 학생의 독립성이 원격교육의 본질이라고 생각했으며, 대학수준의 원격교육을 위해 독립학습이란 용어를 사용하였다. 웨더마이어는 독립성을 실행하는 방법으로 학습자의 독립성과 공학의 채택을 강조하는 10가지 특징을 가진 시스템을 제안하였다.

- 시스템은 비록 한 명이라도 학생이 있는 곳이면 같은 장소와 같은 시간에 교사가 있든지 없든지 어디서든지 운영이 가능해야 한다.
- 시스템은 학생의 학습을 위해 보다 책임이 부여되어야 한다.
- 시스템은 교수 요원에게 관리적인 형태의 책임에서 벗어나 실제 교육적인 과제를 위해 보다 많은 시간을 보내야 한다.
- 시스템은 학생과 성인들에게 코스 · 유형 · 방법론에서 보다 많은 선택의 기회를 주어야 한다.
- 시스템은 효과적이라고 증명된 모든 교수매체와 방법이 적절하게 사용되어야 한다.
- 시스템은 매체와 방법이 혼합되어야 하며, 과목 내에 각 주제 또는 단위를 잘 알려진 최적의 방법으로 가르쳐야 한다.
- 시스템은 "잘 표현될 수 있는 미디어 프로그램"에 적합하도록 코스의 재설계와 개발이 되어야 한다.
- 시스템은 개인차에 대한 적응을 위해 기회를 보존하고 향상시켜야 한다.
- 시스템은 학생이 공부하는 장소, 공부하는 속도, 공부하는 방법이나 공부하는 순서에 관해 방해를 일으키지 않고 학생의 성취도를 평가해야 한다.
- 시스템은 학생에게 그의 학습속도로 시작하고 중지하고 학습할 수 있도록 허용해야 한다.

웨더마이어는 교육에 대한 '공간과 시간의 제약'을 없애는 방법은 교수와 학습을 분리하는 것이라고 보았다. 교수와 학습활동을 분리하여 계획하는 것은 학생이 어디에 있든지, 교사가 학생과 같은 장소 또는 같은 시간에 없더라도 운영이 가능한 독립학습 시스템의 특성을 6가지로 열거하였다.

- 학생과 교사는 분리된다.
- 교수와 학습의 정상적인 과정은 저서나 다른 매체를 통해서 수행된다.
- 교수는 개별화된다.
- 학습은 학생의 활동에 의해서 일어난다.
- 학습은 학생을 위해 학생의 환경에 편리하도록 만들어진다.
- 학습자는 언제든지 그의 속도로 학습을 시작하고 중단할 자유와 함께 그의 학습진도에 책임을 갖는다.

웨더마이어는 모든 교수-학습 상황에서의 4가지 요소, 즉 교사, 학습자(들), 의사소통 시스템 또는 양식, 가르치고 배워야 할 내용이 있으며, 물리적인 공간의 편리성을 도모하고 학습자에게 보다 더 많은 자유를 허용하도록 이 네 가지 요소를 재조직할 것을 제안하였다. 또한 원격교육이 성공적으로 실행되기 위한 비결은 학생과 교사 간의 관계를 발달시키는 것이라고 믿었다.

3) 무어의 독립학습 이론

1970년대 초에 형성된 무어의 원격교육 이론은 원격교육 프로그램을 분류하는 방법으로 교육 프로그램에서 두 가지 변인(학습자의 자율성의 정도와 교사와 학습자 간의 거리)을 검토한다(Simonson et al., 2003).

거리란 측정될 수 있는 두 가지 요소로 구성된다.

첫째, 쌍방향 의사소통(대화)으로 어떤 시스템이나 프로그램은 다른 것에 비하여 더 많은 수준의 쌍방향 의사소통을 제공한다.

둘째, 프로그램이 개인 학습자의 필요에 대해 반응하는 범위(구조)이다. 어떤 프로그램은 매우 구조화된 반면 다른 프로그램들은 개별 학습자의 요구와 목표에 매우 반응적이다.

〈표 4-1〉 원격교육 프로그램의 유형(Keegan, 1996)

유 형	프로그램 유형	예
−D−S	• 대화가 없고 구조화되지 않은 프로그램	• 독서에 의한 자기 주도적인 학습 프로그램
−D+S	• 대화는 없지만 구조화된 프로그램	• 라디오 또는 텔레비전 프로그램
+D+S	• 대화가 있으며 구조화된 프로그램	• 전형적인 통신방법을 사용하는 프로그램
+D−S	• 대화는 있지만 구조화되지 않은 프로그램	• 개인교수 프로그램

D : 쌍방향 의사소통(대화)
S : 학습자의 개인적인 요구에 반응하는 프로그램(구조)

무어는 학습자의 자율성을 강조한다. 그는 전통적인 학교환경에서 학습자는 교사에게 매우 의존적이며, 전통적이든 원격이든 대부분의 프로그램에서 교사는 적극적이고 학습자는 소극적이라고 지적하였다. 원격교육에서 교사와 학습자간의 간격으로 인하여 학습자는 학습 프로그램의 실행에 있어서 고도의 책임감을 수용해야 한다.

자율적인 학습자는 교사의 도움이 별로 필요하지 않은 반면 어떤 성인 학습자들은 그들의 학습목표를 설정하고, 정보의 출처를 확인하고 목표를 측정하는데 교사의 도움을 필요로 한다.

무어는 원격교육 프로그램을 자율적인(학습자 주도적인)것과 비자율적인(교사 주도적인) 것으로 분류하고, 다음 세 가지 질문에 대한 결과에 따라서 자율성 정도를 측정하였다.

- **목표설정에서의 자율성** : 프로그램에서 학습목표의 선택이 학습자의 책임인가 교사의 책임인가?
- **학습방법에서의 자율성** : 학습자원이나 매체의 선택과 활용이 교사에 의해서 결정되는가 또는 학습자에 의해 결정되는가?

- **평가에서의 자율성** : 평가방법이나 기준에 대한 결정이 학습자에 의해서 이루어지는가 또는 교사에 의해서 이루어지는가?

(2) 산업화 이론

산업화 이론(theory of industrialization)은 원격교육을 교수 - 학습의 산업화된 형태라고 하였으며 대표적인 학자로 독일의 피터즈가 있다.

1) 산업화 이론의 주요 개념

피터즈는 원격교육을 교수 - 학습의 산업화된 형태로 보았다. 그는 1960년대 원격교육 조직의 광범위한 분석을 바탕으로 연구한 결과 원격교육을 제품의 공장생산과 비교하면서 많은 측면에서 산업사회와 관련 형태라고 하였다.

경제와 산업화 이론을 사용해서 피터는 원격교육의 분석을 위해 다음과 같은 새로운 용어를 제안하였다(Simonson et al., 2003).

- **합리성** : 합리성이란 노력 · 시간 · 경비의 투입에 요구되는 양을 감소하기 위해 조직적인 수단을 사용하는 것을 의미한다. 원격교육에서 사고방식, 태도, 절차는 생산의 산업화에 있어서 합리성을 증가시킬 수 있다.
- **분업** : 원격교육에서 정보의 전달, 상담, 평가, 성취행동의 기록에 대한 업무는 분리되어 수행될 수 있다. 원격교육이 효과적이기 위해 분업은 중요한 선행조건이다.
- **기계화** : 원격교육은 기계 없이는 불가능할 수 있다. 인쇄기, 운송 시스템은 필수적인 요소이고, 원격교육의 후기 형태에서 의사소통의 현대적 수단과 전자 데이터 처리장치 등의 부가적인 시설을 필요하다.

- **생산라인** : 전통적인 원격교육 프로그램에서 교사와 학생을 위한 교재는 개별적으로 생산하지 않는다. 교수자료는 전문가에 의해서 설계되고, 인쇄되고, 저장되고, 분배되고, 등급이 매겨진다.
- **대량생산** : 대학에서 원격교육의 요구가 수요를 앞지르기 때문에 전통적인 학구적 교수의 형태와는 달리 대량 운영을 하는 경향이 있다. 그러나 원격교육 코스의 대량생산은 질을 향상시킬 수 있다. 피터즈는 생산된 다수의 코스는 원격교육 조직이 전통적인 교수에서 보다 주의 깊게 잠재적인 원격학습자의 요구를 분석하도록 하여 코스의 질을 향상시킨다.
- **준비작업** : 피터즈는 원격교육의 성공이 준비단계에 의존된다고 믿었다. 준비단계는 원격학습 코스의 개발에서 원격학습에 포함된 다른 교사들 보다 더 능력 있는 다양한 전문분야의 전문가를 포함하는 것과 관련된다.
- **계획** : 피터즈는 우편통신의 내용은 처음부터 마지막까지 상세하고 서로 관련하여 조정되고, 결정되어야 하며, 우편통신 단위에 사전에 결정된 수 안에서 표현되어야 한다. 계획의 중요성은 재택학습이 원격교육의 구성요소일 때 더 커진다.
- **조직** : 피터즈는 합리적인 조직과 교수방법의 효과간의 관련성에 대해 지적하였는데 조직은 학생을 위해 정해진 시간에 정확히 사전에 결정된 기록을 받을 수 있게 한다. 적절한 대학교수를 위해 각 과제가 즉각적으로 제출될 수 있고, 상담을 위해 정해진 지역에 정해진 시간에 이루어지도록 할 수 있다. 조직은 일반적으로 원격교육 프로그램이 최적화 되도록 한다.
- **과학적 통제방법** : 측정과 경험적 데이터에 의해 얻어진 결과에 따라 작업과정이 체계적으로 특히 시간연구에 의해 분석되는 방법을 의미한다. 작업과정은 생산성을 높이기 위해 언제나

작업시간과 요원을 최선으로 사용하도록 계획된 방식에 의해 기초적인 상세한 것까지 평가하고 통제한다. 원격교육에서 어떤 교육기관들은 코스의 평가에 과학적 분석기술을 적용하기 위해 전문가를 고용한다.

- **형식화** : 원격교육 과정의 모든 사항들, 예를 들면 학생에서부터 원격교수의 설치, 교사의 배치에 이르기까지 사전에 결정되어야 한다.
- **표준화** : 그들의 목적에 보다 적합하고 생산비가 저렴하고 대체가 용이하도록 한 제품에 대해 제한된 수의 형태로 생산을 제한한다. 원격교육에서 통신단위 형태의 표준화뿐만 아니라 학생과 교수자간의 문서로 된 의사소통, 조직의 지원, 학습내용 등을 표준화한다.
- **기능의 변화** : 원격교육에서 기능의 변화는 교수자의 역할에서 명백하다. 교수자는 지식 제공자의 본래의 역할에서 학습단위의 저자, 조언자, 채점자로서의 역할로 변화하며, 상담자의 역할은 특정한 사람에게 배정된다.
- **집중과 중앙집권** : 대량생산과 분업에 필요한 대규모의 자본 때문에 대기업이 자본의 집중, 중앙집권적인 행정, 시장의 독점에 관여하는 경향이 있는데, 피터즈는 대규모 학생을 지원하는 원격교육 기관에 그러한 경향이 있다고 하였다. 예를 들어 영국의 개방대학은 최근 7만 명 이상의 학생을 갖고 있다. 지역주민을 지원하는 많은 수의 교육기관보다는 국민을 지원하는 적은 수의 교육기관이 훨씬 경제적이다.

2) 산업화 이론의 특징

피터즈는 원격교육이 효과적이기 위해서는 분업의 원리가 원격교수의 구성요소가 되어야 한다고 결론지었다. 산업화 이론에서 교수과정은 점차 기계화와 자동화를 증가시키면서 재조직되어야 한다고 하였으며, 다음 사항을 지적하였다.

- 원격학습 코스의 개발은 생산과정 전에 일어나는 준비작업만큼 중요하다.
- 교수과정의 효과성은 특히 계획과 조직에 의존된다.
- 코스는 형식화되어야 하고, 학생들의 기대는 표준화되어야 한다.
- 교수과정은 주로 객관화된다.
- 원격지에서의 학구적인 교수 기능은 전통적인 교수에서 대학의 교수를 변화시켜 왔다.
- 원격학습은 허용되는 자원의 집중화, 중앙집권적 행정에 의해 경제적으로 운영될 수 있다.

피터즈가 주장하고 있는 원격교육의 산업화된 주요 특징은 다음과 같다.

첫째, 원격교육은 교수과정의 여러 요소들을 합리화시키기 위해 교수과정에서 분업을 시도하였다. 원격교육에서 교수과정의 요소인 교재설계와 개발, 수업, 전달체제, 평가 등을 기능적으로 분리하여 운영하는 것은 기존 전통적인 교육에서 한 교수자가 교수과정의 전 과정을 책임졌던 것과는 대조되는 특징이다.

둘째, 원격교육은 기술장비나 표준화된 작업과정을 통하여 이론상으로 무한정한 산출물을 생산하면서 일정한 수준의 질을 보장한다. 원격교육의 특징은 교재개발과정이 표준화되고 일정한 질적 수준이 보장된 교재로 대중매체를 이용하여 교육하는 것인데, 원격교육에서 교재제작체제의 표준화를 산업현장에서 대량생산체제의 표준화와 비유한 것이다.

셋째, 원격교육은 라디오, 텔레비전, 컴퓨터 등 기술공학적 매체를 사용한다. 산업현장에서 기계에 의존한 자동화 시스템을 사용하는 것과 비유될 수 있다. 교수자가 언어를 수단으로 하여 제한된 학생을 대상으로 가르치던 것을 원격교육에서는 교재를 통하여 대량으로 가르칠 수 있게 되었다.

넷째, 원격교육은 가르치고 배우는 과정에서 오류를 제거하고 일정한 수준을 보장하기 위하여 교재를 계속 평가 · 보완하며, 과학적 방법을 도입하여 교수체제에 대한 모니터링을 실시한다. 이것은 산업현장에서 생산물에 대한 질관리체제와 비교할 수 있다.

피터즈는 교수의 산업화 이론이 단점을 가지고 있다는 것을 부인하지는 않았지만 원격교육의 산업화 구조의 특성은 의사결정에 고려될 필요가 있다.

(3) 상호작용과 의사소통 이론

상호작용과 커뮤니케이션 이론(theories of interaction and communication)은 원격교육을 상호작용 측면에서 설명하는 보다 현대적인 관점에서 대표적인 학자로 스웨덴 · 독일의 홈버그, 스웨덴의 베츠, 영국의 스와트와 대니얼이 있다.

1) 홈버그의 상호작용 이론

홈버그가 안내된 교훈적 대화라고 부르는 원격교육 이론은 의사소통 이론의 일반적인 유형으로 구분된다. 홈버그의 이론은 교수효과가 소속감과 협동에 영향을 주는 것은 물론 매개된 의사소통 안에서 질문 · 답변과 논쟁의 실제적인 교환을 통해서 다른 사람과 상호작용한다고 설명하고 있다.

홈버그는 그의 이론을 위해 7가지 가정을 제공하였다.

- 교수의 핵심은 가르치는 사람과 배우는 사람 간의 상호작용이다. 이것은 사전에 제작된 코스에서 다른 사람과 교과내용의 제시를 통한 모의된 상호작용은 학생들에게 다른 관점 · 접근 · 해결을 생각하게 하면서 코스와 상호작용을 야기할 수 있다.
- 학습에서의 정서적 참여와 교수자와 학습자 간의 개인적인 관계에 대한 감정은 학습에 긍정적인 영향을 미친다.
- 학습의 즐거움은 학생의 동기유발을 지원한다.
- 학습에 관계되는 의사결정의 참여는 학생의 동기유발에 유리하다.
- 강력한 학생의 동기유발은 학습을 촉진한다.
- 친근하고 개인적인 어조와 만들어진 교재와 교과목에 대한 손쉬운 접근은 학생이 즐겁게 학습을 하게 하고, 학생의 동기유발을 지원하며, 학습을 촉진시킨다.
- 교수의 효과는 학생이 배운것에 대한 학생의 학습에 의해서 나타난다.

홈버그는 이러한 가정들이 원격교육의 중요한 교수원리의 기초라고 믿었다. 이러한 가정으로부터 홈버그는 원격교수가 학습자의 동기를 지원하고, 학습의 즐거움을 촉진하고 학습이 개별 학습자와 관련 있게 하고, 학습자와 원격교육기관(튜터나 상담자)의 공감대를 형성하고, 코스 내용에 접근하도록 촉진하고, 학습자들이 활동 · 토론, 의사결정에 참여하게 하고 도움이 되는 실제적인 그리고 모의적인 의사소통을 제공할 것이라는 이론을 형성하였다.

2) 상호작용 이론의 확장

1995년 홈버그는 원격교육에 대한 그의 이론을 의미있게 확장하였다. 원격교육에 대한 그의 새롭고 포괄적인 이론은 여덟 가지 부분으로 나뉜다. 이 확장된 이론은 위에서 언급한 이론은 물론 다음과 같은 내용을 포함한다(Simonson et al., 2003).

- 원격교육은 면대면 교육을 받을 수 없거나 면대면 교육을 원하지 않는 개별적인 학습자를 지원한다. 원격교육 학습자들은 매우 이질적이다. 원격교육은 학습자가 더 이상 학습장소 · 학습기간, 방학, 시간표, 입학요건 등에 대해 제한을 받지 않는다. 원격교육은 학습자의 선택의 자유와 독립성을 촉진한다.
- 원격교육은 개별적인 학습자에게 자유롭게 학습할 수 있도록 기회를 제공하는 한편 직업에 필요한 훈련을 제공하여 사회에 기여한다. 원격교육은 순환 · 평생교육과 학습의 기회와 형평성을 제공하는 도구이다.
- 원격교육은 인지적 지식, 인지기술의 습득은 물론 정의적 학습과 일부 심체적 학습을 효과적으로 제공한다. 원격교육은 메타인지적 접근을 고취시킬 수 있다.
- 원격교육은 개별적인 학습활동으로서 깊이 있는 학습에 의거한다. 학습은 비접촉적인 방법에 의해 안내되고 지원된다. 매개 통신에 의존된 교수와 학습은 사전에 제작된 코스에 의존된다.
- 원격교육은 행동주의자 · 인지주의자 · 구성주의자뿐만 아니라 다른 학습유형에 개방되어 있다. 이것은 분업, 기자재의 사용, 전자적 데이터 처리와 사전에 제작된 코스에 의거하는 산업화 요소를 갖고 있다.
- 원격교육에서는 개인적 관계, 학습의 즐거움, 학생과 지원팀간

의 감정이입이 학습의 중심이 된다. 감정이입이나 소속감은 배우려는 학생의 동기유발을 촉진하고 학습이 잘 일어나도록 영향을 준다. 그러한 감정은 학생이 의사결정을 영위하게 하거나 현재 학생이 갖고 있는 지식과 연결될 수 있도록 학습내용의 제시하는 문제중심의 대화에 의해서, 학생과 튜터 또는 상담자나 그들을 지원하는 다른 사람간의 비접촉적인 의사소통에 의해서, 자유로운 조직의 행정적 구조나 과정에 의해서 전달된다.

- 원격교육은 훈련의 효과적인 유형인 반면 사실 학습과 수용된 사실의 재생산을 선도할 위험이 있다. 그러나 원격교육은 학생들이 그들 자신의 견해를 검색하고 비판하고 확인하도록 격려하는 방법으로 조직되고 실행될 수 있으며, 개념학습, 문제해결학습과 순수하게 학문적 목적을 지원한다.
- 결론적으로 위에서 언급한 내용은 원격교육에 대한 설명이며, 동시에 가설에서 형성된 이론으로 학습과 학습을 유도하기 위한 교수에 적절한 일반적 접근을 제공한다.

요약 및 정리

교훈적 대화, 구조화된 학습, 자율적 학습은 전통적인 교육에서는 거의 찾아볼 수가 없기 때문에 원격교육을 이해하기 위해 이 세 가지 개념을 논의하는 것은 매우 중요하다.

대화는 교수자와 학습자 사이의 직·간접적인 상호작용으로 말, 행동, 아이디어 또는 다른 상호작용에서 이루어지는 교차에 초점을 둔다.

원격교육에서 대화는 학생들이 학습자료를 가지고 학습하다가 직면하게 되는 어려움을 돕는 것에 그치지 않고, 서로 의견을 교환하고, 찬반 의견을 내기도 하고, 결과를 의심하면서 비판하는 등의 학문적 대화를 통해 지식을 습득할 뿐만 아니라 비판적 사고, 합리적 사고를 기르게 한다. 원격교육에서 대화는 코스 상담, 학습센터, 학생자치 학습동아리, 출석수업을 통해서 일어난다.

구조라는 개념은 목표를 가진 기초 위에 작은 단계로 나누어 계획되고, 통제되고, 획일적으로 관리되고, 평가되는 것이다. 구조화의 예로 TV 프로그램을 들 수 있는데, TV 프로그램은 내용의 자세한 부분, 모든 행동, 강의 시간도 분단위로 사전에 계획되어 있다. 교육공학은 개념 모형과 방법론적 수단을 제공하여 교수-학습 과정을 구조화하였으며, 원격교육 코스 개발에도 영향을 주었다. 정확하게 계획되고, 고안되고, 검증되고, 평가되는 교수-학습 체제인 원격교육체제는 학생들의 참여 등을 경시하는 교사 중심적인 경향이 있다. 원격교육에서의 구조는 코스 개발의 형태, 교수-학습 프로그램의 구조화에서 찾아볼 수 있다.

교육적 차원에서 자율은 한 개인이 자신의 교육의 주체가 되는 상황을 가르키며, 학습자가 자율적인 존재가 된다는 것은 교사의 기능을 넘겨받아 수행하는 것이다. 학습자가 자신의 학습요구를 인식하고, 목표를 정하고, 학습내용을 선택하고, 학습전략을 수립하는 등 학습을 조직·통제·평가하는 것이다.

원격대학들도 전통적인 대학의 영향과 행동주의 영향으로 설명식 교수법과 수동적 학습방법이 지배적이었으나 점차 인본주의적인 영향을 받아 능동적인 학습, 개방적인 학습으로 변하게 되었다. 원격교육에서의 자율은 인본주의적 교수-학습 모형, 프로젝트 학습 모형, 계약학습 모형에서 찾아볼 수 있다.

원격교육 이론은 크게 자율성과 독립성 이론, 산업화 이론, 상호작용과 커뮤니케이션 이론을 들 수 있다. 자율성과 독립성 이론은 원격교육에서 학습자가 스스로 학습하는 특성을 강조한 것으로 대표적인 학자는 독일의 델링, 미국의 웨더마이어, 미국의 무어가 있다.

산업화 이론은 원격교육의 교수과정에서 분업을 시도하고, 표준화된 작업과정을 통해 표준화된 교수-학습 과정을 제공하는 형태를 강조한 것으로 대표적인 학자로는 독일의 피터즈가 있다. 상호작용과 커뮤니케이션 이론은 원격교육을 교훈적 대화, 쌍방향 상호작용이라고 하며 대표적인 학자로는 스웨덴·독일의 홈버그, 스웨덴의 베츠, 영국의 스와트와 대니얼이 있다.

탐구문제

1. 원격교육에서 위에서 언급한 이외의 방법을 통해 이루어지는 대화에는 어떤 것들이 있는지 열거하시오.
2. 매체의 유형에 따라 대화가 이루어지는 정도가 어떻게 다른지 예를 들어 설명하시오.
3. 자기주도적인 학습을 하기 위한 학습계획서를 작성하시오.
4. 구조화의 장점과 단점을 열거하시오.

제 5 장

원격 교수 - 학습 방법

- 학습목표
- 핵심용어

01 원격 교수 - 학습 방법의 핵심요소

02 원격 교수 - 학습 방법

- 요약 및 정리
- 탐구문제

● 학습목표

1. 원격교육에서 핵심이 되는 여러 가지 교수 - 학습 방법의 특성을 나열할 수 있다.
2. 원격수업에서의 상호작용 및 학습동기에 대해 설명할 수 있다.

* 핵심용어

◎ **자기주도 학습**(self-directed learning) : 학습자 스스로 학습진행의 주도권을 가지고 학습의 전반적인 사항을 결정하고, 학습을 진행하며, 학습결과에 대한 평가를 스스로 하는 학습형태

◎ **협동학습** : 학습활동시 학습자들 사이의 상호작용과 역할 보안성을 활성화시키는 학습전략으로서, 소집단의 구성원들이 공동으로 노력하여 주어진 학습과제나 학습목표에 도달하는 수업방법

◎ **프로젝트 중심학습** : 학습자들이 상당한 시간을 투자하여 과제해결을 위한 문제를 발견하고 문제의 해결 틀을 스스로 구성하도록 하는데 주안점을 두는 구조화된 학습형태

◎ **토론** : 주어진 논제에 대하여 찬성과 반대의 대립되는 주장과 이를 검증하는 과정을 통하여 논리와 이성에 근거한 판단을 내리는 과정

◎ **상호작용** : 학습자와 교수자, 학습자와 동료 학습자, 학습자와 학습환경 사이에 일어나는 모든 학습활동

◎ **학습동기** : 학습자가 특정한 목표를 성취하기 위하여 어떤 행동을 유발시키고 그 행동을 지속시켜주는 일련의 내용이나 과정

원격교육에서의 교수 - 학습 방법은 일반 교실수업에 비해 다양하면서도 복합적인 방법을 사용하게 되는데, 그 이유는 다음과 같다.

첫째, 원격수업에서는 학습자가 혼자서 수업이 진행 가능한 교수 - 학습 방법을 사용하여야 한다.

둘째, 교수자와 분리되어서 독립적으로 학습하는 학습자에게 지루하지 않으면서도 재미있는 수업방법이 사용되어야 한다.

셋째, 학습의 효과를 높이기 위하여 동료 학습자 간의 상호작용을 유발할 수 있는 협동학습방법이 활용되어야 한다.

이상의 내용은 원격에서의 교수 - 학습 방법이 원격교육의 특성을 고려한 교수 - 학습 방법을 사용하여야 함을 강조하는 것이다. 다음에 소개하는 다양한 교수 - 학습 방법들은 일반적으로 원격교육의 특성을 고려하여 활용가능성이 높은 것들이다.

01 원격 교수 – 학습 방법의 핵심요소

원격 교수 - 학습 방법은 기본적으로 자기주도 학습을 바탕으로 하며 학습자들이 적극적으로 상호작용함으로써 매체의 역할을 극대화하고자 한다. 또한 학습자 스스로 학습동기를 지속할 수 있도록 학습과정에 다양한 학습동기 전략을 수립해야 한다.

(1) 자기주도 학습

1) 자기주도 학습의 개념 및 특성

자기주도 학습(Self-Directed Learning : SDL)이란 학습자 스스로 학습진행의 주도권을 가지고 학습의 전반적인 사항을 결정하고, 학습을 진행하며, 학습결과에 대한 평가를 스스로 하는 학습자 중심의 학습형태를 의미한다(Nadler & Nalder, 1993).

자기주도 학습은 다음과 같은 기본 특성을 가진다.

- 학습자가 학습진행의 주도권을 가짐으로 자신의 학습욕구에 맞게 학습에 대한 욕구를 진단해 볼 수 있다.
- 학습자 스스로 학습목표를 설정한다.
- 학습자 스스로 학습에 필요한 학습자원을 확보한다.
- 학습자 스스로 학습전략을 선택한다.
- 학습자는 학습결과를 스스로 평가한다.

이러한 자기주도적 학습은 최근 들어 인터넷 학습이 확산되면서, 인터넷이라는 매개체를 통해 학습자의 학습주도권이 점차 강조됨에 따라 더욱 중요시 여겨지고 있다. 특히 평생교육이 강조되는 성인 학습자들을 위해서는 시간과 공간의 자율권이 보장되고, 학습의 내용과 방법에 대한 자기주도권이 확보되는 원격학습의 핵심 학습전략으로 받아들여지고 있다.

하지만 학습자 스스로 계획하고 진행해야 하는 자기주도적 학습을 성공적으로 이끌기 위해서는 많은 준비가 필요하다. 특히 학습자 본인이 학습에 대한 의욕과 자신의 학습수준 파악, 그리고 수준에 합당한 학습목표 설정 등 학습자가 자신의 현재 수준을 잘 파악하고 있어야 의도한 학습결과를 달성할 수 있다.

다음에 제시하는 세 가지 사항은 자기주도 학습의 성공적인 결과를 위해 학습자가 반드시 알아두어야 할 핵심사항들이다.

첫째, 학습자들은 먼저 자신의 학습 필요와 욕구를 정확하게 파악하고 이를 정확하게 진단하고 있어야 효과적인 학습을 이끌어 갈 수 있다. 이를 위해서는 학습자가 학습하고자 하는 주제에 대해 자신이 무엇을 모르는지를 알고 있어야 한다. 자신의 선수지식의 정도, 학습능력, 자신의 학습 스타일 등 학습에 관한 기초 요소들에 대한 스스로의 분석이 필요할 것이다. 학습자가 자신의 수준을 스스로 분석하기 어려운 경우 교수자가 이를 도와주어야 한다.

둘째, 학습활동에 대한 참여정도와 참여시기 등을 자율적으로 적절하게 결정해야 한다. 이는 학습자가 학습과정 중 적극적이며 능동적인 참여가 필요한 부분과 참여의 강도, 깊이 등을 학습자 자신이 스스로 결정해야 함을 의미하는데, 연령이 어린 학습자의 경우 교수자의 도움이 필요하며, 학습결과에 대한 책임을 학습자 스스로 질 수 있도록 자기주도 학습의 과정에 대해 충분히 이해해야 한다.

셋째, 달성할 학습목표를 정함에 있어 자신의 학습욕구와 필요에 따라 적절한 학습목표를 명확하게 설정해야 한다. 학습내용은 목표에 따라 결정되므로 처음부터 무리한 목표를 설정하면 학습의 내용과 활동선택에서 본인이 습득하고 참여할 수 있는 정도를 벗어날 수 있으므로, 정확한 분석을 통하여 도달 가능한 목표설정이 선행되어야 한다. 특히, 원격교육에서는 모든 학습자들이 동일한 교육목표를 설정하기보다는 학습자들의 다양한 수준차를 고려한 유동식 학습목표를 설정하는 것을 고려할 필요가 있다.

넷째, 학습내용 및 방법의 선정에 있어 학습자의 학습욕구 및 학습필요에 기초하여 어떠한 내용과 방법이 적합할 것인지 자율적으로 선택하도록 한다. 이를 위해서는 학습내용과 방법에 대해 학습자들이 다양성과 자율적 선택이 가능하도록 구성되어야 할 것이다.

다섯째, 성취결과를 평가함에 있어서 학습자 스스로의 주관적인 평가가 먼저 이루어지고 이런 자율적인 자기판단과 자기평가가 외부의 객관적 평가나 전문가에 의한 평가보다 더 중시되어야 한다. 왜냐하면 자기주도적 학습의 과정은 학습자 본인이 가장 정확하게 알 수 있기 때문이다.

학습의 처음부터 마지막까지 학습자 자신이 가장 많은 내용을 알고 있기 때문에, 학습의 결과에 대해서도 학습자 자신의 학습에 참여하는 그 누구보다 정확히 알 수 있다고 볼 수 있다. 다시 말해 학습진행 과정에서 스스로를 진단해보는 다양한 전략이 필요하다.

2) 원격교육에서 자기주도 학습을 위한 필수요소

학습자들이 자기주도 학습을 제대로 실천하기 위해서는 교수자, 학습자, 운영 및 행정 담당자 등 모든 관련 요원들의 협조와 지원이 필요하다. 특히 학습자들에게 제시되는 학습내용과 방법, 그리고 이를 원격수업에서 잘 진행할 수 있도록 하는 지원은 필수적이라 할 수 있다.

다음에 제시되는 내용은 자기주도 학습을 통한 긍정적인 결과를 유도하기 위해 중요한 요소들이다.

① 문제해결 중심의 학습과제 제시

학습자 스스로가 개인의 적성에 맞는 주제를 선정하고 학습주제를 탐구할 수 있도록 학습활동에 학습자의 흥미와 관심을 최대한 반영시킨 문제를 제시한다. 이는 문제해결을 통해 학습자가 학습활동에 대한 계획력과 실천력을 기르고, 학습결과에 대한 성취감과 만족감을 느낄 수 있게 하는 좋은 방법이 될 수 있다.

② 학습결과보다 학습과정에 초점

학습을 강조하는 새로운 패러다임에서는 학습자가 "얼마나 성취했는가"보다는 "어떻게 학습했는가"에 관심을 둔다. 자기주도 학습의 효과성을 높이기 위해서는 학습자 자신의 학습계획서를 작성하여, 학습내용, 과제해결 방법, 자료의 소스, 학습의 실천단계 및 진행과정, 개인연구를 끝낼 시기 등을 포함하도록 한다. 또한 학습자 스스로 자신의 학습과정을 살펴봄으로써 자신의 학습활동에 대한 수정과 계획을 세우도록 한다.

③ 인터넷의 특성을 고려한 활발한 상호작용 유도

학습자가 인터넷의 다양한 대화 기능을 활용함으로써 교수자, 사이버 튜터, 동료 학습자, 전문가와의 의사소통을 촉진시키도록 한다. 이는 학습자가 스스로 자신의 호기심을 충족시키고 상위수준의 지식을 습득할 수 있는 좋은 방법으로, 이메일이나 토론방 · 대화방 · 게시판 등을 통해 학습자가 의사교환을 자유롭게 할 수 있다.

학습주제나 과제를 중심으로 소그룹 토론방, 학습동호회를 구성하도록 한다거나, 과제해결에 필요하다고 생각되는 관련 자료를 게시하도록 하므로 다른 교육생들이 참고할 수 있도록 격려하는 것이 바람직하다.

④ 인터넷 교육에 필요한 컴퓨터 기본 소양 습득

인터넷상에서 자기주도 학습이 성공적으로 이루어지기 위해서는 학습자가 네스케이프나 익스플로러와 같은 상용 웹브라우저를 원활하게 사용할 수 있어야 하고, 이 메일, 커뮤니티 가입 등 학습활동에 필요한 기능들을 사용할 수 있어야 한다. 또 네티켓, 정보윤리, 지적재산권 등 기본지침을 잘 알고 있어야 한다.

(2) 상호작용

1) 상호작용의 개념

상호작용이란 학습자와 교수자, 학습자와 동료 학습자, 학습자와 학습환경 사이에 일어나는 모든 학습활동을 이야기하는 것으로서, 상호작용의 목적은 학습자의 주도적인 참여와 의미있는 학습을 실현시켜 학습목표에 효과적으로 도달하도록 하기 위한 것이다.

교실 중심 수업시에는 교수자가 학습자에게 필요한 대부분의 상호작용을 제공하지만 인터넷과 같은 매체를 활용시에는 다양한 대화 채널을 통해 학습자에게 상호작용이 전달되어야 한다. 원격교육에서 학습자에게 발생되어야 하는 짜임새 있는 상호작용은 학습자가 원격에서 수업을 받을 때 느끼는 심리적, 물리적인 고립감을 해소할 수 있는 좋은 방법이기도 하다.

2) 상호작용의 유형

상호작용은 크게 학습자와 교수자 간, 학습자와 학습내용 간, 학습자 상호간의 상호작용으로 나누어볼 수 있는데, 이들에 대한 구체적인 내용을 살펴보면 다음과 같다.

첫째, 학습자와 교수자 간의 상호작용은 원격수업진행시 가장 중요한 상호작용으로서 수업 중 다양한 상호작용을 통해 수업의 이해도를 높이고 능동적인 수업태도를 갖도록 하여 수업결과의 긍정적인 효과를 가져올 수 있다. 상호작용을 높일 수 있는 구체적인 교수 - 학습 활동에는 다음과 같은 것들이 있다.

- 이메일 · 게시판 · 토론방 등 질의 · 응답 전용 코너를 마련한다. 하지만 여기에는 공개 및 비공개를 결정해 학습자들이 개인적인 질문도 활발하게 하도록 활용한다.
- 학습자의 질문내용에 대한 정확하고 즉각적인 피드백을 제공한다.
- 자주 질문되는 내용에 대한 FAQ 목록을 미리 제공한다. 학습자수가 많을 경우 교수자 1인이 모든 학생을 상대할 수 없기 때문에 학습활동 안내, 질문에 대한 응답, 과제진행 및 학습활동, 평가 등에 대한 기본 사항을 미리 준비하여 반복되는 내용은 방지하고 좀 더 구체적인 질문을 유도하도록 한다.
- 필요시 온라인 튜터나 코디네이터를 활용한다. 교수자 1인이 다수의 학습자를 상대로 상호작용을 하기 어려울 때는 교수자를 도와서 상호작용을 해줄 수 있는 코디네이터 혹은 튜터의

활동을 첨가할 수 있다.

- 외부 전문가와의 연결 라인을 설정해야 한다. 학습자들에 따라 다양한 학습욕구를 만족시키기 위한 정보제공 소스를 마련하는 것이 학습에 도움이 된다.

둘째, 학습자와 원격 학습내용 간의 상호작용은 학습자가 학습내용을 통해 학습동기와 자신감을 가질 수 있도록 하는 방법으로, 학습자가 적극적으로 학습내용을 살펴보고 능동적으로 학습활동에 참여하도록 하기 위해 필요하다.

다음과 같은 사항들은 특히 인터넷 수업시 고려해야 할 상호작용 관련 사항들이다.

- 학습자료 중 관련 내용들을 적절히 연결하여 효율적인 학습이 가능하도록 한다. 인터넷 수업에서 링크 사용시 너무 많은 링크와 계속 이어지는 링크는 학습자들의 방향감각상실 혹은 시스템상 문제가 생길 여지가 있으므로 3~4회 정도에서 조절하도록 한다.
- 학습자료가 지나치게 길거나 내용이 복잡할 경우 학습의욕 감퇴와 같은 비효과적인 결과를 초래할 수 있기 때문에 자료분량을 조절하여야 한다. 특히 비디오 · 오디오 · 이미지 · 동영상 등 다양한 멀티미디어 자료가 포함될 경우 자료의 로딩 속도가 느려질 수 있으므로 전체 자료의 전송속도를 고려하여야 한다.
- 인터넷상으로 장시간 수업을 진행시 학습동기가 저하될 수 있으므로 학습자의 수준에 맞는 다양한 멀티미디어를 활용하여 자료들간의 효과적인 연계, 힌트 제공, 재미있는 학습활동 제공 등 학습자들의 상호작용을 촉진시킬 수 있는 방법을 제공한다. 관련된 전문분야별 사이트의 주소를 알려주거나 연결이

가능한 전문가 이메일 주소를 알려주어 좀더 깊이 있고 폭넓은 학습활동을 할 수 있도록 한다.

마지막으로 학습자 - 학습자간의 상호작용은 일반 교실수업과 달리 원격수업에서 학습자들이 '독립감'을 느끼지 않도록 학습자 상호간의 활발한 활동을 통하여 학습의 폭을 넓힐 수 있는 방법이다.

학습자 상호간의 활동으로는 학습내용에 대한 토론, 의견교환, 학습자 개인의 경험 및 지식교환, 학습과제의 공동해결, 수업상황의 공동 모니터링, 협동학습을 통한 학습의 적극적인 참여 등이 있다.

특히 지식과 현장에서의 경험이 많은 성인 학습자들의 경우 동료간에 대화만을 통해서도 상호간에 자연스러운 학습이 일어날 수 있다. 다음과 같은 활동을 통하여 학습자들은 좀 더 적극적으로 상호간의 활동을 전개할 수 있다.

- 학습자가 다양한 의사소통을 위한 이메일, 메신저 등 커뮤니케이션 채널을 확보하도록 한다.
- 협동학습, 프로젝트 학습 등을 통하여 학습자들이 상호 적극적인 학습활동을 할 수 있도록 학습활동 계획을 마련한다.
- 학습자들만의 대화가 가능하도록 자유게시판이나 그룹 게시판 등을 만들어 활발히 상호작용하도록 기회를 제공한다.

이 외에 학습자 - 커뮤니티(community) 사이의 상호작용을 통하여 수업중이나 수업 후에도 다양한 동호회 활동을 할 수 있으며, 이는 특히 인터넷 학습자들에게 중요하면서도 부가적인 정보제공이나 학습을 가능하게 해준다.

최근에 들어서는 학습자의 인지구조적인 측면을 고려한 학습자 - 인지구조적인 상호작용에 관한 관심도 커지고 있는데, 이것은 인터넷 활용시 테크놀로지를 인지구조적인 측면에서 활용하는 것을 의미한다.

예를 들어 하이퍼 링크의 효과적, 효율적인 구성, 정보의 전송시간을 고려한 학습자료 제작, 효율적인 인터페이스의 설계 등이 여기에 포함된다.

(3) 학습동기

1) 학습동기의 개념

동기란 어떤 행동을 발생·유지시키거나 감소시키며 또한 그 행동의 방향을 정해주는 요인으로서 행동의 수준 또는 강도를 결정하는 심리적 구조이며 과정이라 할 수 있다(박진규 외, 1999).

학습과 관련된 성취동기란 어려운 과제를 통하여 만족을 얻으려는 기대를 의미하는데, 학습자가 특정한 목표를 성취하기 위하여 어떤 행동을 유발시키고 그 행동을 지속시켜주는 일련의 내용이나 과정을 동기유발이라 하며, 이러한 동기는 모든 교수-학습의 근간이며 원동력으로 주의집중, 근심, 피드백, 강화 등과 밀접한 관련을 가진다.

특히 원격교육에서는 학습자들이 학습을 진행하는 과정에 초기의 높은 학습동기가 감소하기 쉽고, 이는 학습결과에 부정적인 결과로 이어지기 때문에 원격수업 과정에서 학습자들의 학습동기를 지속화할 수 있는 전략과 활동은 매우 중요하다.

학습자들의 학습동기를 지속화시킬 수 있는 요소들로는 다음과 같은 것들이 있다.

- 학습목표가 개인의 욕구와 관련되어 있다.
- 학습활동 과정에 동료 학습자나 가이드가 도움을 준다.
- 학습결과에 대한 긍정적 강화(칭찬·보상 등)가 있다.
- 학습자 자신의 수준보다 약간 높은 과제에 도전함으로써 성취감을 느낀다.

- 동료간에 경쟁심이 작용하는 과제가 주어진다.

2) 켈러의 학습동기 모델

켈러(Keller : 1983, 1984)는 학습자에게 학습동기를 유발시킬 수 있는 학습환경을 설계하는 방법으로, 수업진행시 학습자들에게 주의집중(attention), 관련성(relevance), 자신감(confidence), 만족감(satisfaction)이 있다고 한다. 이들은 원격수업을 개발하여 운영할 때 중요한 역할을 하게 되는데, 이들 각 요소의 구체적인 내용을 살펴보면 다음과 같다.

① 주의집중

학습자의 흥미를 사로잡고, 학습에 대한 호기심을 유발하는 것으로 학습경험에 대한 자극과 재미 측면을 고려해야 한다. 학습자가 교육과정이 끝날 때까지 주의를 지속할 수 있도록 하기 위해 새롭고 놀라운 것(호기심, 지루함, 감각적인 추구 등의 통합적 개념)을 제공하고, 학습자에게 적절한 변화를 통해 흥미를 유발함으로써 탐구하는 학습자세와 이를 통해 주의집중을 유지할 수 있도록 하는 전략을 세운다.

학습자들의 주의와 관심을 잡기 위해 좋은 화면 디자인을 사용하고, 주의를 사로잡기 위해 좋은 시청각자료를 제공하며, 학습자들에게 과제에 도움을 주기 위해 관련된 멀티미디어 요소를 사용하고 교수 - 학습 설계에 상호작용을 구축하도록 하는 것이 좋은 예가 될 수 있다.

② 관련성

학습자의 학습에 대한 필요와 학습경험에 대한 가치를 학습자 입장으로 최대한 높여주는 것으로, 학습자의 필요에 맞는 학습내용과 방법, 활동을 설계하도록 하는 것이다.

학습내용이 학습자의 관심 부분에 어떻게 관련되는지를 보여주며 실제상황의 시나리오를 가진 교육과정을 꾸밈으로써 그 자료가 왜 학습자에게 중요한지를 증명하며 학습자들의 학습 스타일에 적합하도록 설계한다.

③ 자신감

학습자가 학습과정을 스스로 잘 통제함으로써 학습과정을 성공으로 이끌어내기 위해 필요한 측면이다. 만족감은 내적, 외적 보상을 통해 성취를 강화시킬 수 있는 것으로, 학습욕구를 지속적으로 느끼게 하도록 계속 학습동기를 부여하는 것이 중요하다. 교수자는 학습자가 성공에 대한 기대감을 가지고 학습에 적극적으로 참여하도록 학습자가 달성 가능한 적절한 목표수준을 설정해주어야 한다.

④ 만족감

학습자들이 그들의 학습경험에 대해 만족하고, 계속적으로 학습하려는 욕구를 가지도록 하기 위한 것으로서, 학습자의 학습경험과 성취에 대한 긍정적인 자세를 심어주게 된다. 학습자의 동기가 계속 유지하도록 내적 동기와 외적 보상을 잘 조절하는 것이 전략이다.

원격수업에서는 자신감 향상을 위하여 동료 학습자들과의 원활한 커뮤니케이션과 학습결과에 대한 적당한 보상을 준비하고, 인터넷 환경에 적절한 과제를 개발함으로써 학습자들간의 협동을 촉진하는 것이 중요하다.

02 협력중심 원격 교수 – 학습 방법

원격 교수-학습 방법은 학습자가 개별적으로 학습을 진행하기보다는 다른 학습자들과 협동하며 학습함으로써 적극적으로 참여하고 활발하게 상호작용하며 학습동기를 지속화하고자 한다. 다음에 제시되는 교수-학습 방법들은 현재 가장 보편적으로 활용되는 원격의 교수-학습 방법들이며, 필요에 따라 이들을 통합 또는 부분적으로 응용하며 사용할 수 있다.

(1) 협동학습

1) 협동학습의 개념 및 기본 원리

협동학습이란 학습활동시 학습자들 사이의 상호작용과 역할 보안성을 활성화시키는 학습전략으로서, 소집단의 구성원들이 공동으로 노력하여 주어진 학습과제나 학습목표에 도달하는 수업방법을 의미한다(변영계 외, 1999, Cohen 1994, Slavin 1987, Stahl 1994).

원격교육에서는 학습자들이 물리적으로 분리되어 있기 때문에 인터넷 등의 매개체를 통하여 협동학습을 실시할 수 있으며, 최근 들어서는 원격교육에서 자기주도 학습원리와 함께 협동학습을 적극적으로 활용하고 있다.

협동학습을 통하여 긍정적인 학습결과를 얻기 위해서는 다음과 같은 협동학습의 기본 원리를 잘 이해하는 것이 중요하다.

① 긍정적 상호의존성

개별 학습자나 소집단의 이익이 상호 긍정적인 상관관계가 있음을 말하는 것인데, 한 학습자의 이익이 다른 학습자의 이익과 관련 있을 때 개별 학습자는 긍정적 상호 의존적인 관계에 있게 된다. 협동학습에서 긍정적 상호의존성은 학업성취 향상에 필수적이다.

긍정적 상호의존성은 학습자가 원하는 성과에 따라 어떻게 행동이 달라지는가에 따라 다시 성과 상호의존성과 수단 상호의존성으로 나누어질 수 있다. 긍정적 상호의존성을 토대로 한 협동학습은 잘 계획된 개별학습보다 학업성취에 더 효과적이다.

② 동시적 상호작용성

소집단 구성원이 학습과제 해결에 필요한 도움을 요청하면 집단 내 다른 구성원들이 이를 도와 요구한 부분에 대한 설명을 제공하고, 이를 통해 문제해결에 즉시 활용하는 것을 의미하는 것을 의미한다. 어려운 과제나 여러 명의 의견을 모을 필요가 있는 주제에 효과적이다.

③ 개별 책무성

소집단 구성원들 각자는 자기 개인의 학습뿐만 아니라 다른 소집단의 구성원에게도 활동결과가 영향을 미치기 때문에 서로를 잘 격려하고 도와야 한다. 소집단 각 구성원의 수행이 다른 구성원의 성공에 영향을 미친다는 것을 인식하는 것이 소집단 구성원들의 노력을 증진시키기 위한 개별 책무성의 시작점이다.

2) 협동학습의 기본 조건

협동학습을 보다 효과적으로 진행하기 위해서는 다음과 같은 몇 가지의 기본 조건을 교수자와 학습자 모두가 확실히 인지해야 한다 (Johnson, 1996).

- 우선 구성원들 간에 학습과제에 대한 내용과 접근방법에 대해 확실한 공유가 요구된다. 학습자들이 과제에 대한 서로 다른 개념에서 출발하면 마지막에 바람직한 결과물의 도출이 어려

워지기 때문에, 과제를 해결하는 방법에 대한 분명한 지침이 함께 마련되어야 한다.

- 학습구성원 서로 간에 상당히 밀접한 상호작용이 요구된다. 과제해결이 그룹 내에서 이루어져야 하기 때문에 서로의 의견을 교환하는 활발한 커뮤니케이션과 이를 통한 상호작용이 필수적이라 할 수 있다. 또한 긍정적인 상호의존이 요구되는데 이는 참여하는 구성원들이 서로를 불신하거나 각자의 독립적인 활동으로 과제를 해결하고자 할 때 협동학습이 추구하고자 하는 효과적인 결과에 도달하기 어려워지기 때문이다. 이는 기업에서 중요하게 여겨지는 팀워크과 같은 활동과 책임이 요구되는 것인데, 인터넷을 중심으로 펼쳐지는 학습활동에서는 더욱 중요한 요소라 할 수 있다.
- 집단간의 협력 또한 중요한 역할을 하게 된다. 이는 한 집단에 속한 구성원들뿐 아니라 유사한 과제를 학습해 가는 각 집단 간의 의사소통을 통한 협동이 서로에게 유익한 정보와 다양한 경험, 과제해결의 바람직한 방향을 제시할 수 있기 때문이다. 이를 위해 인터넷상에 그룹간의 자료공유나 의사소통을 위한 별도의 자리를 마련하는 것도 좋은 방법이 될 수 있다.
- 구성원 개인의 신뢰성과 책임감이 중요한 역할을 한다. 집단에 속하는 구성원 각자가 맡은 부분에 대한 과제수행과 내용에 대한 책임이 집단 전체의 과제결과에 영향을 미치기 때문이다. 결국 협동학습을 효과적으로 진행하기 위한 기술적인 제반여건의 형성, 즉 구성원들 간의 물리적인 거리감을 극복하고 시간과 공간적 제약을 최소화시키기 위한 다양한 커뮤니케이션 매체의 사용이 원격에서의 협동학습을 위한 필수적인 조건이라 할 수 있다. 또한 개개인의 역할과 수행, 그에 대한 책임감에 대한 사전 교육이 상당히 중요한 영향을 미치게 된다.

(2) 프로젝트 중심학습

1) 프로젝트 중심학습의 개념

프로젝트 중심학습(project based-learning)이란 학습자들이 상당한 시간을 투자하여 과제해결을 위한 문제를 발견하고 문제의 해결틀을 스스로 구성하도록 하는 데 주안점을 두는 구조화된 학습형태라 할 수 있다(Laffey et al., 1998).

프로젝트 중심학습의 기본형태는 학습자들이 스스로 질의/응답을 통하여 현안과제에 대한 문제들을 찾아낸 뒤, 토론과정을 통하여 아이디어를 교환하며, 과제해결을 위한 예측, 문제의 핵심부분 설계, 정보수집, 정보분석, 해결책 제시 등 활발한 커뮤니케이션을 통하여 과제를 해결하는데 있어 일련의 순서를 효과적으로 적용하는 과정이라 할 수 있다(Krajcik et al., 1994).

프로젝트 중심학습을 원활히 진행하기 위해서는 학습자들에게 충분한 자료제공과 의사소통의 매개체가 될 수 있는 인터넷의 사용이 기본이 된다. 특히 기업과 같은 성인교육과 훈련에서는 학습주제에 따라 팀워크와 학습자들간의 협력이 필요한 프로젝트 중심학습 활동이 많이 요구되고 있다. 특히 사회적 상호작용이 강조되는 인터넷 과정에서는 프로젝트 학습형태의 학습전략이 많이 강조된다.

프로젝트 중심학습의 특징으로는 다음과 같은 것들이 있다.

첫째, 학습자가 학습의 전과정에 주도적으로 참여하게 된다. 여기서 주도적으로 참여한다는 말은 학습자가 학습의 전과정에 의사결정권을 행사할 수 있는 기회를 가지며, 또한 학습에 대한 책임도 동시에 가진다는 것을 의미한다.

둘째, 학습할 주제 혹은 문제 등에 관한 탐구활동과 그 결과에 대한 직접적인 표현활동을 하게 된다. 학습자는 학습과정에 주도적으로 참여함으로서 적극적인 탐구학습이 가능해진다. 다시 말해, 프로젝트 중심학습은 학습자가 학습과정을 스스로 만들어 가는 장점이 있다.

2) 프로젝트 중심학습의 구성요소

프넬(Penuel)과 그의 동료는(1999) 프로젝트 중심학습이 성공적이기 위해서 반드시 포함해야 할 중요 구성요소로서 다음과 같은 것을 들고 있다.

① 학습활동 전략

학습자들이 직접 프로젝트 활동을 진행하면서 고려해야 할 것들은 다음과 같다.

- 내용의 핵심부분에 학습자들이 초점을 맞출 수 있도록 할 것
- 학습자들이 프로젝트에 충분한 시간을 투자하도록 할 것
- 학습자들이 과제를 위한 의사결정을 스스로 하도록 할 것
- 서로 협동적이도록 활동을 구성할 것
- 명확한 현장감을 가지고 활동할 수 있도록 할 것
- 체계적인 분석력을 사용할 것(진행과정과 과제결과와의 관계성)
- 인터넷과 같은 효과적인 커뮤니케이션 채널을 확보할 것

② 교수활동 전략

프로젝트 학습을 위해 교수자가 고려해야 할 전략에는 다음과 같은 요소들이 있다.

- 복합적인 상황분석이 필요한 과제를 부여할 것
- 코치나 퍼실리테이터의 지원을 확실히 할 것
- 소규모의 협동학습으로 그룹을 분리할 것
- 외부 자원 및 인력 등 적절한 연계 및 협조를 구할 것

이처럼 적절한 교수-학습전략이 수립되면 프로젝트 중심학습은 그룹 간, 그룹 내 참여자들 사이의 상호작용을 높이는 좋은 학습활동이 될 수 있으며, 과제의 선택에 따라 사회 인지적인 책임감과 사고력의 증진에 도움이 되는 것으로 밝혀지고 있다(Novak, 1998).

하지만 원격교육에서는 그룹 구성원들이 시·공간이 분리된 곳에서 작업이 이루어질 수 있으므로 인하여 작업과정의 공유와 바람직한 태도 습득 등에는 한계점이 있을 수 있음이 지적되기도 한다. 또한 구성원간 커뮤니케이션의 채널 사용에 상당한 시간과 노력이 필요하며 때로는 기계적인 결함으로 인하여 커뮤니케이션의 부조화가 발생할 수 있음을 염두에 두어야 한다.

특히 그룹 구성원들은 효과적인 커뮤니케이션을 위해 충분한 정신적인 노력(mental effort)을 투자해야 하며, 정확한 내용전달을 위해 구조화된 내용조직을 해야 한다. 각 그룹에는 구성원간 대화를 조정하고 그룹 프로젝트를 끌어갈 수 있는 적절한 리더가 필요하다.

3) 프로젝트 중심학습의 기본 조건

프로젝트 중심학습이 효과적으로 진행되기 위해서는 다음과 같은 조건들이 잘 갖추어져야 한다.

첫째, 교수자와 학습자 모두 프로젝트 학습이 무엇인지 잘 알고 있어야 한다.

둘째, 프로젝트를 원활히 수행할 수 있는 적절한 수의 학생이 필요하다. 학습자가 너무 많거나 적으면 프로젝트를 수행하기가 어려워진다.

셋째, 프로젝트 중심학습을 원활히 수행하기 위해서는 충분한 수업시간의 확보가 필수적이다. 학습자들끼리 과제를 수행해야 하므로, 교수자가 전체 수업을 이끌어 갈 때보다 많은 시간을 필요로 하게 된다. 특히 인터넷을 중심으로 진행되는 경우 커뮤니케이션에 어느 정도의 시간적 여유가 있어야 함을 고려해야 한다.

넷째, 학습진행 과정에서 일부 학습자들이 프로젝트를 독점해서 수행하지 않도록 그룹에 속하는 모든 학습자들이 고르게 능력을 발휘하도록 기회가 제공되어야 한다. 이를 위해서는 프로젝트 진행에 대한 자세한 지침이 제공되어야 하며, 원격의 교수자나 튜터, 운영자가 이를 학습자들에게 충분히 인지시켜야 한다.

프로젝트 중심학습은 인터넷 활용교육과 더불어 적용사례가 점차 늘어갈 것으로 전망되는 가운데, 이러한 학습이 효과적으로 계획되고 실행되기 위해서는 교수자와 학습자들의 노력, 물리적 자원의 확보와 배치, 교육환경의 구성, 교육과정 안에서의 조화로운 통합 등 효과적인 교수-학습 전략이 필수적이라 할 수 있다.

(3) 토론학습

1) 토론의 개념

토론이라는 용어의 사전적 의미는 "어떤 의견이나 제안에 대한 찬성과 반대의 의견을 가진 사람들이 서로 논리적인 근거를 제시하면서 상대를 설득하거나 상대에게 정당함을 주장하며 논하는 것"이라 할 수 있다. 토론과 유사한 개념으로 흔히 사용되는 용어에는 대화, 토의, 대담, 논쟁 등이 있다.

교육학술정보원(2002)에서 소개한 《에듀넷과 함께 하는 온라인 토론학습》이라는 책자에서는 "____에 대한 좋은 방법은 무엇인가?"와 "같은 주제에 대한 의견교환 방식을 토의라 하고, 정해진 논제에 대한 찬성과 반대의 입장에서 서로 의견을 주고받는 것"이 토론이라 할 수 있는데, 일반적으로 학습현장에서 이 두 개념이 혼합하여 쓰여짐으로써 모두 합하여 토론이라 하고 있다.

또한 논쟁이란 서로 다른 의견을 가진 사람이 각각 자기의 의견을 주장하는 것을 의미한다.

종합하면 대화가 자유롭게, 결론 없이 의견을 교환하는 방법인 반면, 토의는 주제의 범위 안에서 의견을 끌어가도록 제약을 받으며 참여하는 참여자들이 의미있고 합의된 대화를 진행해야 함을 강조한다.

반면, 토론(debate)은 주어진 논제에 대하여 찬성과 반대의 대립되는 주장과 이를 검증하는 과정을 통하여 논리와 이성에 근거한 판단을 내리는 과정이다.

토의(discussion)는 토론과 달리 정해진 규칙이 없이 자유롭게 의견을 교환하는 일종의 의사결정 과정이라 할 수 있다. 토의가 참여자 상호간의 협의를 통해 결론에 도달하는 방법이라면, 토론에서는 사실 · 논거 · 근거를 기본으로 개인의 주장을 펼쳐나가게 된다.

인터넷이 확산되면서 네티즌들 사이에서 사회적인 이슈를 가지고 열띤 토론을 하는 모습을 종종 볼 수 있는데, 인터넷을 수업에서도 토론을 통하여 학습자들의 논리적이며 체계적으로 원활한 의견교환을 유도할 수 있고, 이는 학습과정에서 아주 효과적인 학습결과를 가져올 수 있다.

2) 토론의 유형

토론은 일반적으로 크게 개방형 주제 토론과 찬반형 토론으로 나누는데, 개방형 토론은 토론주제에 대해 누구든지 자신의 의견을 피력할 수 있으며, 굳이 찬성과 반대의 입장을 정해놓고 토론의 주제를 끌어갈 필요는 없다.

반면 찬반형 토론은 일종의 가치 토론으로, 자신의 의견이 찬성의 입장인지 반대의 입장인지를 분명히 하고, 그에 따르는 근거자료 혹은 참고자료를 중심으로 의견을 논리적으로 펼칠 수 있다.

토론에 참여하는 다른 참여자는 찬성 혹은 반대의 의견에 대한 교차조사(질의/응답)를 통하여 자신의 의견과 상반되는 논리를 반박, 혹은 설득할 수 있다. 실제 토론을 통하여 학생들이 습득할 수 있는 이점은 논의하고자 하는 주제에 대한 학생들의 찬성과 반대 의견을 포함하는 찬반형 토론이 학습효과가 크다고 할 수 있다.

원격교육에서 토론수업을 진행할 시에는 메신저, 이메일등 대화채널을 확보하는 것이 중요하며, 무엇보다 학습자들이 토론주제에 대한 자신의 의견을 논리적으로 전개하기 위한 준비와 동료학습자들과 협동하여 토론을 진행하는 방법을 잘 숙지하고 있는 것이 중요하다.

3) 토론학습의 효과적인 활용방법

수업현장에서 토론이 효과적으로 진행되기 위해서는, ① 참여자들이 주제에 대한 충분한 이해를 해야 하며, ② 참여자들 스스로 비평적 시각을 통한 주제에 대한 자신의 의식을 향상하여, ③ 참여자들 사이의 의견 혹은 시각의 차이를 인정함으로써 다양한 견해를 받아들이고, ④ 토론주제에 대한 책임있는 행동으로 연결시킬 수 있어야 한다.

이를 위하여 참여자들은 충분한 시간을 가지고 토론주제에 대한 자신의 의견을 논리적으로 전개할 수 있어야 하며 자신의 의견을 잘 설명할 수 있도록 말하는 기법과 다른 사람들의 의견을 잘 경청하는 방법 등을 습득하여야 한다.

토론의 주제를 정할 때에는 다음과 같은 몇 가지 사항을 고려해야 한다고 한다(임칠성 외, 1998).

- 학생들의 흥미를 불러일으킬 수 있어야 한다.
- 찬성과 반대가 분명하게 나누어져야 한다.
- 쟁점이 부각될 수 있어야 한다.

- 주제의 범위가 너무 넓거나 좁지 않아야 한다.
- 지나치게 자극적인 주제는 피한다.

요약 및 정리

원격의 교수 : 원격 교수-학습 방법은 학습자가 스스로 자기주도식으로 학습을 하는 것이 기본이며, 이를 위해 학습자는 전체 학습과정에 책임을 질 수 있어야 한다. 학습자들이 원격에서 학습을 잘 진행하도록 학습내용과 학습활동에 적절한 상호작용을 제공해야 하며, 학습동기가 지속화되도록 학습전략을 구성해야 한다. 이러한 원격 교수-학습 방법의 핵심요소들을 바탕으로 다양한 교수-학습 방법들이 활용될 수 있는데, 그 중 대표적인 것들이 협동학습, 프로젝트 중심학습, 토론학습이다. 이것들은 개별 학습자 혼자서 학습하기보다는 여러 명의 학습자들이 그룹으로 학습과정을 진행해야 하는데 이는 원격교육이 단점인 물리적·심리적 고립감을 최소화할 수 있는 방법이기 때문이기도 하다.

최근 들어 이와 같은 협동학습, 프로젝트 중심학습, 토론학습은 연령이 어린 학습자들에게까지 확산되고 있으며, 인터넷이 중심이 되는 원격교육에서 교수-학습 방법으로 여겨지고 있다.

탐구문제

1. 원격교육에서 자기주도식 학습의 단점을 보완할 수 있는 방법에 대해 설명하시오.
2. 원격에서 토론수업을 진행할 때 학습자가 준비할 사항을 열거하시오.
3. 원격의 협동학습에서 학습자가 갖추어야 할 기본태도를 나열하시오.

제6장

원격수업 설계

• 학습목표

1. 원격수업 설계의 중요성에 대해 설명할 수 있다.
2. 원격교육에서 교수설계의 핵심단계를 나열할 수 있다.

*** 핵심용어**

- **교수설계** : 수업시 교수자가 가르쳐야 할 내용과 학습자가 활동할 내용을 미리 고안하여 수업이 원활하게 진행하여 소기의 목표를 달성하도록 하는 수업의 모든 단계를 기획하는 작업
- **교수설계 모델** : 수업을 원활하게 진행할 수 있도록 수업의 특성과 내용에 따라 변형이 가능하도록 교수와 학습에 필요한 각 단계를 잘 맞추어놓은 모습
- **ADDIE** : 교수설계의 각 단계인 Analysis, Design, Development, Implementation, Evaluation의 각 첫 자를 의미하는 것으로 전통적인 교수설계 모형을 의미함.

원격수업은 일반 교실수업에 비해 훨씬 복잡한 메커니즘을 가지게 된다. 교수자가 직접 전달하는 교실수업과 비교했을 때 원격수업은 테크놀로지가 기본이 되어야 하며, 교수와 학습의 과정이 테크놀로지 위에서 구현되어야 한다. [그림 6-1]은 이러한 과정을 이해하기 쉽게 도식화한 것이다.

원격수업에서는 학습자와 교수-학습용 콘텐츠, 서비스 등 제반 수업요소들이 모두 테크놀로지 위에서 구현되어야 하며, 학습자가 수업활동을 위해 의사소통하는 다른 사람들과의 상호작용성에 덧붙여 컴퓨터와 인터넷처럼 테크놀로지에서 기본적으로 제공되는 기계적인 상호작용성까지 고려되어야 한다.

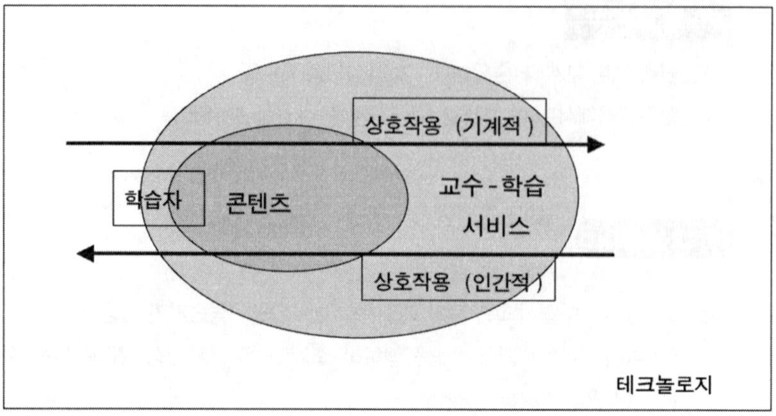

[그림 6-1] 원격수업 과정의 복잡성

다시 말해 원격수업에서는 교수자 위주의 교실수업에 비해 많은 요소들이 교수-학습 과정에 삽입이 되어야 하며, 특히 원격수업에 활용되는 테크놀로지를 고려한 수업내용 설계가 심도있게 고려되어야 한다.

01 교수설계

(1) 교수설계의 개념

교수설계는 학습자가 달성하고자 하는 목표를 위하여 가르치고자 하는 내용·방법·실행·평가 등 교육과정 전반에 필요한 단계들을 효과적이면서도 효율적으로 체계화하는 것을 의미한다. 교수자와 학습자가 한 장소에 모여서 수업을 진행하는 교실수업이든 온라인상에서 이루어지는 인터넷 수업이든 교수-학습 목표달성과 긍정적인 학습 결과를 위해 교수설계는 필수적인 요소라고 할 수 있다.

하지만 원격교육에서는 교수자와 학습자가 물리적으로 분리된 상태에서 테크놀로지에 의존하여 수업이 진행되기 때문에 면대면 교실수업에 비해 많은 요소들과 세세한 부분까지 교수설계시 신경을 써야 한다.

인터넷 교육이 도입된 초기에 인터넷 수업의 교수설계를 기존의 교실수업과 유사하게 생각하였다가 학습결과에 실망하게 된 많은 사례에서 보면 인터넷 교육의 실패원인이 부실한 교수설계에 있었다는 지적이 많다(Belanger & Jordan, 2000 ; Schank, 2002).

(2) 원격 교수설계시 고려사항

원격수업은 인쇄매체와 집합식 강의방식이 주를 이루는 기존의 교실중심 수업과는 달리 다음과 같은 특성 때문에 원격수업형태에 맞는 교수설계의 중요성이 강조된다.

첫째, 학습자, 교수자, 학사관리 담당자 모두에게 원격수업은 교수-학습과정을 진행하면서 관련 업무를 처리했던 기존의 교실수업 형태와 달리 모든 수업과정이 사전 계획적이어야 한다. 즉, 모든 교수-학습 활동은 테크놀로지를 통한 커뮤니케이션으로만 가능하고 수업에 참여하게 되는 모든 참여자들도 테크놀로지를 통해 의사소통을 하고 업무를 처리해야 되기 때문에 사전에 모든 학사관련 업무를 미리 계획하여야 한다.

원격수업 과정에서 학습자와 교수자는 서로 마주볼 수 없고 교실수업처럼 눈빛으로 학습분위기를 전혀 예측할 수가 없기 때문에 학습과 관련된 모든 사항은 사전에 철저히 계획되어야 하며, 학습 도중 발생 가능한 모든 문제점들을 미리 예측하여 대책을 세워야 한다. 또한 예측하지 못한 문제점 발생시에도 순발력 있게 대처 가능한 방안들을 미리 마련해 놓아야 한다.

둘째, 원격 교수-학습 과정은 매체를 기본으로 사용하게 되며 학습자가 받게 되는 물리적인 방해요소는 집합 수업보다 훨씬 많아지게 된다. 예를들어 시간과 장소의 자유로움에서 오는 수업진행중 채팅·졸음·음식먹기 등 수업 방해요소들이 많아질 수 있다.

또한 언제든지 발생 가능한 테크놀로지의 문제점, 담당인력의 관리능력 미흡, 자기주도 학습에 미숙한 학습자의 심리적인 방해요인까지 더해지게 되는데, 방해요소가 많을수록 학습효과는 떨어질 수밖에 없다. 원격수업의 성공을 위해서는 학습과정에서 발생가능한 방해요소를 줄여주는 것이 필수적이며, 이는 원격수업에서 활용되는 매체의 특성에 따라 체계적이고 세심한 설계전략으로 어느 정도 가능해질 수 있다.

셋째, 교수설계는 특성상 설계완성 후 자칫 개발 및 실행부분에서 처음의 설계도면과 달리 진행될 수 있는 근본적인 약점이 있는데, 이는 원격수업에서 치명적인 실패요인으로 작용할 가능성이 있다. 교수자가 처음부터 수업을 설계하고 내용 및 방법을 진행하고 평가까지 맡게 되는 면대면 교실수업에 비해 원격수업은 설계자와 교수자가 다를 수가 있으며, 학사관리자가 또한 별도로 존재할 수 있다.

이런 경우 각 단계별로 전문가들이 유기적인 관계성을 유지해야 하는데 이 부분에서 문제가 생기면 원격수업결과가 부정적으로 나타날 수 있다. 그러므로 원격수업의 교수설계는 학습자들에게 최상의 학습결과가 유도될 수 있도록 수업설계와 개발, 운영에 참여하는 모든 인력의 강력한 팀워크가 요구된다.

02 전통적인 교수설계 모델

일반적으로 많이 알려진 교수설계 모델인 ADDIE(Analysis, Design, Development, Implementation, Evaluation) 모델은 교실위주 교수자 중심수업의 근간이 되는 형태로 대부분의 교육과정에서 가장 광범위하게 사용되고 있다.

〈표 6-1〉 ADDIE 모델의 각 단계별 구체적인 내용

항목	목 적	구체적인 내용
분석 (Analysis)	교육의 필요성, 교육할 내용, 수업환경 등 교육을 위한 전반적인 분석	• 학습자 수준(지식, 경험, 기술) • 구체적인 과제들 • 학습환경(관련 교육, 훈련, 하드웨어, 소프트웨어, 수업분위기 등)
설계 (Design)	분석단계에서 추출된 정보를 토대로 현재 수준에서 이상적인 목표점에 도달하기 위한 실천전략 수립	• 분석단계에서 추출된 내용을 중심으로 학습목표 설정 • 학습목표에 맞는 평가항목 결정 • 학습 초기 수준(행동) 결정 • 계열화된 학습내용 및 학습구조 결정
개발 (Develop)	설계단계에서 설정된 내용들을 학습을 위한 활동 중심으로 제작	• 학습활동의 구체화 • 학습내용의 전달 시스템 구체화 • 관련 학습내용의 기존 자료 검토 혹은 선정 • 학습자료 개발 • 학습내용의 타당성 검토
실행 (Implement)	앞 단계에서 실행된 내용들을 실제 수업 적용하여 운영	• 수업과정을 위한 행정적인 내용(대상학습자, 수업 스케줄, 교사, 강사, 교육시간, 예산 등) 결정 • 교육체계 속의 위치, 모듈의 결정 • 학점부여, 승진 등 학사규정 • 실제 교육과정 운영
평가 (Evaluate)	개발된 교육과정을 통하여 학습자들이 학습목표를 성취했는지, 교육이 효과적으로 이루어졌는지 평가	• 형성 평가라고 불리는 교육과정 전반에 걸친 수정이나 보안사항을 살펴보기 위한 내적 평가(Internal evaluation) • 총괄 평가라고 불리는 학습목표에 대한 학습자들의 수행평가로서 외적 평가(External evaluation)

이 모델은 인터넷 수업을 위한 교수설계를 위해서도 많이 적용되고 있으며, 상황에 따라 조금씩 변형되어 사용되기도 한다(Beckschi & Doty, 2000 : Lee & Owens, 2000).

이 모델의 단계별 실시목적과 주요 내용을 살펴보면 〈표 6-1〉과 같다.

이 모델은 일반 집합식 수업 프로그램에서 많이 활용되지만, 원격수업 모델 설계에도 광범위하게 응용이 될 수 있다. 그 동안 이러한 수업설계 모델을 가장 많이 활용해온 기업에서는 몇 가지 관점에서 교수설계 모델에 대한 비판을 하기도 하는데 그 이유는 다음과 같다.

첫째, 체계적인 교수설계를 위하여 거쳐야 하는 각 단계마다 철저하게 작업을 할 수 있는 충분한 시간적 여유가 없다. 이는 기업뿐 아니라 일반 학교환경이나 기타 다른 교육기관에도 마찬가지일 수가 있는데, 그 이유는 교수설계의 각 단계를 잘 소화하기 위해서는 충분한 지식과 현장경험이 필요하기 때문이다. 또한 설계하고자 하는 수업 프로그램의 내용을 충분히 숙지해야 하는데, 이를 짧은 시간에 완성하기에는 현실적으로 많은 어려움이 있을 수 있다.

둘째, 교수설계의 각 단계별 결과에 대한 효과적이고 효율적인 의사결정이 이루어지지 않아 이미 분석된 결과도 반영을 못하게 된다. 이는 특히 분석단계에서 설계로 이어지는 과정에서 의사결정의 어려움에 그 원인이 있다고 할 수 있다. 단계별 의사결정에는 전문가의 지식과 경험이 유효하지만 현장에서 즉각적으로 전문가의 의견을 수렴하기는 어려운 점이 있다.

셋째, 교수설계의 각 단계를 거쳐 설계 및 개발된 수업 프로그램과 그렇지 않은 것과의 차이를 인정하지 않은 경우가 많다. 이는 교육 프로그램의 특성에 따라서 설계의 각 단계를 거친 과정과 그렇지 않은 과정의 결과물이 유사할 경우가 있는데, 이를 수업 프로그램 설계에서 종종 교수설계가 전혀 필요치 않은 것으로 오판하기도 한다.

03 인터넷 교육용 ADDIE 모델

리(Lee)와 오웬(Owens)(2000)의 교수설계 모델은 앞에서 소개된 전통적인 설계모델을 인터넷 교육과정 설계용으로 전환한 것이라 할 수 있다. 기존에 많이 사용하던 모델을 그대로 적용함으로써 인터넷 교육이라는 새로운 교육형태에서 오는 긴장감과 더불어 새로운 모델 사용에 대한 충격과 불안감 없이 자연스러운 변화를 모색하였다고 할 수 있다.

이 모델은 다양한 멀티미디어 요소가 포함되는 이-러닝 교육과정 설계에서 발생하기 쉬운 시간과 비용의 낭비, 불필요한 재작업 등을 고려하여 각 사항별로 중복되는 요소를 제거하려 하였다. 이를 위해서는 시작 단계인 기초분석에서부터 비용평가에 이르는 전 단계를 미리 예측하여 분석해보는 전체분석(front-end analysis)이 필요하다고 할 수 있다.

또한 설계와 개발에 참여하는 인력들의 역할과 책임을 미리 구분지어 효과적인 팀워크를 가질 수 있도록 하는 것도 필요하다.

이 모델의 강점은 기존의 교수 설계경험을 그대로 이용하면서 반드시 필요한 중요요소만 첨가하여 쉽게 이해할 수 있도록 만든 점이다.

이 모델은 기존의 전통적인 ADDIE 모델에 멀티미디어 요소들을 첨가하여 원격수업을 용이하게 설계할 수 있도록 한 장점이 있지만, 학습자들의 적극적인 학습활동 및 참여를 위한 효과적인 학습내용 및 활동 전개를 위한 요소들은 크게 부각되지 않은 단점을 가지고 있다.

〈표 6-2〉 Lee와 Owens 설계 모델의 단계별 구체적 내용

항 목	세부 항목	구체적인 내용
분석 (analyze)	요구분석 (needs analysis)	교육을 통하여 이루고자 하는 목표점 확인 및 현재 수준과의 차이점 추출
	초기 전체 분석 (front-end analysis)	• 설계 단계에 가기 전 교육결과와 관련된 모든 데이터를 미리 분석해 봄으로써 인터넷 교육개발과 시간을 절약하고자 함 • 분석내용 : 학습자, 테크놀로지, 업무 및 과제, 학습내용(지식, 기술 등) 조직 및 환경적 조건, 학습전달 매체, 현존 학습자료, 비용(ROI : 투자수익률)분석
설계 (design)	스케줄(schedule)	인터넷 교육과정 개발에 관한 전반적인 시간 계획
	프로젝트팀 (project team)	개발 과정에 참여하는 모든 인력의 역할 및 책임영역
	매체의 특성 (media specifications)	인터넷으로 전달되는 학습내용의 표현방법에 관한 인터페이스 디자인(여백, 화면 분할, 아이콘 배치 등), 텍스트 구성(문법, 글씨체 및 크기), 상호작용 및 피드백, 오디오 및 비디오, 그래픽, 애니매이션 효과 등
	내용구조 (content structure)	학습내용의 그룹핑, 계열화 링크, 네비게이션, 상호작용, 평가방법 등에 관한 사항
	전반적인 검토 (configuration control and review cycles)	개발 직전의 단계로서, 설계된 모든 요소에 대한 전반적인 검토 작업을 통하여 설계상의 오류, 중복, 낭비요소 추출
개발 · 제작 (develop)	사전 제작 (preproduction)	플로차트상의 링크된 화면들을 맵핑, 화면별 개발요소 확인, 멀티미디어 요소들의 통합작업 확인
	제작(production)	멀티미디어 각 요소별 개발, 통합작업, 화면제작
	사후 제작 (postproduction)	기술적인 문제점, 오류, 로딩 속도 등의 시운전 및 수정
운영 (implement)	전달(delivery)	실제 학습운영
평가 (evaluate)	조직적 평가분석 (organizational needs)	투자수익률, 수행능력 향상 등에 관한 평가
	개별적 평가분석 (individual needs)	개인별 승진, 전문능력, 지식 향상에 관한 평가

04 Driscoll 설계 모델

드리스콜(Driscoll, 1998)은 학습환경에 따라 독자적인 컴퓨터 시스템을 갖추고 있는지의 여부, 사용 브라우저에 대한 중앙부서의 결정 등 테크놀로지에 대한 기본적인 테두리가 정해진 다음에 구체적인 내용설계에 들어갈 것을 강조하고 있다.

이 모델은 인터넷 중심 원격교육에 활용될 수 있는 형태를 네 가지로 나누는데, 먼저 Web/Computer-Based Training(웹/컴퓨터 기반 훈련) 유형은 인터넷 혹은 컴퓨터(CD-ROM 포함) 기반학습으로 개별 학습자를 대상으로 가장 보편적으로 수업에 활용하는 기본형태라 할 수 있다.

Web/Electronic Performance Support Systems(W/EPSS)(웹/전자 수행지원 시스템)는 문제해결이나 프로젝트 위주 학습 등에 적합한 적시(just-in-time) 교육에 잘 맞는 형태라 볼 수 있고, Web/Virtual Asynchronous Classroom(W/VAC)(웹/가상 비실시간 수업)는 학습자들 간의 토론, 사례분석 등에 적합한 비실시간 그룹 활동에 적합한 수업 형태이다.

Web/Virtual Synchronous Classroom(W/VSC)(웹/가상 실시간 수업)은 실시간 인터넷 교육형태로 문제해결, 그룹 과제 분석 등의 협동학습에 적합한 형태이다.

교육의 테크놀로지 형태가 결정된 다음에는 수업내용을 교수자와 학습자의 역할로 나누어 교수와 학습의 입장에서 각각 구체적인 내용을 설계하는데, 먼저 교수자는 하이퍼미디어, 상호작용과 같은 인터넷의 다양한 기계적인 기능을 교수에 응용할 수 있도록 교수자의 퍼실리

데이터 기능을 설계하도록 한다.

학습자는 교육형태에 맞추어 수업에 적극 참여할 수 있도록 설계하는 것이 중요한데 인터넷의 다양한 기계적인 기능활용은 학습자 입장에서도 필수적이다. 각 단계별 구체적인 내용은 다음과 같다.

〈표 6-3〉 Driscoll 설계 모델의 구체적인 내용

항 목	내 용
학습자 요구분석 (assessing learner needs)	• 인터넷 교육의 필요성, 학습목적, 학습자, 환경분석, 인터넷 교육 개발팀 인력구성
기술적 형태의 선정 (selecting the most appropriate Web-based training method)	• 학습유형의 결정(인지적, 정의적, 태도 영역) • 인터넷 교육의 형태 결정(W/CBT, WEPSS, W/VAC－비실시간 수업, W/VSC－실시간 수업)
설 계 (design lessons)	• 교수자 역할 : 인터넷의 교수적 기능 + 퍼실리데이터의 기능 • 학습자 역할 : 학습관리, 연습훈련, 학습활동 참여, 커뮤니케이션 • 상호작용 : 학습내용 및 활동에 맞는 상호작용 선정
기초 작업 제작 (creating blueprints)	• 학습내용구성 : 교수 - 학습 전략, 네비게이션, 학습자원, 수업관리 • 플로차트 개발 : 네비게이션 맵보다 구체화된 내용 제시 • 스크립트 제작 : 학습구조의 분류, 적절한 매체 선택 • 스토리보드 제작 : 전체 흐름의 시각화, 내용의 계열화
평 가 (evaluating programs)	• 내용 전문가 평가 : 내용의 정확도 • 프로토타입 : 하나의 샘플 단원에 대한 오류 검사 • 알파테스트 : 소수의 학습자 집단을 통한 프로그램 평가 • 베타테스트 : 실제 수업환경에서의 프로그램 평가

05 기업형 교수설계 모델

우리나라에서 기업의 원격교육은 다른 교육기관들 보다 일찍 시작하였는데, 각 기업들이 면대면 수업에서 필요한 교육 프로그램의 설계 모델을 개별적으로 개발하였던 것처럼 인터넷 교육을 위한 교수설계도 각 기업의 특성과 문화에 맞도록 개발하였다.

여기서 대표적인 모델로 삼성과 KT의 원격 교수설계 모델을 알아보기로 한다.

(1) 삼성 N-ISD 모델

이 모델은 네트워크를 중심으로 하는 교육 프로그램 개발을 위하여 인터넷 교육이 확산되기 시작한 초기에 만들어진 모델로서 필요점 분석으로 시작하는 요구분석 단계를 구체화하고 있으며, 내용분석을 별도로 구분하여 학습내용의 전반적인 사항이 추출될 수 있도록 하고 있다.

학습내용에 따르면 학습활동이 포함되는 학습구조가 결정되면 스토리보드 설계로 이어지며 프로토타입의 개발과 파일럿 테스트를 거쳐 실제 운영되고 평가되는 일련의 일반적인 교수설계 과정을 거치게 된다.

하지만 이 모델은 분석단계에 비해 설계단계에서 필요한 제반사항들에 대한 치밀한 설계전략의 삽입이 미약해질 수 있는 우려가 있다. 즉 인터넷 학습에서 발생하는 다양한 요소들을 많이 고려하는데 한계점이 있을 수 있다.

이 모델의 학습활동 단계별 전반적인 내용을 살펴보면 [그림 6-2]와 같다.

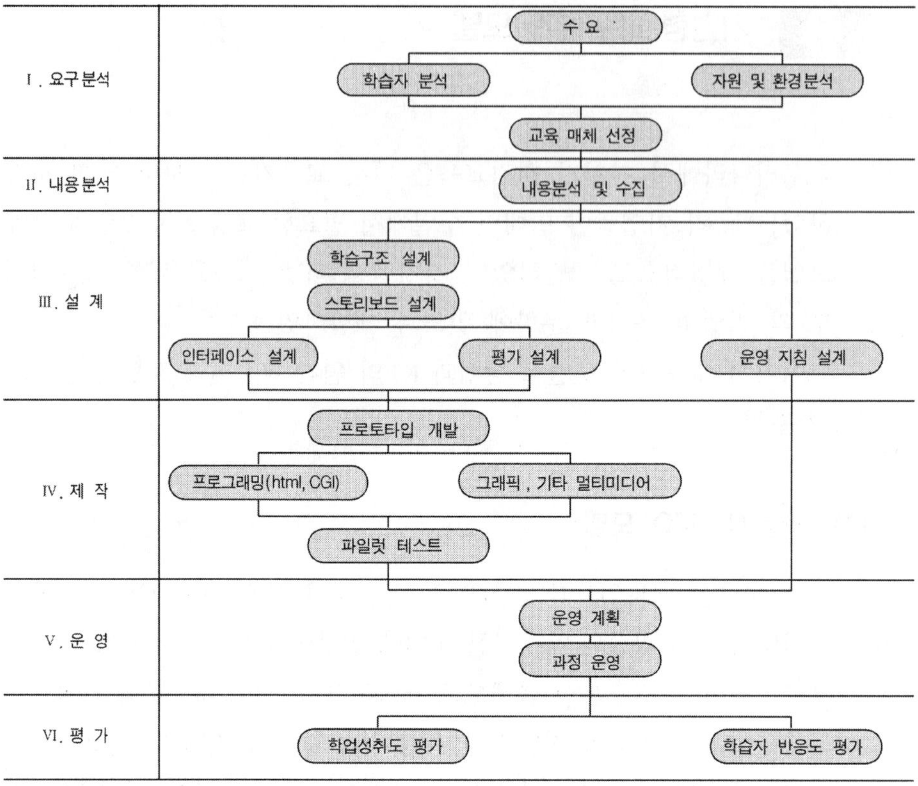

[그림 6-2] N－ISD 모델의 요소

(2) KT－WBISD 모델

다음에 제시되는 설계모델은 국내 K사에서 활용되는 인터넷 교육과정 설계모델이다. 이 모델은 위에서 제시된 N-ISD 모델의 여러 가지 문제점을 보완하기 위하여, 수시로 변화하는 기업교육조직과 조직원을 염두에 두고, 각 설계단계를 문서화하여 다음 단계로 연결시키도록 함으로써 하나의 교육과정이 제작되는 과정 중이라도 단계별 작업이 연계되며, 다양한 멀티미디어를 활용하게 되는 인터넷 학습의 특성이 강조되도록 하였고, 학습자 중심의 내용전개 및 활동전개에 주안점을 두었다.

또한 운영 및 관리도 전문화하여 학습과정의 각 단계별로 모든 요소를 관리하도록 하였다.

이 모델의 또 다른 특성은 분석단계에서 추출된 내용이 교육내용과 활동설계 및 멀티미디어 매체설계에 적극 반영되도록 설계개요서를 구성하는 작업을 포함하였으며, 인터넷과 멀티미디어의 특성을 살려 적극적인 학습자 학습활동을 유도할 수 있도록 상호작용 및 학습동기화 전략을 학습내용 및 활동설계와 멀티미디어 매체설계의 경계부분에 배치하였다.

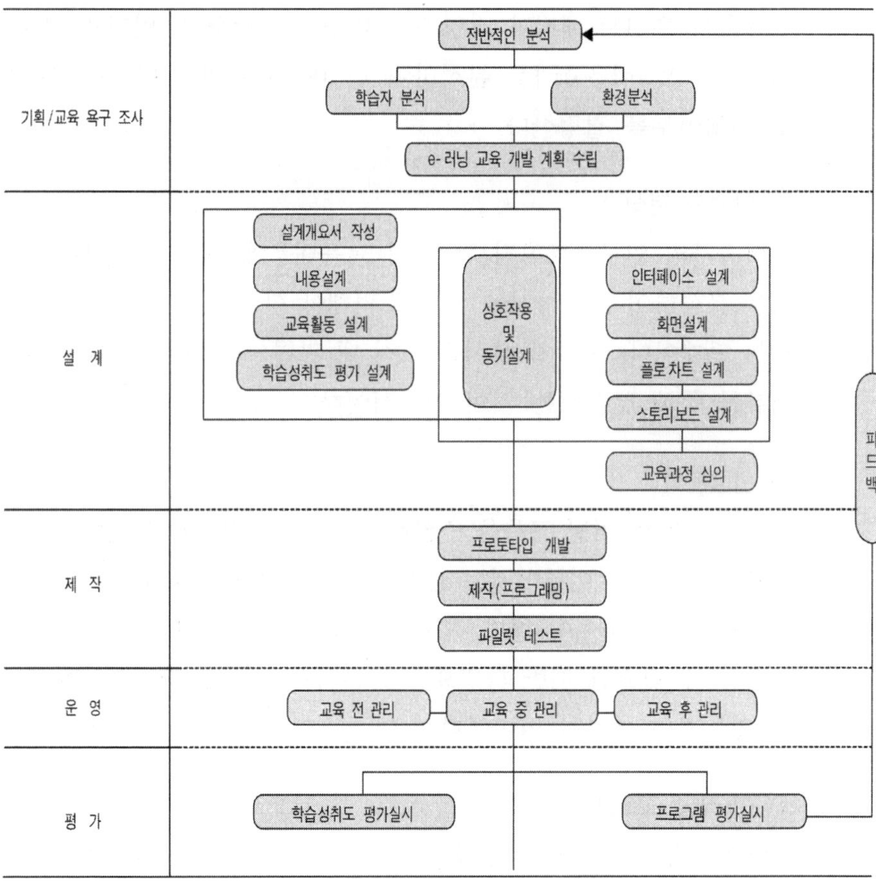

[그림 6-3] 모델의 각 단계의 도식화

이 부분은 학습내용과 학습활동전략뿐 아니라 매체의 기술적인 부분에서도 구체적인 설계가 되어야 뒷부분의 개발단계에서 적극 반영될 수 있기 때문이다.

[그림 6-3]에 제시되는 내용은 모델의 각 단계를 나타낸 것이다.

이 모델은 각 단계별 설계가 끝난 다음 워크시트를 작성하여 다음 단계로의 원활한 작업이행을 유도하고 있다. 이 모델의 단계별 구체적인 내용을 살펴보면 다음과 같다.

① 전반적인 분석

교육이 요청된 배경과 경영층의 요구를 파악하고, 인터넷 교육의 교육효과 및 비용효과를 분석하여 인터넷 교육의 타당성을 검토한 후 진행여부를 결정한다.

② 학습자 분석

학습자의 인구통계학적 특징 및 교육내용에 대한 지식보유와 동기를 분석하여 교육실시에 특히 고려해야 할 사항은 없는가를 결정하는 단계이다. 학습자 분석은 조직 내 관련 서류나 설문지 혹은 인터뷰를 통해 분석하는 것이 일반적이다.

③ 환경분석

학습자가 이-러닝 교육을 원활히 수행할 수 있는지를 알아보기 위해 교수-학습이 이루어지는 환경에서의 인터넷 교육과 관련된 테크놀로지를 분석하여야 한다. 인터넷 교육과정을 원활히 개발하고 운영하는 데 필요한 제반 환경요소를 분석하여 향후 작업진행에 문제가 있는지의 여부를 알아본다.

④ 이-러닝 교육개발 계획 수립

개발계획서는 교육의 방향을 보여주는 청사진과 같은 역할을 한다. 개발계획서에 포함되는 내용은 프로그램 개발을 위한 인력 · 시간, 비용 등 행정적인 내용이 주가 되지만, 교수설계자와 학습자가 참여함으로써 향후 설계 및 개발에 참고할 의견을 미리 수렴한다.

⑤ 설계개요서 작성

요구분석의 결과를 바탕으로 교육과정 설계의 기본 방향과 원칙을 세운다. 이 개요서에는 교육과정의 유형을 결정하여 교육내용에 대한 범위를 결정한 다음 학습활동 영역을 판단하고, 그에 맞는 매체설계의 방향을 세우게 된다.

⑥ 내용설계

목표에 맞추어 교육내용을 설정하고 전체적으로 교육내용 구조를 작성하는 단계이다. 이 단계에서 중요한 것은 교육내용 범위에 맞는 양질의 교육내용 선정과 그에 따르는 체계적이고 계열화하는 작업이다. 인터넷 내용을 설계하는 기본방향은 학습유형이 학습자 위주, 교수자 위주, 단순 정보제시형에 따라 다르게 된다.

⑦ 학습활동 설계

교육내용이 구조화된 후 교수자와 학습자가 실제 수업을 위해 수행할 구체적인 교육활동을 설계해야 한다. 교수자 중심학습, 학습자 중심학습, 정보제시형의 학습유형에 따라 개인학습형, 문제해결식의 그룹 학습형 활동으로 구분된다. 이 단계의 작업은 매체설계, 특히 스토리보드 설계에 직접 관련이 된다.

⑧ 학습성취도 평가설계

학습성취 평가설계는 학습자가 학습목표에 따라 학습한 내용을 점검해보는 단계로써 구체적인 평가의 방법이 언급되어야 한다.

⑨ 상호작용 및 동기설계

인터넷상에서의 상호작용은 학습자 중심 상호작용(학습자 상호간, 학습자 - 교수자, 학습자와 학습내용, 학습자와 인터넷 커뮤니티, 학습자 자신의 모니터링), 교수자 중심 상호작용, 즉 교수자와 교수내용, 교수자와 인터넷 커뮤니티, 교수자 자신의 모니터링, 인지구조중심 상호작용(교수적 테크놀로지와 학습자, 교수구조(Instructional structure)와 학습자) 등으로 나누어진다(Hirumi & Ley, 2000).

독립적인 상호작용 설계의 목적은 최적의 상호작용 환경 제공을 통하여 학습자의 주도적인 참여와 의미있는 학습을 실현 가능하도록 하기 위함이다. 또한 인터넷 학습에서는 학습자와 교수자가 지리적으로 분산되어 있기 때문에 학습동기화가 감소될 수 있으므로 학습내용과 매체설계시 동기를 높일 수 있는 요소들을 적극적으로 고려하여야 한다.

⑩ 인터페이스 설계

멀티미디어 교육의 모든 내용은 컴퓨터 스크린상에 표현되어야 하기 때문에 이 단계에서는 교수-학습에 관련된 화면구성의 테크놀로지 설계 전체 요소에 대한 구체적인 전략을 수립하게 된다. 인터넷 학습을 위한 매체설계시는 각각의 다양한 인터페이스 요소들을 통합하여 전체의 조화를 가져오도록 구성하여야 한다.

⑪ 화면설계

인터넷 교육 프로그램은 초기화면, 오리엔테이션 화면, 내용화면, 정리화면, 평가화면 등 다양한 화면으로 구성되기 때문에 각각의 화면에서 중요한 요소들과 설계지침을 수립하는 것이 필요하다.

⑫ 플로차트 설계

플로차트 설계는 교육내용의 흐름에 따라 인터넷 화면에 필요한 설계요소를 고려해봄으로써 서로의 링크 관계를 확인하는 단계이다.

⑬ 스토리보드 설계

스토리보드는 설계된 학습내용을 화면 안에 효과적으로 표현하는 방법으로 일정한 양식 안에 학습할 내용 및 활동보조 기능, 멀티미디어 요소, 구성파일, 파일 프로그래밍 등을 기록하게 된다. 스토리보드는 개발단계에서 설계의 내용이 직접적으로 전달되는 작업지침서와 같기 때문에 구체적이고 세심하게 구성되어야 한다. 특히, 멀티미디어 부분에 대해서는 프로그래밍을 하는 개발인력들과 원활한 커뮤니케이션이 필수적이다. 스토리보드도 학습유형에 따라 달라질 수 있다.

⑭ 이-러닝 교육과정 심의

교육과정 심의는 스토리보드까지의 설계, 제작이 끝난 후 내용설계자, 매체설계자, 제작자, 학습자 대표가 모여서 최종 아웃풋으로 나올 산출물에 대한 논의를 하는 단계이다. 이 단계에서는 설계시 고려된 요소들이 개발물에 100% 반영될 수 있는지를 집중적으로 분석하며 필요시 수정작업도 거치게 된다.

⑮ 프로토타입 개발

이는 전체 교육 프로그램을 한꺼번에 개발하기보다는 일부를 먼저 개발하여 사용해 봄으로써 문제점 등을 찾아내 수정하도록 하는 효율적인 개발방법이다. 교육 프로그램 개발시 매번 프로토타입을 개발하기 보다는 새로운 교육과정의 유형, 새로운 e-러닝 교육 프로그램 개발시 적용하는 것이 효과적이다.

⑯ 파일럿 테스트

교육 프로그램 제작이 끝난 후 실제 교육 운영시 일어날 수 있는 여러 가지 오류를 찾아내고 수정하는 단계가 파일럿 테스트 과정이다. 이 단계를 통해 학습자들은 실제 학습환경과 동일한 상태에서 교수-학습을 진행하게 되며 교육이 정식으로 시작되기 전 발견된 문제점들을 수정보완하게 된다. 필요시 알파·베타 테스트를 모두 실시하거나 선별해서 실시할 수 있다.

⑰ 운영관리

이-러닝 교육의 특성상 교육 프로그램의 운영과 관리는 교육 전, 교육 중, 교육 후로 나누어 체계적인 실시가 요구된다. 교수자와 학습자가 분리된 상태에서 효과적인 교육결과를 가져올 수 있는 노하우가 운영 및 관리 측면에서 많이 발생하기 때문이다. 교육운영은 교육을 원활하게 움직이도록 하면서 최소한의 문제점 발생과 교육에 참여하는 모든 사람들이 만족감을 갖도록 하여야 교육이 효과적이다.

⑱ 평가실시

평가실시는 교육과정 설계의 마지막 단계로 학습결과에 대한 평가를 통하여 교육수료 여부를 결정하고 교육과정의 전반적인 반응 여부를 측정하여 향후 교육과정의 질을 향상시키고자 하는 것이다.

이상에서 살펴본 것처럼 원격교육에서의 교수설계는 다양한 모델을 가질 수 있는데 이는 교육대상자와 교육환경, 교육 프로그램에 따라 설계해야 하는 내용과 방법이 다르기 때문이다. 테크놀로지의 발전에 따라 원격교육의 교수설계도 지속적으로 변화하게 된다.

요약 및 정리

원격교육에서 교수설계는 기존의 교실수업보다 훨씬 다양한 교수-학습 과정의 요소들을 고려하여야 하며, 이는 학습자의 학습활동과 학습결과와 직접적인 관련을 갖게 된다. 원격교육 프로그램의 특성에 따라서 다양한 설계모형을 활용할 수 있으며, 학교교육 프로그램과 기업교육 프로그램의 모형이 달라질 수 있다.

원격교육에서 효과적인 교수설계가 되기 위해서는 설계에 참여하는 모든 인력들이 협동하는 팀워크를 발휘하여야 한다. 팀워크를 통하여 설계에서 고려된 요소들이 원격교육 프로그램이 학습자에게 전달되고 평가를 거쳐 완료되는 시점까지 적극 활용되도록 해야 한다.

탐구문제

1. 원격교육의 교수설계를 크게 5가지 단계로 나누고, 각각 고려해야 할 사항을 나열하시오.
2. 원격교육의 교수설계가 교실수업의 교수설계보다 복잡해지는 이유를 설명하시오.

제7장

원격교육과 매체

● 학습목표

1. 원격교육과 매체의 관계성을 설명할 수 있다.
2. 매체가 발전함에 따라 원격교육의 방법이 발전하는 이유를 설명할 수 있다.

* 핵심용어

- **교수 - 학습 매체** : 교육목표를 효과적이고 효율적으로 달성할 수 있도록 하기 위해 교수자와 학습자, 학습자와 학습자 사이에 내용전달이나 의사소통을 도와주는 다양한 형태의 매개체를 의미
- **인쇄매체** : 인쇄가 가능한 종이로 된 매체
- **방송매체** : 라디오 · 텔레비전 등 전파를 통해 내용이 전달되는 매체
- **인터넷** : 네트워크를 통해 정보 공유, 편집, 제작과 대화가 가능한 테크놀로지
- **ASSURE 모델** : 수업시 매체활용의 효과성을 높이기 위하여 학습자 분석, 목표 진술, 매체선정 · 활용, 학습자의 참여 유도, 평가의 단계를 거쳐 매체활용에 대한 계획을 미리 설계하는 방법

원격교육에서 매체의 활용은 빼놓을 수 없는 필수요소이다. 원격교육이 통신교육에서부터 발달하여 인터넷 활용이 확산된 현재에 이르기까지 원격교육은 항상 매체의 발전과 함께 수업의 형태가 변해오고 있다.

초기의 원격교육은 인쇄매체를 중심으로 한 통신교육의 형태를 가졌으며, 그 후 라디오 · TV · 컴퓨터 · 인터넷에 이르기까지 테크놀로지의 발전에 따라 다양한 매체를 사용하게 되었다.

앞으로 새로운 매체가 개발되어 널리 확산되게 되면 원격교육의 매체활용은 또다른 모양을 가지게 될 것이다.

원격교육에서 활용되는 각 매체의 특성과 수업적용을 위해서는 먼저 수업현장에서 매체가 어떤 역할을 하는지 알아 볼 필요가 있다.

01 교육과 매체

(1) 매 체

매체는 의사소통에 있어서 송신자(sender)와 수신자(receiver) 사이를 연결하는 매개체 혹은 전달체를 의미하는데, 예를 들어 전화 · TV · 인쇄물 · 컴퓨터 등이 이에 속한다. 이러한 일반적인 매체들이 수업내용을 전달하고자 할 때 사용하는 경우 이는 교수매체가 된다.

(2) 교수 - 학습 매체

교수매체란 교육목표를 효과적이고 효율적으로 달성할 수 있도록 하기 위해 교수자와 학습자, 학습자와 학습자 사이에 내용전달이나 의사소통을 도와주는 다양한 형태의 매개체를 의미한다.

다시 말해 전화 · 팩스 · 컴퓨터 · 인터넷 · TV 등 매체가 교수자와 학습자 간에 수업을 위해 활용되면 이는 교수매체 혹은 학습매체라 할 수 있다.

02 수업매체의 필요성

수업에 활용되는 매체는 먼저 학습자에게 학습내용과 학습활동에 대한 도움을 주기 위한 것이 첫 번째 목적이다. 특히 수업현장에서 많이 쓰이는 언어는 가장 추상적인 형태이므로 수업을 위하여 언어만 제공되었을 때 학습자는 이해에 어려움을 겪을 수 있다.

대부분의 교수매체는 도표나 그림, 실제 사물의 모습이나 움직임·소리 등을 이용하여 실제 모습과 유사한 구체적인 경험을 제공하므로 학습자의 이해를 도와줄 수 있다. 수업매체가 학습자에게 제공하는 구체적인 내용을 살펴보면 다음과 같다.

(1) 구체적인 경험의 제공

수업매체는 학습내용을 이해하는 데 필요한 구체적인 경험을 제공할 뿐 아니라 학습자가 사전의 경험을 통합하는 데에도 도움을 줄 수 있다. 학습자들이 학습개념을 잘 이해하기 위해서는 학습주제와 관련된 다양한 경험들을 통합하여 추상적인 개념을 유의미하게 이해할 수 있어야 한다. 수업매체는 다양한 경험들을 구체적으로 제시해 줌으로써 학습자들이 새롭게 학습하는 내용에 대한 선수지식과의 통합과 빠른 이해를 돕게 된다.

(2) 주의 획득과 동기유발

수업매체는 학습자의 주의를 끄는 특성이 있다. 이는 학습자들의 시각과 청각을 자극하는 매체들이 학습자들이 귀와 눈을 학습활동에 적극적으로 활용함으로써 학습의 효과를 높일 수 있기 때문이다.

일반적으로 사람들은 시각과 청각을 통해 가장 많은 외부자극을 받아들이는데, 시각과 청각을 각각 사용할 때 보다 TV와 인터넷 같이 시각, 청각을 복합적으로 사용할 때 훨씬 자극이 오래간다고 한다. 따라서 시청각을 포함하는 수업매체를 이용할 때 학습자들이 더 학습활동에 주의집중하게 되고 학습효과도 높아진다.

03 매체의 종류

원격교육에서 가장 많이 활용되는 교수-학습 매체로는 교재와 참고도서와 같은 인쇄매체, 라디오나 텔레비전과 같은 방송매체, 컴퓨터, 인터넷 등이 있다. 원격교육은 기본적으로 이들 매체를 활용하여 수업을 진행하게 되며, 각 매체의 특성과 장·단점에 따라 교수자와 학습자의 학습활동은 달라지게 된다. 가장 많이 활용되는 매체의 특성을 살펴보기로 하자.

(1) 인쇄매체

인쇄매체는 가장 경제적으로 사용할 수 있는 교수-학습 매체이다. 초기 원격교육에서 널리 활용되어 온 인쇄자료는 인터넷이 보급되고 확산된 지금도 가장 많이 사용되는 매체라 할 수 있다. 성인 학습자들의 경우 인쇄된 학습자료로 학습하기를 선호하며, 자격증시험을 준비하는 원격 학습자들은 인쇄매체를 선호하기도 한다. 인터넷으로 수업을 하는 학습자들도 화면의 내용을 인쇄하여 복습하고자 하는 요구가 많다.

원격수업에서 인쇄매체를 가장 손쉽게 활용하게 되는 몇 가지 특성에는 다음과 같은 것들이 있다.

- 시간과 장소에 구애받지 않고 간편하게 사용할 수 있다.
- 설계와 제작이 간단하므로 비용이 적게 든다.
- 학습자가 사용하기 간편하며 상황에 따라 재사용이 가능하다.
- 필요시 수정과 편집이 용이하다.
- 제작기간이 짧고 내용 업데이트가 간편하다.

하지만 인쇄매체는 다음과 같은 단점들이 있기 때문에 원격교육에 이를 활용시 보완책을 고려해야 할 것이다.

- 학습내용이 시각에만 의존하기 때문에 집중도가 떨어질 수 있다.
- 읽기 능력이 부족하면 이해하기 어렵다.
- 능동적인 학습활동보다 수동적인 지식습득에 적합하다.
- 지면상으로 내용을 표현해야 하므로 한계가 있다.

이를 위해 원격교육용 인쇄매체를 집필 또는 제작시 다음과 같은 사항들이 권장된다(정인성 1999, 임철일, 2003).

- 학습자의 입장과 수준에서 내용을 명료하게 서술한다.
- 문장은 짧고 명확하게 구성한다.
- 내용에 맞는 도표와 그림 등 내용이해가 빠른 시각자료를 활용한다.
- 적절한 여백을 둠으로써 학습자에게 인쇄매체의 지루한 느낌을 최소화한다.
- 인쇄매체를 활용할 교수-학습 전략을 구체적으로 계획한다.

(2) 방송매체

라디오와 텔레비전의 방송매체는 공중파를 통해 전달되므로 어디서든지 누구든지 손쉽게 접근할 수 있는 대중매체로서 원격교육에서 가장 널리 사용되는 매체라 할 수 있다. 특히 텔레비전은 최근에도 전세계적으로 가장 활발하게 활용되는 원격교육매체라 할 수 있는데, 우리나라의 EBS, 미국의 PBS, 영국의 BBC 등의 교육방송이 대표적인 것이다.

라디오와 텔레비전은 컴퓨터와 인터넷이 확산되기 이전인 1960~1990년대까지 활발히 사용되어온 원격교육 매체이나, 인터넷이 보편화된 지금은 그다지 많이 활용되지 않는 편이며 최근 들어서는 케이블 위성 방송, 디지털 방송, 인터넷 방송 등이 오히려 원격교육에 많이 활용되고 있는 실정이다.

어떤 형태의 방송매체이든 원격교육에서 이를 활발하게 사용하는 이유로는 다음과 같은 특성이 있기 때문이다.

- **대량성** : 같은 정보를 많은 사람들에게 전달한다.
- **즉시성** : 내용의 전달속도가 빠르다.
- **동시성** : 공간을 초월하여 많은 사람들에게 동시에 정보를 전달한다.
- **비문자성** : 문자를 읽지 않아도 소리로 내용을 파악할 수 있다.
- **공공성** : 수신자의 범위를 지정하거나 규정하지 않는다.
- **일방향성** : 시청자에게 방송내용이 일방적으로 전달된다.

방송매체의 장점은 이미 살펴본 것처럼 대중성, 공공성, 비용절감 등이 있는데, 교수-학습과 관련해서 다음과 같은 장점이 있다.

- 학습자에게 지역과 환경에 관계없이 접속성이 좋다.
- 읽기능력에 관계없이 학습내용의 시청이 가능하다.

- 직접경험이 어려운 상황에 대한 간접경험을 제공한다.
- 인쇄매체보다 다양한 시청각감각을 사용하기 때문에 학습과정에 집중하게 할 수 있다.

하지만 방송매체는 다음과 같은 단점도 있다.

- 텔레비전의 경우 제작비용이 많이 든다.
- 전문기술 및 전문인력이 필요하다.
- 일방향성으로 학습자의 상호작용 활동에 제한점이 많다.
- 필요시 수정과 편집이 어렵다.

방송매체를 교수-학습 자료로 개발할 때에는 다음과 같은 유의사항을 반드시 고려해야 한다.

- 학습내용을 잘 이해할 수 있도록 메시지 전달 전략을 세심하게 설계한다.
- 학습자가 간접경험이 가능하도록 내용을 구성한다.
- 학습자가 학습활동에 직접 참여 가능하도록 구성한다.
- 일방향성의 한계점이 극복될 수 있도록 학습전략을 설계한다.

(3) 컴퓨터와 인터넷

원격교육에서 컴퓨터와 인터넷은 원격교육 초기의 인쇄매체, 방송매체에 이어 2000년 이후 사회전반에 걸친 정보화에 힘입어 원격수업에서도 가장 활발하게 사용되는 매체라고 할 수 있다.

과거 텔레비전의 100% 보급률이 30년 정도 걸렸던 것에 비해 컴퓨터는 약 3~5년 만에 보급률 100%에 달할 정도로 급속하게 확산이 되었고, 우리나라의 인터넷 보급률은 OECD국가 중에서도 1위를 달리고 있다.

이를 반영하여 최근에는 인터넷을 기본으로 활용하는 인터넷 수업이 원격교육과 거의 동일한 개념으로 활용되고 있으며, 유아에서 노인에 이르기까지 평생교육 차원에서 인터넷 중심 원격교육이 점점 확대되고 있는 실정이다.

1) 교육매체로서의 컴퓨터와 인터넷

컴퓨터는 사회전반에 걸쳐 상당히 다양하게 활용되고 있는 가장 유용한 매체 중의 하나이다. 컴퓨터가 가지고 있는 정보의 대용량, 편집 가능성, 멀티미디어 기능, 양방향 커뮤니케이션 등의 기본적인 특성은 교육에 적극적으로 활용되기 충분한 요소들이다.

특히 전세계 어디나 연결이 가능하고 어느 곳의 정보든지 수집과 편집이 가능한 인터넷의 확산은 원격교육에 시사하는 바가 더욱 크다고 할 수 있다.

이처럼 컴퓨터와 인터넷이 원격교육에 활용되는 요구를 크게 두 가지로 나누어보면 다음과 같다.

① 시대적인 요구

우리는 그 동안 오랜 기간 산업사회를 거쳐, 아주 짧은 시간 안에 정보화사회로 변화해왔다. 정보화사회는 사회전반에 걸쳐 정보화 기능이 기본이 되는 사회로서, 사회 모든 기관이 날마다 폭증하는 정보를 처리하고 수집, 활용할 수 있는 인적 자원을 요구하게 된다.

결국 사회 전반이 컴퓨터와 통신망에 의해 움직이게 되며 정보가 대량으로 생산, 유통되는 특성을 가지고 있다. 이런 의미에서 교육이 예외가 될 수 없으며, 특히 시간과 공간활용이 자유로운 인터넷의 활용은 교육에 획기적인 변화를 가져오고 있다.

또한 사회전반에 컴퓨터와 통신망에 의해 움직이기 때문에 어린 학생들은 이미 학교에서부터 컴퓨터를 자유자재로 활용하여 학습하는 방법에 익숙해지고 있다. 결국 문명의 이기인 컴퓨터와 인터넷의 교육적인 활용은 필수적인 요소가 되었다.

② 실제적인 요구

컴퓨터와 인터넷은 정보화 사회의 변화에 대응하기 위한 도구일 뿐만 아니라 교육의 질을 향상하는 데도 도움을 줄 수 있는 소프트웨어이기도 하다. 이미 초등·중등학교에서의 컴퓨터와 인터넷 활용은 단지 테크놀로지가 발전하고 사회가 요구하기 때문에 사용해야하는 소극적인 생각에서 벗어나 이들 테크놀로지가 교사와 학생, 학부모들에게 많은 도움을 줄 수 있는 교수-학습적인 측면으로 발전하고 있다.

기존에는 생각할 수 없었던 인터넷 유아교육, 사이버 가정학습체제, 인터넷 대학수학능력 준비 등은 컴퓨터와 인터넷이 상용화되었기 때문에 가능한 일이다. 이러한 현상은 향후 점차 가속화될 것이다.

2) 컴퓨터와 인터넷 기반 원격교육의 특징

컴퓨터와 인터넷을 활용하는 원격교육은 크게 컴퓨터 기반 수업과 인터넷 활용 수업으로 나누어 볼 수 있다. 컴퓨터 기반 수업은 개인용 PC를 중심으로 인터넷과 같은 네크워크 활용이 아닌 개인적으로 독립된 수업을 하게 된다. 유아용 동화일기, 숫자 및 글자학습, 초등학생용 수학, 과학 등의 학습 프로그램이 여기에 속한다.

반면 인터넷 활용 원격교육은 네크워크가 가능한 인터넷을 매개체로 하여 학습자가 수업에 필요한 모든 내용과 활동을 인터넷상에서 네트워크를 이용해 진행하게 된다.

개인 학습자용 컴퓨터 기반 수업이나 인터넷 활용학습 모두 학습자들은 컴퓨터를 통해 대용량의 정보를 제공받고 자료를 편집·수정·제작할 수 있으며, 학습자의 학습속도를 조절하여 수업을 진행할 수 있다. 하지만 이를 위해서는 일단 학습자가 컴퓨터의 기본 기능을 사용할 수 있어야 하며, 인터넷 활용학습이 가능하기 위해서는 컴퓨터와 적정 속도의 인터넷망이 연결되어야 한다.

컴퓨터와 인터넷이 원격교육에 적극 활용되는 이유는 다음과 같은 특성이 학습자들에게 긍정적인 학습결과를 제공할 수 있기 때문이다.

① 개별화

개별화란 학습자의 능력 수준에 알맞은 학습경험을 제공하는 것을 말한다. 모든 학습자에게 똑같은 방식으로 내용을 제시하는 것이 아니라 학습자의 능력을 프로그램이 감지해서 이에 적합한 제시방식을 선정하여 학습내용을 제공하는 것이다.

② 상호작용의 촉진

컴퓨터와 인터넷을 활용하는 원격교육에서 상호작용을 컴퓨터와 학습자간에 정보를 능동적으로 주고받을 수 있다. 상호작용을 위해 컴퓨터는 정보를 제시하고, 학습자는 이에 반응하며 컴퓨터가 학습자의 반응을 판단하고 적절한 정보를 제시한다.

③ 동기유발

컴퓨터와 인터넷은 학습자들에 여러 가지 방법으로 학습동기를 유발할 수 있고 이는 학습결과에 좋은 영향을 미칠 수 있다.

- 다양한 멀티미디어를 통한 자극은 다른 정적인 매체보다는 학습자의 학습의욕을 높여줄 가능성이 높다.
- 교수자 위주의 강의식 수업보다는 학습자들이 활발하게 흥미를가지고 학습을 진행할 수 있다.
- 테크놀로지와 교수자가 제공하는 상호작용이 학습자의 능동적인 반응을 유도함으로써 학습자들의 학습동기를 증가시킬 수 있다.

④ 피드백 제공

컴퓨터와 인터넷은 기존의 다른 원격수업 매체에서는 불가능하거나 어려운 즉각적인 피드백을 제공할 수 있다. 교실수업보다는 학습자들에게 실수에 대한 두려움을 감소시켜줄 수 있고, 다양한 형태의 피드백도 제공할 수 있다.

⑤ 비용 효과성

원격교육용 소프트웨어 개발에 많은 시간과 비용이 들긴 하지만 한 번 개발된 프로그램은 어느 정도 계속 반복해서 사용하고 편집이 가능하기 때문에 대규모의 수업에 유리하다. 다시 말해 비용효과성이 상당히 좋은 편이며, 이는 기업교육에서 인터넷 중심 교육과 연수가 급속도로 확산되는 첫번째 이유이기도 하다.

3) 수업유형

원격 교수 - 학습 현장에서 많이 활용되는 컴퓨터와 인터넷 학습의 유형에는 다음과 같은 것들이 있다.

① 자기주도식 학습유형

이것은 학습자가 컴퓨터 화면에 제시된 지식과 정보를 스스로 학습하고 학습자가 학습내용을 잘 이해했는지 확인하기 위해 일정 분량의 학습 뒤에 퀴즈 문제들을 제공하여 반응을 보고 피드백을 주는 형태로서 현재 인터넷 기반 원격학습에서 가장 많이 활용되는 수업형태이다. 이 형태는 혼자서 학습을 진행하고 자신의 학습 속도를 조절할 수 있는 일정 연령대 이상의 학습자에게 가능한 학습형태이다.

[그림 7-1] 화면은 에듀넷(www.edunet4u.net)의 초등학생을 위한 국어과목의 사례화면이다. 학생들은 웹사이트에서 자신이 학습하고 싶은 주제를 선택해 자기주도식으로 학습을 진행하게 된다.

[그림 7-1] 초등학생을 위한 국어과목의 사례화면

자기주도 학습형태의 인터넷 기반 원격학습은 기업연수에서 적극적으로 활용되는데, [그림 7-2]는 이러한 코스의 한 사례이다. 직장에서 업무와 학습을 병행해야 하는 직장인들의 경우 자기주도식 개별 학습은 평생학습차원에서도 중요한 개념이다.

[그림 7-2] 인터넷 기반 원격학습의 예

② 정보제시형

정보제시형은 컴퓨터와 인터넷의 특성을 살려 많고 다양한 정보와 최신의 정보를 제공해주는데 일차적인 목적이 있다. 학습자들은 자신에게 필요한 정보를 선별하여 학습할 수 있으며, 정해진 분량을 마치고 퀴즈를 푸는 등의 학습활동에 대한 부담감 없이 자연스런 정보습득이 가능한 형태이다.

[그림 7-3]은 초등학생들을 위한 전자교과서의 내용으로 학생들이 자유롭게 단원을 선택하여 내용을 학습할 수 있다.

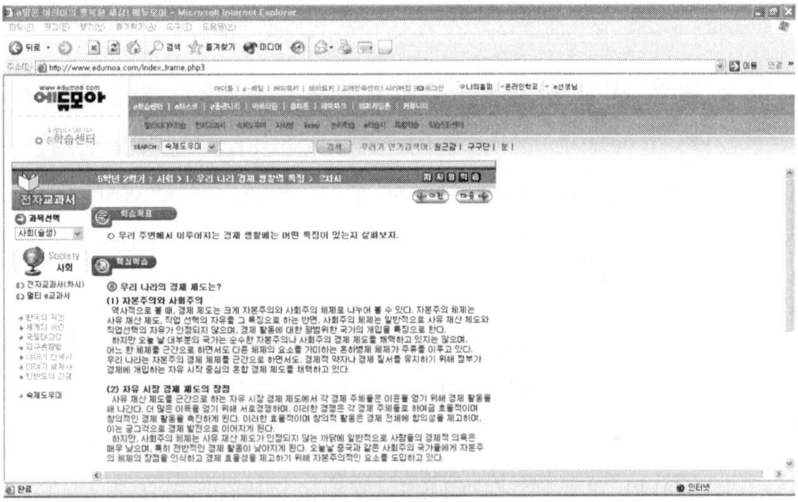

[그림 7-3] 초등학생들을 위한 전자교과서

4) 효과적인 활용방안

컴퓨터와 인터넷 중심 원격학습의 효과적인 활용을 위해 몇 가지 주의할 점을 살펴보면 다음과 같다.

- 다양하고 풍부한 자료의 데이터베이스 접근이 가능해야 한다.
- 학습자에게 최신의 자료가 업데이트되어야 한다.
- 학습자가 자신의 목적에 맞는 정보에 접근하고 정보를 공유하

고 의견을 교환할 수 있어야 한다.

- 학습자가 자신의 의견을 교환할 수 있는 다양한 메신저 · 토론방 · 질의 · 응답 등 기능이 있어야 한다.

04 ASSURE 매체활용 모델

교수 - 학습 현장에서 수업매체를 효과적으로 활용하기 위해서는 몇 가지 고려해야 할 요소들이 있다. ASSURE 모델이라 불리는 이 요소들은 Analyze learners (학습자 분석), State Objectives(목표진술), Select Media and Materials(매체와 자료선정), Utilize Media and Materials(매체와 자료활용), Require Learner participation(학습자의 참여유도), Evaluate and revise materials(평가와 수정)를 의미한다.

이 모델은 강의식 수업과 원격수업 모두에서 매체활용에 적용될 수 있지만 특히 원격교육에서는 수업이 진행되기 전 이들 요소를 충분히 고려하여 교수 - 학습 내용과 활동을 설계할 필요가 있다.

원격교육은 교수자와 학습자가 분리된 상태에서 수업이 진행되기 때문에 사전에 모든 활동이 미리 계획되고 구체화되지 않으면 수업 중간에 수정과 변경이 어려워 결국 학습결과에 치명적인 손상이 생길 수 있다. 이들 각 요소들의 구체적인 내용과 활용방법을 살펴보면 다음과 같다.

(1) 학습자 분석

매체를 사용하기 전에 학습자들의 일반적인 특성 · 사전지식 · 능력 · 연령 · 태도 · 학습유형 등을 분석해야 한다. 이는 수업목표의 효과적인 달성을 위해 우선적으로 필요한 사항이며 수업에 활용되는 매체도 학습자들이 적극적으로 활용할 것인지를 분석해야 한다.

예를 들어 컴퓨터 사용능력이 부족한 학습자들을 대상으로 인터넷상에서 토론을 진행하는 방법은 자칫 학습진행에 무리를 줄 수도 있다. 보편적으로 무난한 방법으로는 중간수준의 학습자들에게 적절한 수업매체를 선정하여 활용되는 것이 권장된다.

(2) 학습목표 진술

학습자들에게 수업목표가 무엇인지를 알도록 하는 것은 교수자에게 가장 중요한 역할 중의 하나이며, 학습자들이 이를 잘 알고 있는가 아닌가에 따라 학습의 결과는 상당한 차이를 가져오게 된다.

수업을 위한 목표는 구체적으로 진술해야 하며, 수업을 받은 후에 학습자가 구체적으로 무엇을 할 수 있는지에 대해서도 진술되어야 한다. 이는 학습자들에게서 구체적인 행동변화를 유도하기 위하여 중요한 사항이다.

또한 학습자가 목표한 행동을 나타낼 조건과 목표가 달성되었다고 인정할 수 있는 기준이 제시되어야 한다. 예를 들어 "인터넷을 통해 수학의 2차 방정식을 이해한다"라는 수업목표보다는 "인터넷에서 제시하는 10개의 2차 방정식 문제 중 공식을 이용하여 7개 이상을 풀 수 있다"라는 구체적인 목표가 학습자들에게는 더욱 효과적인 학습을 유도할 수 있는 방법이다.

(3) 매체와 자료선정

수업에 활용되는 매체를 제대로 선정하는 일은 생각보다 쉽지 않다. 이는 수업내용과 교수자의 교수-학습 활동목적에 따라서 우리가 슈퍼마켓에서 물건을 고르듯이 다양한 수업매체와 소프트웨어들이 주변에 구비되어 있지 않기 때문이다.

최근 들어 인터넷이 확산되면서 좀더 다양한 수업자료들이 제작되고 있기는 하지만 여전히 학교현장의 교사들은 수업에 직접 활용 가능한 소프트웨어의 필요성을 강조하고 있다. 일반적으로 수업매체를 활용할 때 다음의 세 가지 방식 중에서 선택할 수 있는데, 주어진 시간과 비용에 따라서 달라질 수 있다.

1) 현존하는 자료 그대로 활용

현재 있는 수업자료를 그대로 활용하는 방법으로 비디오, 컴퓨터 소프트웨어, 인터넷의 다양한 학습자료들이 있는 그대로의 활용하는 방법이 예가 될 수 있다.

이 방법은 현존하는 교수-학습 자료를 사용하고자 하는 수업에 그대로 사용해야 하기 때문에 수업목적이 잘 맞는 자료를 선정하는 것이 가장 중요한 사항이다.

2) 자료선정 후 수정

이는 수업목표에 적당히 맞는 학습자료를 선정한 다음 일부 수정과 편집을 통해 수업목표에 딱 들어맞도록 고치는 방법이다. 교수자가 자유자재로 수업자료를 편집할 수 있는 기술이 있어야 하며, 어느 정도의 시간 여유가 있어야 가능하다.

3) 새로운 자료설계 및 개발

교수자가 수업목표에 딱 맞는 수업자료를 직접 설계하여 제작하는 것으로 시간과 비용은 소요되지만 수업목적을 달성하기에는 가장 효과적인 방법이다.

상업적으로 활용할 수 있는 수업자료가 충분치 않은 경우에는 이처럼 직접 제작을 해야 한다. 기업교육에서는 보편적으로 많이 활용되는 방법인데, 불특정 학습자보다는 특정 학습자들의 위해 새롭게 제작해야 하는 경우가 많다.

(4) 매체와 자료활용

수업자료가 선택되면 이를 직접 수업에서 어떻게 활용할 것인지에 대한 구체적인 계획을 세우는 단계이다. 특히 원격교육에서 학습자가 스스로 학습을 진행할 경우 사용되는 다양한 학습자료와 활동에 대해 자세한 지침이 제공되어야 한다.

아무리 잘 설계되고 제작된 수업자료일지라도 학습자들이 적절하게 활용하지 못하면 학습결과에 부정적인 영향을 가져올 수 있다.

(5) 학습자의 참여유도

효과적인 매체활용 수업을 위해서는 학습과정 학습자의 능동적인 참여를 요구해야 한다. 이는 학습자들의 학습동기 유발에 상당히 중요하며 다양한 상호작용 활동을 통하여 강화될 수 있다.

수업진행 중에 학습자들이 궁금한 사항이나 학습활동 등 학습자들에 대한 적절한 피드백이 제공되어야 하고, 이는 다음 단계의 심화학습으로 진행되어야 한다.

(6) 평가와 수정

수업이 끝난 후 교수자와 학습자 모두 수업의 효과와 영향에 대한 평가가 수행되어야 한다. 이는 수업진행의 전반적인 파악을 통해 다음 수업과 학습자들의 다음 단계로의 진행을 위해서 필요한 사항이다.

구체적으로 평가되어야 하는 내용들은 다음과 같다.

- 학습자들이 수업목표를 충족시켰는가?

- 수업 방법과 매체가 목표달성에 도움을 주었는가?
- 모든 학습자들이 수업자료를 적절하게 활용하였는가?
- 결과적으로 수업매체가 효과적이었는가?

평가결과 의도했던 것과 달성한 것 사이에 차이가 있다면 다음 수업을 위해서 필요한 사항들이 수정되어야 한다. 또한 학습자들에게 평가의 내용이 피드백되어 학습자들의 행동과 태도에서 어떤 결과를 가져왔으며, 다음 수업을 위해 무엇이 수정되어야 하는지 공지되어야 한다.

요약 및 정리

원격교육에서 매체의 활용은 필수적인 사항이며, 매체의 발전에 따라 원격수업 매체도 변화된다. 라디오와 텔레비전에 이어 컴퓨터와 인터넷은 최근에 원격교육에서 가장 많이 활용되는 매체이며, 대상은 유아에서 노인에 이르기까지 전체 국민이 학습자 대상이라 할 수 있다. 원격교육에서 매체의 사용은 원격교육의 특성 중의 하나이며, 효과적인 학습결과를 유도하기 위해서는 학습자들이 매체를 적극적으로 활용할 수 있도록 사전에 잘 계획된 수업전략이 필수적이다. 원격교육에서 매체를 효과적으로 사용하기 위해서는 학습자 분석, 학습목표 진술, 학습매체와 자료 선정, 매체와 자료활용, 학습자의 참여유도, 평가와 수정의 단계로 매체에 대한 적절한 활용이 이루어지도록 체계화해야 한다.

탐구문제

1. 원격교육에서 컴퓨터와 인터넷이 활발하게 사용되는 이유를 간단하게 설명하시오.
2. ASSURE 모델을 간단하게 설명하시오.

제8장

원격교육 운영 및 관리

- 학습목표
- 핵심용어

01 원격교육 운영의 필요성 및 구성요소

02 원격교육 운영에서의 인력관리

03 원격수업 운영업무의 효과적인 전략

- 요약 및 정리
- 탐구문제

• 학습목표

1. 원격교육에서 운영과 관리의 중요성을 나열할 수 있다.
2. 원격교육에서 관리되어야 하는 인력들에 대해 설명할 수 있다.
3. 원격교육을 실행하기 전, 진행 중, 진행 후의 운영전략을 설명할 수 있다.

* 핵심용어

- **원격교육운영** : 원격에서의 수업이 원활하게 진행되도록 최소한의 문제점 발생과 수업에 참여하는 모든 사람들이 만족감을 갖도록 하기 위한 업무영역
- **튜터** : 컴퓨터를 비롯한 첨단매체를 통해 형성된 가상공간에서 학습목표를 달성하기 위해 학습자들의 학습의 학습활동과 교수자의 교수활동을 지원하는 지원 시스템
- **교육담당자** : 교육기관에서 교육을 담당하고 있는 인력을 통칭하는 용어로 특히 기업에서는 교육을 운영 · 관리하는 인력을 의미

원격교육은 일반 교실수업에 비해 수업 전 · 중 · 후에 걸쳐 다양한 운영요소가 필요하다. 이는 교수자와 학습자가 분리되어 수업이 진행되는 원격교육의 특성상 반드시 고려해야 하는 중요한 부분이다.

특히 인터넷의 확산으로 원격교육의 많은 부분이 인터넷 기반 학습의 형태를 가지게 되면서 원격교육에서 필요한 운영과 관리에 대한 관심이 점차 높아져가고 있다.

또한 원격교육에서 소홀히 다루어지기 쉬운 부분도 운영과 관리인데, 결과적으로 양질의 원격수업 프로그램 설계와 개발에도 불구하고 운영과 관리가 체계적으로 이루어지지 않고서는 소기의 수업목적 달성이 어려울 수도 있다.

01 원격교육 운영의 필요성 및 구성요소

원격교육은 기획에서부터 설계와 개발, 운영 및 평가에 이르기까지 수업이 실시되기 전에 철저히 계획으로 준비가 되어야 한다. 이는 원격교육이 기획부터 종료되는 시점까지 전체 단계에 운영의 개념이 포함되어야 함을 의미한다.

원격교육에서 운영이란 '원격에서의 수업이 원활하게 진행되도록 최소한의 문제점 발생과 수업에 참여하는 모든 사람들이 만족감을 갖도록 하기 위한 업무와 역할'이라고 말할 수 있다.

원격교육에서 운영 및 관리업무가 필요한 이유는 다음과 같다.

(1) 운영의 필요성

실제 원격수업시 운영의 중요성이 강조되는 이유는 다음과 같은 문제점들이 종종 발생하기 때문이다.

1) 테크놀로지 관련 문제

① 컴퓨터 접속의 문제

학습자들이 콘텐츠를 접속할 때 동영상 및 음성의 접속 속도 및 관련프로그램의 설치 여부에서 발생하는 문제가 학습운영을 어렵게 할 수 있기 때문에 이를 사전에 예방할 필요가 있다.

② 비용의 문제

관련 기계나 서버 등의 문제가 발생시 문제를 해결하는 비용이 상당히 많이 소요될 수 있기 때문에 사전에 발생가능 문제점에 대해 대책을 세워놓은 것이 필요하다.

③ 시스템 안정성 문제

다양한 학습자들이 시간과 공간을 넘어서 언제든지 자유롭게 학습을 할 수 있도록 시스템이 자주 다운되는 문제점이 없이 안정되도록 지속적인 관리가 필요하다.

2) 수업운영 관련 문제

① 원격수업에 대한 인식의 문제

아직까지 원격수업을 가르치게 되는 교수자들 대부분이 예전의 교실중심 수업에 익숙한 수업방법을 기초로 원격수업을 준비하고 진행하게 된다. 하지만 원격수업은 시 · 공간의 제약과 테크놀로지의 활용, 교수자와 학습자의 분리라는 기본 특성을 가지고 수업이 설계되고 운영되어야 하기 때문에 이를 원격수업 관련 인력들에게 주지시키고 이해를 구하는 노력이 필요하다.

② 강의 운영상 문제

원격교육에서 학습자들은 매체를 통해서 학습을 진행해야 하기 때문에 학습자 상호간, 교수자, 운영자와의 상호작용은 매체를 통해서만 가능해진다. 이는 학습자들에게 궁금점에 대한 시간지연, 호기심의 저해, 학습동기 유발을 저해하는 요소가 될 수 있다.

또한 원격 수업을 관리해야 하는 교수자나 운영자의 끊임없는 관리업무로 인해 자칫 원격수업 자체를 거부하는 현상이 생길 수 있으므로 이를 슬기롭게 대처하는 방안이 필요하다.

③ 평가에 대한 부담

원격수업은 교실수업과 달리 평가를 매체를 활용하여 실시하거나 필요시에는 집합을 하여 실시해야 한다. 이는 학습자 · 교수자 · 운영자 모두에게 부담을 주게 된다. 이러한 문제를 해결하기 위하여 인터넷 시스템을 활용하여 주관식 · 객관식 시험을 치를 수 있는 방법이 있는데, 즉 시스템으로 접속시간, 문제은행, 평가결과 통보 등 다양한 방법이 활용되고 있기 때문에 원격수업의 운영시 평가에 대한 실행계획을 철저히 세우는 것이 좋다.

(2) 운영 구성요소

원격교육을 잘 진행하여 학습자들이 좋은 학습결과를 얻는 것은 상당히 중요한 일이다. 이는 원격수업을 위하여 기획 · 설계 · 개발까지는 온갖 신경을 쓴 다음 운영과 관리부분을 소홀히 하여 전체 결과를 망치게 되는 일을 초래할 수도 있기 때문에 양질의 원격교육을 제공하기 위해서는 아주 중요한 부분이라 할 수 있다.

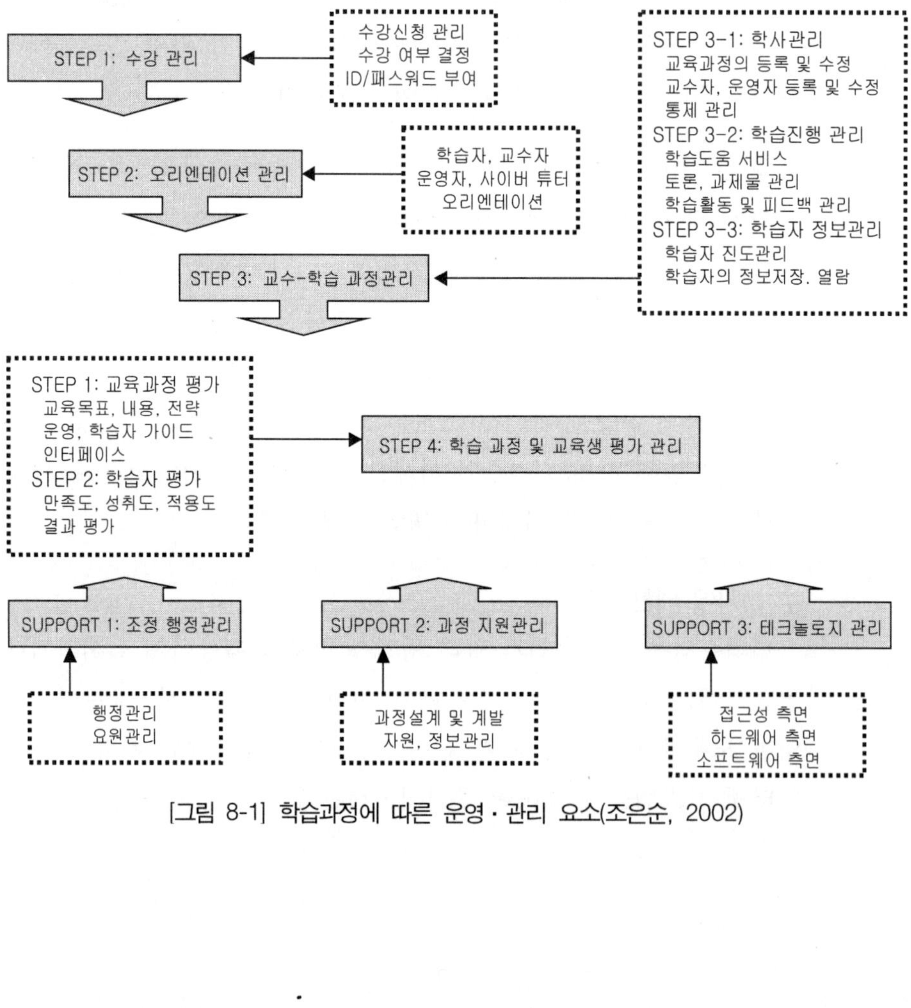

[그림 8-1] 학습과정에 따른 운영 · 관리 요소(조은순, 2002)

[그림 8-1]을 보면 원격수업에서 하나의 과정이나 과목을 잘 운영하고 관리하기 위해서는 필요한 요소들이 얼마나 많은지 대략 파악할 수 있다. 이 요소들은 어느 하나가 부족할 때 전체에 영향을 미칠 수 있다.

02 원격교육 운영에서의 인력관리

원격교육 운영상 관리해야 할 인력에는 교수자, 튜터, 학습자, 원격수업 설계자, 개발자 등 관련업무 담당자들이 있다. 이들은 학습자들이 원격교육에서 소기의 목적을 달성할 수 있도록 각자의 담당업무를 충실히 수행하면 되지만, 원격교육에서 이들의 역할은 오케스트라의 단원들이 각자의 역할을 잘 수행하기 위해 지휘자가 필요한 것처럼 이들이 적절한 활동을 할 수 있도록 관리해주는 역할 또한 필요하다. 원격교육에서 운영과 관리가 필요한 이유가 바로 이것이다.

원격교육에서 필요한 인력관리 중에서 먼저 교수자의 역할과 관리에 대하여 살펴보기로 하자.

(1) 교수자 역할 및 관리

원격교육에서 교수자들이 가장 많이 어려움을 겪는 것 중의 하나는 수업형태가 기존의 교실수업과는 현격한 차이가 있다는 것이다. 현재 원격교육을 담당하고 있는 대부분의 교수자들은 강의식 수업에 더 익숙하기 때문에 이들이 원격수업의 특성과 방법에 대하여 충분히 이해하지 못하면 수업을 성공적으로 이끌기 어렵게 된다. 원격수업을 진행해야 하는 교수자들은 다음 사항들을 꼼꼼히 익혀야 된다.

1) 교수와 학습이 일어나는 과정 운영 시스템에 대한 충분한 이해

원격수업에 참여하는 교수자는 원격수업에서 활용되는 매체의 특성과 수업이 어떻게 진행되는지 충분히 알아두어야 한다. 인터넷 수업의 경우 교수자들이 수업진행을 위해 알아두어야 할 내용을 별도로 정리하여 교수자들에게 연수를 하거나, 수시로 참고할 수 있도록 주지시킬 필요가 있다.

[그림 8-2]는 사이버 대학의 교수자 운영지침 매뉴얼의 내용이다. 여기서는 교수자가 어떻게 수업을 운영해야 하는지 자세한 지침을 제공하고 있다.

[그림 8-2] 서울 디지털 대학의 교수자 운영지침

2) 학사일정, 평가방법, 과제물 처리 등에 대한 제반 사항 숙지

원격수업에서는 학사관리와 학습자 활동관리가 모두 시스템 안에서 이루어지고, 수업일정 · 방법 등이 교실수업에서 시행되던 것과는 형태가 틀리기 때문에 이에 대한 사전 숙지 또한 필수적이다. 이러한 내용들은 원격교육기관, 해당 교육과정, 학습자 수준 및 대상에 따라 다르게 되며, 기관별 별도의 학습활동 지원지침을 마련하는 것이 효과적이다.

다음의 사례는 사이버 대학에서 인터넷 과목을 운영하는 교수자들에게 전달하는 학습활동에 대한 강의 운영지침에 대한 내용이다.

〈사이버대학(www.sdu.ac.kr)의 강의운영에 대한 교수자 운영지침〉

ㅁ 강의 방침 및 평가방법 공개

개강과 더불어 교수님들께서는 교과목 공지사항 등을 통하여 간단한 인사말씀 및 한 학기간 교과목 운영계획과 평가방법에 대한 안내 말씀을 해주실 것을 부탁드립니다. 학생들과의 친분과 신뢰를 쌓는 좋은 방법으로 확인되고 있습니다.

■ 평가 항목에 따른 운영 가이드

- ▸ 출석, 퀴즈, 과제, 평소 점수, 기말시험의 항목으로 평가하며, 해당 교과목 담당 교수자가 수업계획서에 기재한 평가 배점을 원칙으로 합니다.
- ▸ 강의가 개설된 이후의 평가 배점 수정은 불가함을 원칙으로 하며, 부득이하게 수정을 해야 하는 경우에는 반드시 수강학생들에게 사전 공지를 하여야 학생들의 혼란과 이의제기를 막을 수 있습니다.

ㅁ 퀴즈 출제

1) 1학기 최소한 10주차 이상 출제를 원칙으로 하며, 1주차당 퀴즈 문항수는 최소한 5문제 이상으로 하여 1학기 출제되는 퀴즈 문항수는 최소 50문제 이상으로 합니다.
2) 강의가 시작되는 1주차 및 강의가 마감되는 14주차에는 퀴즈를 출제하지 않습니다. 이는 학생들이 개강초에 적응할 수 있도록 하고 기말고사에 대비하도록 한 배려입니다.
3) 퀴즈 출제 전에 반드시 문제 출제에 오류가 있는지 여부를 확인해 주시기 바라며, 해당 주차 오픈 여부를 한 번 더 점검해 주시기 바랍니다.

ㅁ 과제 출제

1) 12주차 이내에 과제를 출제하시고, 제출 최종 마감기일은 12주차 수강 마감일까지로 하셔야 평가에 필요한 시간을 확보하실 수 있습니다.

2) 과제 제출이 되는 중에도 미리 미리 채점을 해놓아야 채점 부담이 덜어지며 제출 마감된 후 신속하게 마무리하셔야 전체 성적을 종합하는 일정에 무리가 없습니다.

□ **평소 점수**

교과목 Q&A, 토론방 등 게시판 활용도, 수업 참여도, 참여 내용의 충실성 등을 종합적으로 평가하되, 강의 초기에 명확하고 객관화된 평가기준을 제시하는 것이 필요합니다. 학생수가 많거나 평가기준이 모호한 경우에는 성적 평가요소에서 제외해도 무방합니다.

□ **기말시험**

1) 기말시험 평가방법은 문제은행식으로 하며, 교과목당 100문제 이상을 출제하여야 합니다.
2) 기말시험 대체로 과제나 실습 등을 출제하실 수도 있으며 이때는 13주차 이내에 출제해주시고 마감기일은 최대 14주차 수강 마감기일까지로 합니다. 다만, 이때는 채점일정이 촉박한 점을 고려하셔서 제출일정 등을 조정하시기 바랍니다.

■ **기타 강의 운영 가이드**

▸ 메일은 학교에서 제공하는 메일(ID@sdu.ac.kr)을 사용합니다. 개인 메일을 사용할 경우 과제물 분실, 문의 답변 분실 등이 발생할 수 있으니 가급적 학교에서 제공하는 메일을 활용해주십시오.

▸ 메일은 학생들의 주된 의사소통 수단 중 하나이며 신속히 회신되어야 학생들의 고충이나 의문점이 해소될 수 있으니 자주 확인해주실 것을 부탁드립니다. 가급적 1일 1회 이상은 확인해보시고 답신이 늦어질 경우라도 일단 확인하였다는 답신만이라도 주시면 학생들이 매우 고맙게 생각합니다.

▸ 과목 Q&A(교수님 궁금해요!)는 여러 학생들이 공유할만한 질문을 공개적으로 하는 곳이며 이곳에서 답신해주신 내용은 수업을 듣는 다른 학생들에게도 큰 도움이 됩니다.

질문이 밀릴 경우 교수님께서 무성의한 것으로 비칠 수도 있으니 자주 확인하셔서 답변해주시기 바랍니다. 미리 답변시간이나 간격을 정해두시면 학생들이 재촉하지 않고 기다리게 됩니다. 학기초에 공지해주시면 교수님 페이스대로 운영하실 수 있습니다.

(2) 학습자 관리

원격교육의 운영에서 핵심적으로 관리하여야 할 대상은 학습자들이다. 기존의 교실수업에 익숙한 학습자들은 원격에서 스스로 학습하는 상황이 익숙하지 않을 뿐더러 질의/응답과 동료학습자들과의 상호작용 등 모든 학습활동이 매체를 통해서만 가능하다는 것에 불편해 할 수 있다.

이를 위해서는 원격수업이 어떻게 진행되고 학습자들이 무엇을 해야 하는지에 대해 자세히 설명할 필요가 있다.

1) 학습진행 및 활동

원격수업에서 학습자들이 가장 곤란을 겪는 사항들은 학습진행과 관련된 것들이다. 특히 컴퓨터와 인터넷을 활용해야 하는 인터넷 수업은 자칫 학습자들에게 자유방임의 시간이 될 수도 있다.

인터넷 속의 많고 흥미진진한 인터넷 정보가 학습에 도움이 되는 반면, 오히려 학습자들에게 불필요한 정보항해를 하게 함으로써 효과적인 학습에 방해가 되기도 한다. 이를 위해 원격 프로그램 안에서 학습자의 접속시간과 접속횟수 등을 통제하기도 하지만 결국 학습자를 직접 눈으로 보면서 통제하는 방법은 없다고 할 수 있다.

이는 결국 원격수업에서 학습자의 학습활동은 시스템적으로 관리하는 데는 한계가 있으므로 학습자 스스로 자율적이고 책임있는 태도를 가지는 것이 더욱 중요하고 이를 사전에 학습자들에게 잘 주지시킬 필요가 있다는 의미이다.

일반적으로 효과적인 수업을 위하여 학습자에게 제공되어야 하는 사항들은 다음과 같다.

- 학습자 개개인의 적극적인 참여를 유도하는 공지사항을 자주 게시한다.
- 학습자들이 학습활동에 적극적으로 참여하도록 자극하고, 정확한 지침을 주어 원활한 학습활동이 이루어지도록 도와주어야 한다.
- 학습자 상호간, 학습자와 교수자, 튜터간에 가능한 한 많은 상호작용이 가능하도록 다양한 활동을 제공한다.
- 학습자의 학습활동에 대한 진도 체크 및 피드백을 제공한다.
- 학습자가 다양한 대화 채널을 사용할 수 있도록 방법을 제시한다.
- 수업종료 후 커뮤니티 활동 등 사후 활동지원을 고려한다.

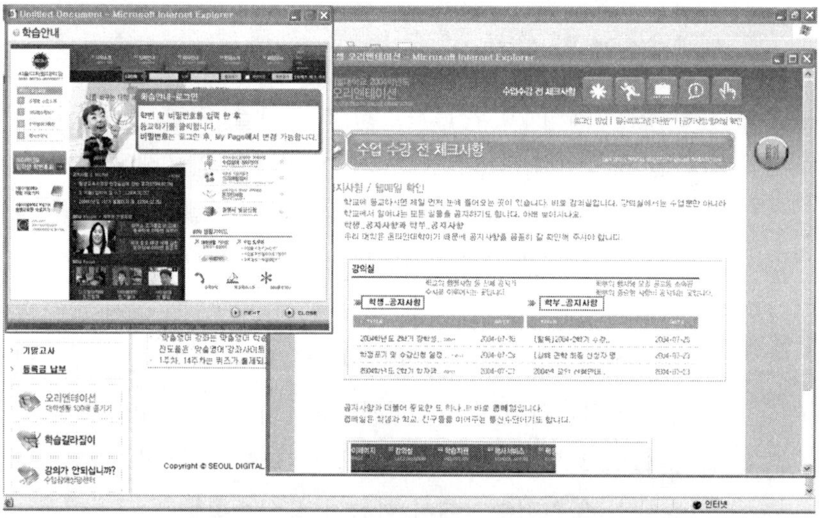

[그림 8-3] 사이버대학의 수강 전 공지사항 화면

2) 매체활용

학습자들이 학습활동을 위해 컴퓨터를 활용하는 것은 원격수업에서 기본사항에 해당하는 일이다. 하지만 원격수업에 대한 경험이 많지 않은 학습자들은 의외로 매체를 활용하는 과정에서 학습활동에 지장을 받을 수 있다. 이에 대한 충분한 지원은 학습자들이 원격에서 적극적으로 수업에 참여하도록 하는 중요한 핵심요소가 된다.

필요시 활용 매뉴얼이나 도우미 기능 등 학습자들에게 실제 도움이 되는 내용이 시스템 안에 제공되어야 한다.

[그림 8-4]는 가상대학의 인터넷 수업에서 학습자들이 수업을 원활히 진행하는 데 필요한 테크놀로지 활용에 대한 내용을 공지한 것이다.

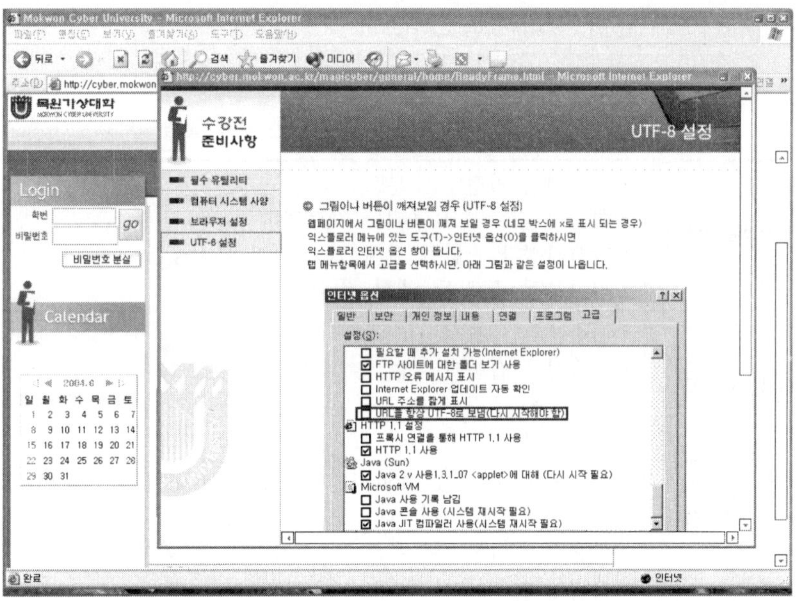

[그림 8-4] 원격수업의 테크놀로지 문제해결 화면

(3) 튜터 관리

원격수업에서 튜터는 최근 들어 원격학습자들의 학습활동에 상당히 중요한 지원인력으로 강조되고 있다. 특히 자기 주도적으로 스스로 학습해야 하는 원격수업의 학습자들에게 학습활동을 지원해주고 어려움을 해결하는데 도움을 주는 튜터는 학습자의 학습동기유발을 향상시켜주고 효과적인 학습결과를 제공할 수 있다.

포터(Porter, 1997)는 튜터의 개념에 대해 '컴퓨터를 비롯한 첨단매체를 통해 형성된 가상공간에서 학습목표를 달성하기 위해 학습자들의 학습의 학습활동과 교수자의 교수활동을 지원하는 지원시스템'이라고 정의한다.

조은순과 양윤선(2004)에 따르면 인터넷교육에서 튜터의 역할을 〈표 8-1〉과 같이 정리하고 있다.

〈표 8-1〉 튜터 역할에 따른 주요 활동

내용전문가	• 지속적인 과정내용 분석 • 학습자 수준별 요구되는 자료제작 • 학습과정과 관련된 사례 및 신규자료 제공 • 평가문제 출제 및 채점, 첨삭지도 제공
촉진자	• 학습분위기 조성 • 학습자 학습동기 부여 • 상호작용 촉진 • 즉시적인 피드백 제공
안내자	• 학습목표 제시 및 효과적인 학습방법 안내 • 평가 등 주요 일정안내 • 학습자의 학습방향 유도 및 과제안내 등 학습방향 제시
관리자	• 학습자 요구분석 • 과정운영시 발생한 문제점 및 학습자료, 요구분석 자료정리 • 과정종료 후 학습자 관리 • 커뮤니티 개설 및 운용

조은순 · 양윤선, 2004

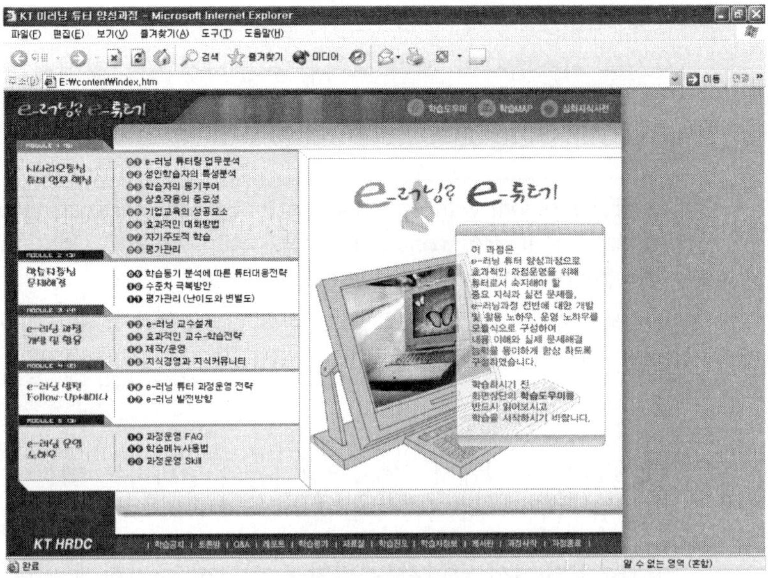

[그림 8-5] 사이버 튜터 양성을 위한 인터넷 수업 사례

기업의 경우 인터넷 원격수업을 위하여 튜터를 많이 활용하고 있으며 이들 튜터를 위한 별도의 교육 프로그램도 운영하고 있다.

[그림 8-5]는 국내기업에서 사이버 튜터를 위한 양성교육 과정의 사례화면이다. 튜터들은 학습자 지원을 위하여 인터넷 수업과 관련된 다양한 내용을 학습하게 된다.

(4) 원격교육 행정 담당자

원격교육에서는 원격수업을 위한 기획과 운영 및 행정을 담당하는 인력이 별도로 필요하다. 특히 최근 들어 인터넷 수업의 비중이 높아지고 있는 대학이나 기업에서는 별도의 담당자들이 학습자들의 수강이나 학사업무, 학습운영, 수업관련 다양한 문제해결 등의 많은 업무를 해결한다.

이들의 업무는 기관에 따라 다르지만 상당히 다양한 업무를 하게 되고, 때로는 이들의 역할이 원격수업결과에 많은 영향을 미치게 된다.

시스코 시스템사의 켈리 교육담당 부사장은 기업에서 인터넷 수업을 운영하게 되는 담당자들에게 다음과 같은 경종을 내리기도 하였다.

> One real problem with e-learning is that traditional training people are in charge of it. No wonder IT DOES NOT WORK! Can you imagine if the post office was in charge of e-mail?
>
> e-러닝에서의 진짜 문제점은 기존의 연수 담당자들이 책임을 지고 있다는 것이다. 만약에 우체국이 이메일 시스템을 책임질 수 있겠는가?

〈표 8-2〉는 기업에서 연수 담당자들의 변화하는 역할에 대한 것을 나타낸 것이다.

인터넷 교육에서 담당자의 역할은 상당히 증가하게 되며, 이는 학습결과와 직접 관련이 있게 된다. 특히 기업에서는 다음과 같은 구체적인 역할을 인터넷 연수를 담당하는 전문인력들에게 기대하고 있다.

〈표 8-2〉 기업연수에서 변화하는 교육담당자의 역할

기존 집합교육	인터넷 교육
• 교육 훈련 기획자 • 교육 실시 전·후의 진행 요원 • 교육 관련 일반 관리자 • 집합교육 과정 교수 설계자 • 강사 요원	• 프로젝트 행정 담당자 • 과정 운영·평가 책임자 • 시스템 관리자 • 교수 설계자 • 내용 전문가 • 시스템 문제 해결자 • 사이버 튜터 혹은 지원역할 • 웹 프로그래머(혹은 디자이너) • 교육 컨설턴트

1) 인터넷 학습 전반에 걸친 경쟁력 확보

담당 교육과정 전반에 대한 테크놀로지에 관한 충분한 지식을 가지고, 교수-학습이 어떻게 진행되는지 전반적인 운영절차를 이해하며, 어느 수준 이상의 내용 전문지식이 있어야 교수자, 학습자, 튜터들에게 지원을 해 줄 수 있다.

2) 인터넷 학습 러닝에 대한 지속적인 관심과 경험 축적

교수자 혹은 튜터에게 발생한 문제점을 담당자가 자세하게 설명하고 해결해주어야 하며, 담당자 개인적으로 해결할 수 없는 문제라면 이를 해결할 수 있는 적절한 방법이나 대안을 제시해야 한다.

또한 교수-학습의 전체 상황을 적절히 통제하여 가급적 문제를 사전에 방지하도록 담당자의 전문지식과 경험을 충분히 활용해야 한다.

3) 학습자에 대한 보살핌

원격학습자들에게는 학습에 관한 것뿐 아니라 학습 이외의 요소들(조직적, 인간관계 등)이 학습에 영향을 끼치기 때문에 이에 대한 문제점을 찾아내 학습자들이 지식적인 부분뿐 아니라 정서적인 부분에서도 보살핌을 받고 있음을 깨닫게 하면 학습에 긍정적인 효과를 줄 수 있다.

학습자에게 개별적으로 학습에 대한 좋은 결과 혹은 승진 등 축하와 격려·인정·감사 등을 표현하는 것이 원격학습에도 많은 도움을 준다.

03 원격수업 운영업무의 효과적인 전략

원격수업을 효과적으로 진행하기 위해서는 원격수업 전·중·후로 나누어 학습자들에게 필요한 요소들을 제공해야 한다. 원격수업이 학습자 혼자 학습활동을 진행해야 하는 특성을 고려하여 원격수업에 경험이 전혀 없는 학습자들도 수업을 진행하는데 어려움이 없도록 구체적인 내용을 제공하는 것이 중요하다.

(1) 교육과정 전 관리

원격수업 전 학습자들이 알고 있어야 하는 수업전반에 대한 사항들은 다음과 같다. 또한 담당자들이 〈표 8-3〉의 각 요소들을 잘 관리해야 한다.

(2) 교육과정 진행중 관리

원격수업이 진행되는 중에는 학습자들이 교수자·튜터들과 학습활동을 주로 하기 때문에 이에 대한 원활한 진행을 지원해주면 운영관리의 업무는 충분하며, 서버와 프로그램들의 테크놀로지에 문제가 생기지 않도록 특히 신경을 써야 한다(〈표 8-4〉).

(3) 교육 후 관리

원격수업이 종료된 후 평가, 자료정리, 행정처리 등의 업무가 운영부문에서 관리되어야 하며, 다음 수업을 위해 필요한 사항들이 별도로 정리되어 다음 교육에 반영되어야 한다. 〈표 8-5〉는 원격수업 종료 후 신경쓰고 처리해야 할 요소들이다.

〈표 8-3〉 원격수업 시작 전 담당자가 관리해야 하는 요소들

<table>
<tr><th>분 류</th><th colspan="2">내 용</th></tr>
<tr><td>교육과정 홍보</td><td colspan="2">• 학습자들이 교육과정에 대한 목표와 필요 학습활동이 무엇인지 충분히 설명한다.
• 교육과정 개요, 진행 설명에 대한 자료를 제공한다.
• 선수학습, 심화학습 등과 연계에 대한 설명을 첨가한다.
• 학습자 자격요건, 경력 개발 등에 대한 충분한 참고자료를 포함한다.</td></tr>
<tr><td>학습진행 설명</td><td colspan="2">• 교육과정의 시작부터 끝까지 언제, 무엇을, 어떻게 하는지 상세 설명을 제공한다.
• 학습도우미 기능을 제공한다.</td></tr>
<tr><td>등록관리</td><td colspan="2">• 학습자수의 제한 등 교육진행의 효과성을 위해 정보관리 DB를 준비한다.
• 학습자 서버 인증작업이 원활히 수행될 수 있도록 준비한다.</td></tr>
<tr><td>테크놀로지 관리</td><td colspan="2">• 교육시작 전 교육활동에 포함되는 모든 전달 테크놀로지와 운영상태를 확인한다.
• 네트워크, 서버, 소프트웨어, 기타 관련 자원 등 모든 요소들이 학습 시작 전 미리 점검되어야 한다.
• 서버 인증, 보안문제를 확인한다.</td></tr>
<tr><td rowspan="3">수강관리</td><td>수강 신청 관리</td><td>• 학습자 특성(기업의 경우 부서, 직급)에 따라 수강신청이 틀릴 수 있으며, 수강생 정보를 분류 저장해야 한다.
• 중복 수강, 수강 철회 등 변경내용을 신속히 업데이트해야 한다.</td></tr>
<tr><td>수강 여부 결정</td><td>• 수강신청 결과를 신속히 알려준다.
• 수강이 철회될 경우 이유를 설명한다.</td></tr>
<tr><td>ID/Passwod 부여</td><td>• 수강신청자에게 인증작업을 통해 ID, 패스워드를 신속히 부여하여 로그인 후 수강 가능하도록 한다.</td></tr>
<tr><td rowspan="4">오리엔테이션 관리</td><td>교육생 오리엔테이션</td><td>• 학습진행상의 내용 전개 및 활동(과제올리기, 토론방, 질문방 등)에 대한 설명을 통해 학습의 동기 및 자신감을 부여하여 중도 탈락자를 최소화하고, 적극적인 학습참여를 유도한다.
• 학습도우미 기능을 활성화한다.</td></tr>
<tr><td>교수자 오리엔테이션</td><td>• 강의내용 관리, 평가관리, 메일전송, 교육생의 토론, 과제물 및 질문에 대한 피드백 등 학습활동에 필요한 기본 지식에 대하여 설명 기회를 부여한다. 보통 인터넷상에 내용을 띄우고, 매뉴얼로 작성하여 배포한다.</td></tr>
<tr><td>튜터 오리엔테이션</td><td>• 학습진행에 따른 튜터 역할에 대한 내용을 알린다.
• 교수자, 교육 담당자와는 별도로 튜터가 수행할 활동과 시스템 활용에 대한 정확한 사용지침을 전달한다.</td></tr>
<tr><td>운영자 오리엔테이션</td><td>• 운영 관리하는데 알아야 할 업무 및 역할에 대한 내용을 인터넷상에 올리거나, 매뉴얼로 작성하여 배포한다.
• 규정이나 테크놀로지의 변화 등 최신 운영내용이 포함되어 있는지 반드시 확인하여야 한다.</td></tr>
</table>

〈표 8-4〉 원격수업 진행중 운영업무가 고려해야 하는 요소들

<table>
<tr><th>분 류</th><th colspan="2">내 용</th></tr>
<tr><td>정보관리</td><td colspan="2">• 진행중인 수업내용열기, 자료 다운받기, 정보검색 등 정보를 관리한다.
• 학습자 개인 정보관리를 통해 토론 그룹, 협동학습 그룹 등을 관리한다.
• 교수자, 운영 담당자, 튜터가 정보를 수정·삭제할 수 있도록 분류하여 관리한다.
• 교육용 DB를 구축하는 경우는 이에 대한 별도의 관리가 필요하다.</td></tr>
<tr><td>학습활동 관리</td><td colspan="2">• 학습자가 학습활동에 지장을 받지 않도록 학습 상담자 (튜터, 담당자)를 배치한다.
• 학습활동에 지장을 주는 운영 및 시스템적인 문제에 즉각적인 피드백을 주어야 한다.</td></tr>
<tr><td rowspan="3">테크놀로지 관리</td><td>접근성</td><td>학습내용 및 관련 자료의 로딩 속도, 학습활동을 위한 시스템적인 지원이 원활한지 관리한다.</td></tr>
<tr><td>하드웨어</td><td>• 서버, 오디오 및 비디오 컨퍼러싱, 실시간 사이버 강의 등을 지원하는 하드웨어 시스템 운용상태를 점검한다.
• 학습자, 교수자, 튜터의 컴퓨터 활용상태에 문제가 없는지 확인한다.</td></tr>
<tr><td>소프트웨어</td><td>• 텍스트, 동영상, 그래픽 등 학습내용의 수정이 용이하도록 프로그램이 잘 운용되는지 확인한다.
• 프린트, 다운로드 및 플러그인 프로그램에의 접속 여부 등을 검토한다.</td></tr>
<tr><td>출석관리</td><td colspan="2">학습자들의 접속 빈도, 시간 등을 관리하여 교육생들이 지속적으로 학습에 참여하도록 한다.</td></tr>
<tr><td>과정 진행 학습관리</td><td colspan="2">• 학습이 진행되는 동안 발생되는 문제점을 해결을 위해 매일 담당자가 맡은 과정에 접속하여 진행 상황을 체크한다.
• 교수자나 튜터가 해결해야 할 문제점은 확인하고 즉시 전달한다.
• 학습자 학습 활동상 발생되는 문제를 해결한다.
• 담당자에게 주어지는 Q&A, FAQ 등을 즉시 처리한다.
• 행정적인 문제점이나 교육 부서에서 해결해야 할 문제점은 즉시 조치한다.</td></tr>
<tr><td>과정 진행중 평가관리</td><td colspan="2">• 학습 중 진행되는 퀴즈. 평가에 관한 결과, 통계를 처리하여 필요시 교육생, 교수자, 튜터에게 통보한다.
• 토론, 과제물 등에 대한 평가결과가 나오면 이를 학습자 개인에게 통보한다.
• 과정 전반에 관한 형성평가를 마지막 학습에 포함할 경우 이 결과를 통계 처리한다.</td></tr>
</table>

〈표 8-5〉 원격수업 종료 후 고려해야 할 요소들

<table>
<tr><th>분 류</th><th colspan="2">내 용</th></tr>
<tr><td>교육과정 평가</td><td colspan="2">수업종료 후 학습자들의 수업 만족도, 성취도 평가를 실시해야 하며, 필요시 학습자에게 개별적인 통보를 해야 한다.</td></tr>
<tr><td>교육 관련 자료 기록 및 보관</td><td colspan="2">• 수업종료 후 관련 자료를 수집하여 보관함으로써 다음 교육의 참고자료로 활용하도록한다.
• 기업의 경우 다양한 시스템 (예 지식경영 시스템)과 연계하여 DB화 할 수 있다.</td></tr>
<tr><td rowspan="2">행정관리</td><td>행정 관리</td><td>• 실시한 수업의 전반적인 운영, 관리에 문제가 없었는지 검토하고, 다음 수업운영에 도움이 되는 내용을 별도로 정리한다.
• 운영결과, 비용, 평가결과 등이 포함된 결과분석 보고서를 작성한다.</td></tr>
<tr><td>요원 관리</td><td>• 교수자, 튜터, 기술요원에게 교육과정 결과에 대한 통보와 함께 다음 차수 교육에 대한 주의사항을 알려준다.
• 다음 차수에 참여할 요원들을 선정하여 미리 통보한다.</td></tr>
<tr><td rowspan="2">프로그램 관리</td><td>설계 및 개발</td><td>수업형성 평가결과를 토대로 학습내용, 방법, 학습자 활동 등에 수정, 보완이 필요한 부분에 대한 조치를 취한다.</td></tr>
<tr><td>자원, 정보 관리</td><td>학습과정에 활용된 다양한 정보 소스, 매체 등에 포함된 자원들을 검토하여 조직 내에서 보완을 유지할 부분과 공개해도 좋을 부분들을 고려하여 다음 차수의 교육에 반영하고 정리한다.</td></tr>
<tr><td>테크놀로지 관리</td><td colspan="2">수업진행중 발생한 시스템의 하드웨어, 소프트웨어에 대한 문제점을 검토해 다음 수업이 시작되기 전에 해결하여 테크놀로지의 원활한 진행을 유도한다.</td></tr>
<tr><td>사후 동호회 관리</td><td colspan="2">학습자들이 수업종료 후 동호회를 구성할 경우 지원내용과 방법에 대하여 대책을 세우고 적극 지원한다.</td></tr>
</table>

(4) 인터넷 교육 운영사례

〈표 8-6〉은 기업에서 실시하는 인터넷 교육과정의 운영에 대한 전반적인 사항들을 학습자들에게 공지하는 내용의 사례이다. 이와 같은 내용은 원격교육 프로그램이 운영되기 전부터 계속 공지되어 학습자들이 수업중에서 반복해서 운영절차 및 내용을 볼 수 있도록 오픈되어야 한다.

〈표 8-6〉 기업 인터넷 교육과정의 운영 기준사례

교육 대상	교육 대상	본사 및 계열사 직원		
	수강 장소	회사 및 자택		
	운영 시간	24시간 상시 개설(회사에서는 일과 외 사간을 활용, 학습유도)		
	학습 기간	1일 1시간 학습, 주 5일 기준시 4주 이상(20시간 이상)		
	교육 인원/회	신청자 전원 수강		
수강 관리	구분	수강신청이 기간이 있는 과정	수강신청이 없는 과정	1회당 최대 수강가능 과정 : 4개 과정 이내로 제한
	수강신청 기간	과설 개설 공지시 별도 지정	교육생이 편리한 시기에 수강 신청	
	수강취소	과정 시작 후 1주 이내	좌동	
	학습 연장 시간	전체학습 기간의 1/2 이내	좌동	
	2주 이상 학습 불가시	과정 담당자와 사전 협의, 별도의 학습 연장 기간 설정	좌동	
	반복 학습	수료 후 동일 과정에 대해 별도의 수강신청 없이 같은 ID로 재학습 및 학습관련 질의 등 가능. 단, 미수료자는 반복학습 불가	학습연장 기간까지 가능 • 학습연장 기간 이후는 재수강 신청 후 가능	
	미 수료자의 재수강	재수강 신청 가능 단, 진도율 70% 미만인 미 수료자는 차기 1회 재수강 신청 제한	좌동 단, 진도율 70% 미만인 미 수료자는 과정별 학습기간의 1/2 경과 이후부터 재수강 신청 가능	
평가 기준	구분	가중치	비고	
	학습 진도율	40%	단, 진도율 70% 미만시 수료불가(차기 1회동일 과정 수강신청 제한)	필요시 집합하여 평가실시
	단원 평가 (또는 과제물)	20%	과정별 2회 이상 • 과정별 수료 상세 기준 참조	
평가 기준	수료 평가	40%	학습 진도 70% 이상자 대상	
	총 점	100%	총점 60점 이상시 과정 수료 • 60점 미만자는 미 수료 처리 (단, 재수강 신청 가능)	
교육 이수 점수	교육 기간	8주 미만	8주 이상	차등 부여
	이수 점수	2점	3점	

요약 및 정리

원격교육의 운영과 관리는 원격교육의 성패를 좌우할 정도로 중요한 요소이다. 기존의 강의식 수업과 달리 원격교육은 별도의 전문적인 운영과 관리가 필요할 만큼 많은 인력과 시스템 등의 업무가 많은 편이다.

이 중에서도 학습자들이 효과적인 학습을 할 수 있도록 제반 지원을 제공하는 것이 원격교육의 운영과 관리에서 핵심내용이며, 이는 원격수업이 시작하기 전부터 수업이 종료된 후에까지 지속적으로 이루어져야 한다.

원격교육 담당자는 원격수업에 참여하는 모든 인격들을 효율적으로 관리해주어야 하며, 원격교육 프로그램이 시작되기 전 · 중 · 후로 나누어 각각 단계에서 필요한 요소들을 꼼꼼히 관리해야 한다.

원격교육이 성공하기 위해서 이와 같은 요소들은 각각 전체 원격교육의 흐름에 중요한 역할을 하기 때문에 하나라도 누락되면 그만큼 전체 결과에 영향이 커진다.

탐구문제

1. 원격교육에서 운영과 관리가 전문화되어야 하는 이유를 간단히 설명하시오.
2. 원격수업이 이루어지는 중에 학습자들에게 제공되어야 하는 운영업무에는 어떤 것이 있을까요?

제9장

원격교육 사례 Ⅰ : 학교교육

● 학습목표

1. 초 · 중등학교 수준에서의 원격교육 현황을 파악할 수 있다.
2. 대학수준에서의 원격교육 현황을 파악할 수 있다.

*** 핵심용어**

- **사이버 가정학습** : · 중등학교에서의 대표적인 이-러닝 형태이며, 학습자가 가정이나 학교외 장소에서 인터넷을 활용하여 자신의 수준에 맞추어 스스로 학교수업을 보충할 수 있도록 지원하는 인터넷 기반 학습
- **ICT** : 정보기술(information technology)과 통신기술(communication technology)의 합성어로 정보기기의 하드웨어 및 이들 기기의 운영 및 정보관리에 필요한 소프트웨어 기술과 이들 기술을 이용하여 정보를 수집, 생산, 가공, 보존, 전달, 활용하는 모든 방법
- **교육정보화** : 새로운 사회에 적합한 교육으로 재구성함에 있어서 정보통신기술을 활용하여 교육의 내용과 방법, 교육의 형태를 다양화하고 개선하고자 하는 노력

국내 초 · 중등 수준에서의 원격교육은 정규학교와 동등하게 학력이 인정되는 독립된 형태는 미비한 실정이며, 대부분의 원격교육은 정규학교과정을 보충, 심화하는 형태로 이루어지고 있다.

예를 들면 초 · 중등 학생을 대상으로 하는 학습지 형태의 우편물을 통한 원격교육, 영어 학습 등을 위한 전화를 통한 원격교육, EBS의 공중파나 위성을 이용한 원격교육이 많은 비중을 차지하고 있다.

최근 원격통신기술의 발달로 인하여 컴퓨터, 인터넷 등을 자유롭게 활용할 수 있도록 학교환경이 개선되고, ICT 활용교육이 강조되면서 학교교육을 보완하는 형태의 원격교육이 점차 보편화되고 있는 실정이다.

이 장에서는 초 · 중등학교 수준의 원격교육 사례로 사이버 가정학습과 Edunet, 정규학교와 동등하게 학력이 인정되는 원격교육기관으로 방송통신고등학교를 살펴보고 대학 수준의 원격교육 사례로는 한국방송통신대학, 사이버대학을 살펴본다.

01 초 · 중등 교육 수준의 원격교육

(1) 사이버 가정학습

1) 사이버 가정학습 개념

사이버 가정학습은 2004년 7월에 발표한 '교육정상화를 통한 사교육비 경감대책' 발표에 따라 이러닝을 통해 가정에까지 보충학습용 콘텐츠를 서비스하고, 학교 교사들이 온라인으로 학습상담과 컨설팅을 해주도록 하는 기본 개념으로 출발하였다(한국교육학술정보원, 2007).

사이버 가정학습을 통해 공부하고자 하는 학생은 자기 소속의 시 · 도 교육청이 운영하는 사이버 가정학습 홈페이지에 접속하여 등록한다. 먼저 사이버 선생님이 학급을 관리하는 담임형인 경우 학급배정형을 신청하여 사이버 학급에 소속되고 선생님이 제공하는 이-러닝 콘텐츠를 통해 학습한다.

학기 단위로 진행되는 수업에는 질문이 있으면 사이버 선생님에게 물어보고 같은 학급 학생들끼리 사이버상에서 상호토론도 하게 된다. 사이버 선생님은 현직교사로 위촉되며, 학생들의 선호도에 따라 다음 학기에 계속 수행할지 여부를 평가받는다.

학급배정형 학생들은 학습관리시스템(LMS : Learning Management

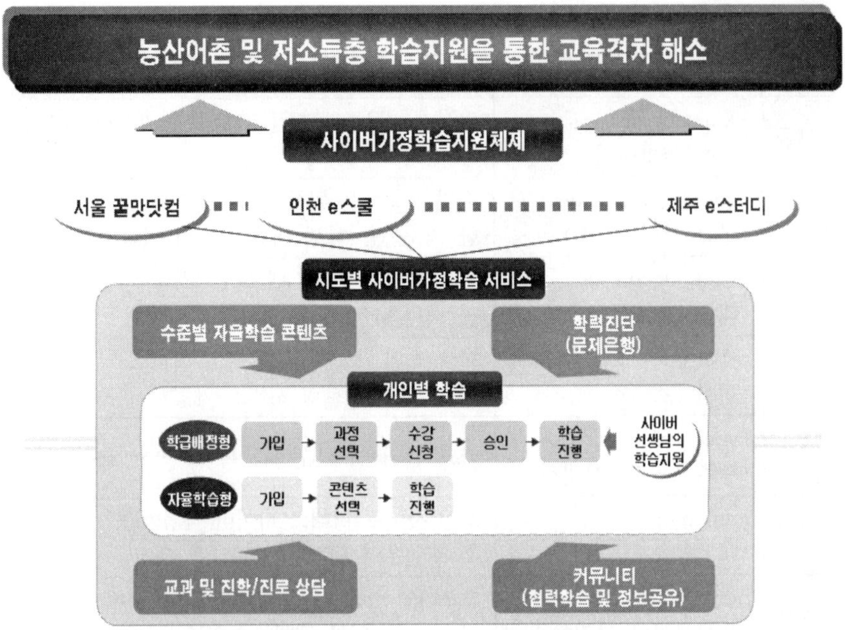

[그림 9-1] 사이버 가정학습(한국교육학술정보원, 2007)

System)을 통해 학습관리를 받게 되며, 사이버 선생님은 학습관리시스템을 통해 학생들이 얼마나 열심히 공부하고 있는지를 수시로 모니터링할 수 있다.

학급배정형에 소속되지 않은 학생들은 자율학습형으로 들어가서 학습이력 관리에 구애받지 않고 언제든지 편리한 때에 학습하면 된다. 사이버 선생님의 학급관리나 학습관리시스템에 의한 학습진도 관리 등을 받지 않고 스스로 학습함으로써 자기주도적 학습을 할 수 있다.

사이버 가정학습체제는 2004년 2학기부터 대구, 광주, 경북 등 3개 교육청의 시범 운영을 시작으로 하여 2009년도 현재 각 시 · 도 교육청 단위로 지역의 여건과 특성에 맞게 구축되어 운영되고 있으며 그 특징은 다음의 〈표 9-1〉과 같다(교육과학기술부 · 한국학술정보원, 2008).

〈표 9-1〉 시·도 사이버 가정학습 사이트 및 특징

지 역	사 이 트	특 징
서울	kkulmat.com (서울 꿀맛닷컴)	교사가 자유롭게 학급 및 강좌를 개설하는 커뮤니티 기능 강화와 사이버 자율진단 서비스 제공
부산	cyber.busanedu.net (부산 사이버스쿨)	수월성 교육을 위한 영재교육지원 및 학습지원단을 통한 저소득층 학생 대상 사이버 학습지원
대구	estudy.dgedu.net (대구 e-스터디)	지능형 클리닉 시스템 도입으로 개인별 맞춤 학습지원 및 미니홈페이지형 메신저 학습지원
인천	cyber.edu-i.org (인천 e스쿨)	교육 소외 계층에 대한 특별 서비스 및 학생과 학부모간 1 대 1 메토링 서비스 제공
광주	cyber.gedu.net (광주교육포탈서비스)	학교 단위 연계 운영과 특기·적성 교육지원
대전	edurang.net (대전교육포탈)	포털 사이트 형태로 사이버 가정학습을 구축하고 방과후 교실운영 활성화 프로그램 운영
울산	home.go.kr (울산사이버 가정학습)	오프라인 학습지원을 위한 사이버 서비스 및 주 5일 수업 대비를 위한 체험학습 지원
경기	danoy.kerinet.re.kr (경기 다높이)	학교교육과정 지원을 위한 심화/보충학습 콘텐츠 강화
강원	gweduone.net (강원 에듀원)	소규모 학교가 많은 도내 현황을 고려한 사이버 가정학습 체제 구현 및 현장 컴퓨터실 개방
충북	www.cberdunnet.or.kr (e-충북사이버 가정학습)	클리닉 사이버 가정교사 운영 및 장애인 등 교육 소외 계층 대상 특별 서비스 제공
충남	cell.cise.or.kr (edus 충남사이버스쿨)	학교수업과 연계된(Blended-learning) 사이버 가정학습 운영 및 진단·총괄 평가 기능 제공
전북	cyber.jbeudnet.com (전북 e스쿨)	커뮤니티 중심의 사이버 학습 체제 구현 및 학교 단위와 연계된 특기·정성 프로그램 운영
전남	www.jnei.or.kr (전남사이버 가정학습)	블로그나 아바타몰 등 학습 유인책 제공, 사이버 문화재 및 미디어 교육 등 비교과 프로그램 운영
경북	gyo6.net (경북 내친구교육넷)	우수 사이버 교사 및 우수 학부모 선별과 육성으로 온라인 상담 서비스 강화
경남	lms.gnedu.net (경남새미학습)	학습내용을 온라인에서 녹음, 판서, 메모할 수 있는 사이버 학습 노트 기능 부여
제주	jejuestudy.net (제주 e스터디)	학습이력, 성적표, 홈페이지, 커뮤티니, 학습자료, 상담 등 모든 과정을 통합 관리하는 서비스 제공

2) 사이버 가정학습의 추진 현황

사이버 가정학습은 2004년도를 시작으로 도입기, 확산기, 도약기, 성숙기로 나눌 수 있다(교육과학기술부 · 한국학술정보원, 2008).

〈표 9-2〉 사이버 가정학습 발전단계

기 간	내 용
2004 (도입기)	• 교육정상화를 통한 사교육비 경감대책 발표(2004.7.13) • 사이버 가정학습 지원체제 구축계획 수립(2004.7.13) • 사이버 가정학습 지원체제 시범운영 : 대구, 광주, 경북(2004.9~12)
2005~ 2006년 (확산기)	• 사이버 가정학습 전국 확대(2005.4) – 서비스 대상 및 교과 : 중1~중3, 주요 교과(국, 사, 수, 과, 영) 중심 • 학부모 튜터 및 고등학교 내신관리 서비스 시범운영(2005.9~2006.8) – 학부모 튜터 시범운영 : 서울, 부산, 전북, 경북, 경남 – 고등학교 내신관리 시범운영 : 대구, 인천, 경기, 강원, 충북, 전남 • 서비스 대상 및 교과확대(2006.3) – 대상 : 초등학교 4학년~고등학교 1학년 – 교과 : 주요 교과, 수월성, 방과 후, 방학 프로그램 등 수요자 중심의 주제별 콘텐츠 서비스 강화
2007년 (도약기)	• 수준별 콘텐츠 확대 – 대상 : 초등학교 4학년~고등학교 1학년 – 교과 : 보충형, 심화형, EBS 동영상 콘텐츠 보급 – 핵심 콘텐츠(요점정리+문제풀이) 보급 • 서비스 다양화 – 진단처방 학습관리 서비스 – 화상상담 서비스 • 성과 관리체제 구축 – 저소득층, 농어촌 소규모 학교 학생 등 중점관리 대상자 서비스 관리
2008~ (성숙기)	• 시 · 도 사이버 가정학습 인프라 확충 – 시 · 도 시스템 진단 및 서버 확충 • 서비스 확산 – 진단처방 학습관리 서비스 확산(15개 교육청) – 화상상담 서비스 확산(13개 교육청) • 차세대 LMS/LCMS 개발 – "개방, 공유, 참여, 협력" 기반의 사이버 가정학습 차세대 학습관리시스템 개발

사이버 가정학습용 콘텐츠는 시범서비스에서부터 학교 급별로 단계적으로 확대하여 2007년 1학기까지 초등학교 4~6학년, 중학교, 고등학교 1학년용의 기본형 콘텐츠 1종만을 각각 서비스하였다. 그러나 학습자의 수준별 자기주도적 학습을 지원하기 위해서는 콘텐츠가 부족하다는 의견이 많이 보충형 콘텐츠와 심화형 콘텐츠, 동영상 콘텐츠를 추가 개발·확보하게 되었다.

보충형 콘텐츠는 시·도교육청 분담개발 체제로 개발하였으며, 이러닝 콘텐츠 품질인증 기관인 한국교육학술정보원이 단계별 품질인증을 실시하여 콘텐츠 품질을 향상시킬 수 있도록 하고 있다. 그러나 시·도교육청에서 교과를 분담하여 개발함에 따라 나누어 개발하게 됨으로써 발생할 수 있는 표준, 학습내용 수준, 개발일정관리 등 문제를 해결하기 위해 사이버 가정학습 중앙인력센터인 한국교육학술정보원이 콘텐츠 개발 지침을 개발하여 총괄관리한다.

심화형 콘텐츠는 개발을 처음 시도하는 수준의 콘텐츠로 심화형에 대한 수준과 개념이 설정되어 있지 않아 보다 양질의 콘텐츠 개발을 위해 전국 16개 시·도 교육청이 공동개발하기로 협의하고, 한국교육학술정보원에서 개발을 주도하게 되었다. 심화형 콘텐츠는 학습자 간의 협력 학습이 가능하도록 개발함에 따라 이를 학습콘텐츠 관리시스템(LCMS : Learning Contents Management System)에서 지원하기 위해 기능을 수정·보완하였다.

학습자들이 선호하는 콘텐츠에 대한 분석에 따르면 현재 서비스 중에 있는 애니메이션 위주의 콘텐츠는 학습자와의 다양한 상호작용을 전개하기에 편리한 장점이 있지만, 이와 함께 동영상 등 더욱 다양한 형태의 콘텐츠에 대한 요구도 증가되고 있다.

사이버 가정학습이 활성화되면서 내신관리를 위한 핵심 요약정리와 핵심 평가문항 제공 등 학습자들의 새로운 요구에 따라 중간고사, 기말고사를 대비한 요약정리와 평가문항을 핵심 콘텐츠라는 이름으로 개발하여 제공한다.

3) 사이버 가정학습의 성과

사이버 가정학습 활용자 수는 서비스가 지속될수록 급증하고 있다(한국교육학술정보원, 2007). 2006년 12월 기준 사이버 가정학습 총 가입자 수는 223만여 명으로 2006년 8월의 160만 명에 비해 약 40% 증가하였다. 학급배정형 학급 수와 학생 수는 이에 비례하여 증가하고 있으며, 자율학습 학생 수도 급증하고 있다. 사이버 가정학습의 일일 평균 접속자 수는 지속적으로 증가하여 2006년에 8월 대비 한 학기만인 12월에 24% 증가한 13만여 명이 되고 있다.

2006년 사이버 가정학습의 효과성 연구에 따르면 '과목에 대한 흥미 증가'가 32.5%로 가장 높았으며, '스스로 공부하는 습관형성'이 25.3%, '과목 성적향상'이 20.7%, '과목에 대한 자신감'이 20.1%의 순으로 각각 조사됐다. 특히 '과목에 대한 흥미 증가(36.1%)'와 '과목에 대한 자신감 증진(22.7%)'은 자발적인 참여의 경우가 가장 높아 자발적인 참여를 이끌어내는 것이 중요함을 나타냈다.

(2) 에듀넷

에듀넷은 급변하는 지식정보화 사회에 모든 교육수요자가 능동적으로 대처하기 위한 교육종합정보 서비스로, 언제·어디서나 양질의 다양한 교육정보를 유통 및 활용할 수 있도록 지원하고 있다. 에듀넷은 1996년 9월 서비스 이래 교수학습 자료 및 활동지원 서비스 등을 중심으로 정보를 제공하며, 2009년 현재 600만 명의 가입자를 보유한 국내 유일의 교육종합정보 서비스로 발전하였고, 교육환경 및 교육 수요자의 요구 변화에 대한 지속적 연구·분석을 통해 수요자가 원하는 양질의 정보를 서비스하기 위해 노력하고 있다(http://www.edunet4u.net).

[그림 9-2] 에듀넷의 초기화면(http://www.edunet4u.net)

2004년 정부의 '이-러닝 지원체제 종합 발전방안' 수립 이후 중앙교수학습센터로 그 역할을 변화 · 확대시킨 바 있으며, 2007년에는 사용자 참여에 의한 교육지식 교류, 생성을 지원하는 기반을 마련하였고, 2008년에는 웹서비스 패러다임 변화에 따라 개방 · 참여 · 공유 · 협력의 개념을 적용하여 실질적으로 이용자 눈높이에 맞는 서비스를 강화하였다.

에듀넷은 교사, 학생, 모두가 원하는 교육정보를 언제 어디서나 이용할 수 있도록 도와주는 교육정보종합 서비스로 다음과 같은 서비스를 제공한다(http://www.edunet4u.net).

1) 교사 서비스 소개

선생님의 수업을 위한 채널로 수업자료와 연구자료, 학급경영에 필요한 자료 등 양질의 정보와 자료를 제공하고 있다. 그 외에도 ICT 활용사례, 교원연수 자료, 학급운영 자료 등 다양한 자료를 추가 개발 및 업데이트하고 있으며, 조건별 맞춤 검색 서비스로 원하는 자료를 편리하게 찾을 수 있다.

선생님간 또는 학생들과의 커뮤니케이션이 원활하게 이루어질 수 있도록 커뮤니티, SMS 문자전송, 에듀디스크 등의 서비스가 제공되고 있다.

① 지식마을

에듀넷에 교사 개인별 블로그(교수학습방)를 생성하고, 위키개념이 주어진 디지털 학습지도안을 제작, 수정 및 보완, 축적, 공유하며, 디지털 학습지도안으로 수업할 수 있는 강의 자료방이다.

② 개인화 맞춤 수업자료

학교급/학년/과목/학기/단원/주제와 자료형태(멀티미디어 자료/교수용 SW/꾸러미자료/교수학습과정안/전자교과서)를 설정하여 필요한 자료를 쉽게 찾으실 수 있다.

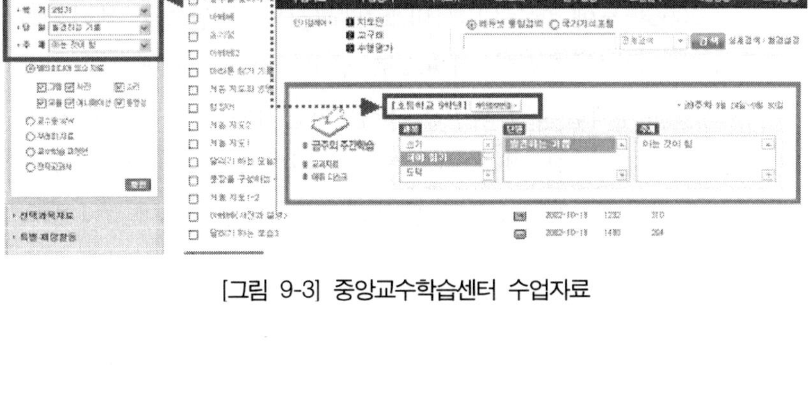

[그림 9-3] 중앙교수학습센터 수업자료

③ 지식교류

궁금한 내용을 묻고답하기에 올리면 다른 선생님들의 답변이 등록되며, 자주 하는 질문과 답변도 학교급/학년/과목별로 다양하게 이용할 수 있다.

④ 마이 에듀넷

나의 포인트는 물론, 내가 가입한 커뮤니티, 스크랩한 자료리스트, 에듀디스크 사용현황, 내가 올린 질문과 답변을 한 눈에 확인할 수 있는 서비스이다.

⑤ 에듀서치

풍부한 자료를 가지고 있는 에듀넷과 국가기관 지식자료를 통합검색할 수 있는 강력한 검색 서비스로 모든 서비스 페이지에서 이용하실 수 있다.

⑥ 에듀디스크

에듀포인트 500점 이상 있는 사용자 중 신청자 1000명(선착순 선정)에게 제공되는 무료혜택으로 1년 동안 사용하실 수 있는 대용량 웹하드 서비스로 2GB의 용량이 제공된다.

2) 학생 서비스

2006년도에 에듀넷 서비스가 교사와 학생으로 분리되면서 학습을 위해 필요한 자료와 서비스로 정비되었다. 즉 에듀넷 학생 서비스는 크게 교과학습지원 서비스, 활동 학습지원 서비스 그리고 모두를 통합한 학습용 통합 검색 서비스로 나뉘어지며, 2009년 교육용 콘텐츠를 사고 팔 수 있는 오픈마켓 플레이스 서비스가 제공되었다.

① 교과 학습지원 서비스

- **초등학생** : 기존에 서비스 되었던 교과서 따라하기, 정리학습, 주제별학습, 자료나눔터 등을 재정리하고, 16개 시·도 사이버 가정학습의 분담개발 교육자료를 한 번에 이용할 수 있도록 자율학습 메뉴를 제공한다. 특히 자율학습에서는 각 시·도의 우수 서비스를 선별하여 학생들이 쉽게 접근할 수 있도록 하였으며, 문제풀기의 경우 단원, 형성, 총괄 평가 등의 문제지를 제공한다.
- **중학생** : 정리학습, 주제별 학습, 자율학습, 문제풀기, 자료나눔터 등과 함께 기존에 개발되었던 멀티미디어 학습자료를 대폭 강화하였고, 브니태니커 사전을 보다 편리하게 이용할 수 있도록 하였다. 학생들은 학습사전을 통해 교과학습뿐만 아니라 배경지식을 넓힐 수 있다.
- **고등학생** : 인문계 고등학생을 위한 심화선택 교과자료를 동영상으로 제공하고, 실업계 공부방에서는 실업계 고등학생들을 위한 학습자료를 제공한다. 문제풀기에서는 수능을 대비한 10년간의 기출문제를 제공하고, 그 외에 학습사전, 자율학습, 멀티자료실, 자료나눔터 등을 함께 이용할 수 있다.

② 활동 학습지원 서비스

- **테마학습** : 과학, 역사, 예술 등 다양한 주제의 학습자료 혹은 웹 사이트들을 Tag별로 분리하여 제공한다.
- **에듀넷 카페** : 기존의 동아리방을 보다 확대하여 중·고등학생들이 적극적으로 참여할 수 있는 카페를 제공한다. 에듀넷 카페는 단순히 온라인상에서 취미나 관심사에 따라 활동을 할 수도 있지만 기존 학교에서의 동아리(써클) 친구들과 함께 온라인과 오프라인에서의 활동을 지원하기 위한 동아리의 개념

으로 서비스를 제공한다.

- **우리들 세상** : 디카갤러리, 에듀톡, 자랑노트 등 학생들이 직접 참여해 자신의 솜씨를 자랑할 수 있는 공간을 제공한다.
- **이벤트** : 학생들이 여러 가지 주제를 가진 이벤트에 참여함으로써 협동심과 창의성을 기르고 새로운 문화를 접할 수 있는 기회를 제공한다.

③ 학습용 통합 검색 서비스

학생들이 찾고 싶은 단어, 다른 친구들이 많이 찾아 본 검색어, 다양한 멀티미디어 자료, 도서정보 등은 물론 에듀카페 목록을 검색할 수 있는 서비스를 제공한다.

④ 에듀마켓

에듀넷에서 교육용 콘텐츠를 사고 팔수 있는 오픈마켓으로 기존의 온라인 교육용 콘텐츠 서비스 업체뿐만 아니라 소비자도 직접 교육용 콘텐츠 생산, 판매할 수 있도록 구축하였다.

(3) 방송통신고등학교

방송통신고등학교는 평생교육 이념의 실현을 통하여 국민의 교육수준 향상과 교육기회의 확대, 국가발전에 기여할 수 있는 유능한 인재양성을 목적으로 1974년에 설립되어 운영되고 있다.

방송통신고등학교는 정규고등학교로서 경제적 여건 또는 개인적인 사정으로 학업의 기회를 놓친 사람들이 방송, 출석수업 등을 통하여 고등학교 과정을 이수할 수 있도록 기회를 제공하고 있다.

방송통신고등학교는 2004년 개교 30주년을 맞이하여 모든 학습자들이 언제, 어디서나 원하는 학습을 할 수 있는 사이버 방송통신고등학교의 설립을 통하여 열린교육의 장을 실현하고자 하였다.

[그림 9-4] 방송통신고등학교의 초기화면(http://www.cyber.hs.kr)

이 학교에 진학하는 주 대상은 중학교 졸업자 또는 졸업예정자, 고등학교 입학자격 검정고시에 합격한 자, 중학교 졸업자와 동등 이상의 학력을 인정받은 자, 외국 또는 군사분계선 이북 지역에서 9학년 이상의 학교교육과정을 이수한 자 등이다.

선발방법은 무시험 서류전형을 원칙으로 하되, 전형기준은 학칙으로 정한다. 방송통신고등학교는 그 동안 주로 20대에서 50대, 60대에 이르는 성인 학습자들을 대상으로 운영되었지만, 앞으로 정상적인 교육시기를 놓친 만학도 뿐만 아니라 일반 고등학교 중도탈락 학생들에게 다시 한 번 교육 기회를 제공하는 역할도 담당하게 될 것이다.

방송통신고등학교는 정규학교와 달리 졸업을 위한 인정고사를 별도로 거친다는 점에서 차이가 있기는 하지만 정규학교와 동일하게 학사관리와 교육과정이 운영되는 원격교육기관이다. 방송통신고등학교의 교육과정은 방송통신고등학교 설치기준령 시행규칙(교육과학기술부령

제 876호) 및 초·중등학교 교육과정(교육과학기술부 고시 제 2008-160호)에 따른다.

방송통신고등학교의 수업은 크게 방송/정보통신에 의한 원격수업, 출석수업, 첨삭지도(원격수업지도)에 의해 진행된다.

첫째, 각 학교에서는 한 달에 2회 일요일마다 출석수업을 하는데, 방송통신고등학교 출석수업은 부설되어 있는 학교의 선생님들이 직접 강의한다.

둘째, 라디오 방송강의는 토요일과 일요일을 제외하고 매일 실시하며, 방송시간은 각 학년당 1일 40분씩(2회분) 방송한다. 라디오 수업은 강의요람을 참조하여 라디오 수업의 일정과 회차를 숙지하고, 사전 준비로 교과별 예습을 충분히 하며 라디오 수업 수강요지를 작성해야 한다. 라디오 수업 수강요지 작성은 형식과 분량에 제한 없이 작성하되, 단원명, 내용요약, 중요내용, 의문사항을 중심으로 작성하도록 지도한다.

셋째, 인터넷수업을 이수하는 학생은 별도의 수강요지를 제출하지 않는다. 다만 학교장은 인터넷 수업의 효과와 학생의 학습독려를 위하여 수강요지를 대체할 수 있는 방법을 학칙으로 정하여 실시할 수 있다.

02 대학 수준의 원격교육

(1) 한국방송통신대학교

현대사회에서 학문과 과학기술 분야에 있어서는 물론 문화예술 분야를 포함한 전 생활영역에서 끊임없는 변화가 일어나고 있다. 이러한 변화에 능동적으로 대처하기 위해서는 무엇보다도 기존 교육체제의

[그림 9-5] 한국방송통신대학교의 초기화면(http://www.knou.ac.kr)

근본적인 혁신, 즉 학교교육과 사회교육의 연계·분야별·영역별·수준별 교육과정이 통합한 전 생애에 걸친 학습의 지속화를 골자로 하는 평생교육체제로의 전환이 요구된다. 이런 시대적 요구에 부응하기 위하여 설립된 한국방송통신대학교는 배우고자 하는 모든 국민들에게 원격교육방법에 의해 다양한 영역에 거친 대학수준의 교육 프로그램을 제공하고 있다.

한국방송통신대학교는 고등교육의 기회 확대, 국민교육의 수준향상, 사회교육의 확대 발전, 국가 사회의 인재양성이라는 4가지 이념 하에 1972년 우리나라 최초의 국립평생교육기관으로 서울대학교 부설 2년제 초급대학 과정으로 개교하였다. 이후 한국방송통신대학교는 국내 최대의 4년제 대학으로 우리나라를 대표하는 원격교육기관으로 발전하였다.

한국방송통신대학교의 교육 프로그램은 학문 영역별 구분에 따라서

4개 학부에서 제공하고 있으며, 전 학과의 교양과목은 교양교육원에서 담당하고 있다.

인문과학부에는 국어국문학과, 영어영문학과, 중어중문학과, 불어불문학과, 일본학과 등 5개 학과가 개설되어 있다. 사회과학부에는 법학과, 행정학과, 경제학과, 경영학과, 무역학과, 방송정보학과 등 6개 학과가 개설되어 있다. 자연과학부에는 농학과, 가정학과, 컴퓨터과학과, 정보통계학과, 보건위생학과 등 5개 학과가 개설되어 있으며, 보건위생학과에는 보건학전공과 간호학 전공이 있는데 간호학 전공은 3학년 편입과정만 개설되어 있다. 교육과학부는 교육과와 유아교육과가 개설되어 있으며, 유아교육과는 유치원 교사자격증을 수여하는 과정을 운영하고 있다. 졸업에 필요한 학점은 140학점이며, 2002학년도부터 복수전공이 가능하고 학생들의 능력과 적성, 그리고 선호에 따라 교과목을 선택할 수 있다.

학위과정 이외에 1997년도에 설립된 부설 평생교육원 주관으로 비학위과정이 운영되고 있다. 초등학교 교원, 중등학교 교원을 위한 교원 연수는 물론 중소기업 최고경영자 과정, 한국어 강사양성과정, 수화통역사 준비 기초과정 등이 운영되고 있으며, 비학위과정을 위해 사용하고 있는 방법은 위성 TV, 원격영상강의, 재택과제, 워크샵 등이다.

1997년 12월 3일 고등교육법 제정(법률 제 5439호)와 2000년 12월 28일 고등교육법 시행령 개정(대통령령 제 17008호)으로 특수대학원 설치 근거가 마련되고, 2001년 3월 2일 한국방송통신대학교 설치령(대통령령 제 17146호)이 개정됨으로써 법적 기반이 조성되었다.

2001년 9월 1일을 기하여 평생대학원이 개원하게 되어 행정학과, 경영학과, 정보과학과, 평생교육학과 등 4개 학과가 개설되었는데, 이것은 우리 나라에서 사이버 강의를 통하여 석사학위를 주는 최초의 대학원이라는 의미를 갖는다.

(2) 사이버대학교

1996년 대통령 자문 교육개혁위원회에서는 지식 정보화 사회에 대비하여 사이버대학 설립방안을 제안하였다. 1998년부터 2년 동안 일반 대학 65개교를 대상으로 사이버 교육시범 운영을 실시하였고, 이를 바탕으로 가상 대학교의 설치 근거를 마련하였다.

사이버대학의 설립 목적은 첫째, 고등교육에의 접근성 제고 및 교육서비스 범위의 확대, 둘째, 교육 수요자의 요구에 부합되는 다양한 교육 서비스의 제공, 셋째, 첨단기술 기반의 다양한 교육기법을 통한 고품질의 교육 서비스 제공, 넷째, 기존 대학교육의 한계를 보완하여 고등교육의 사회적 비용절감, 다섯째, 고급 전문인력 양성 및 재교육을 통한 국가경쟁력 강화에 적극적으로 기여함으로써 누구나, 언제, 어디서나 양질의 고등교육을 받을 수 있는 열린교육사회 · 평생교육사회의 실현에 있다.

사이버대학은 학교에 출석하지 않고 인터넷을 통해 수업하기 때문에 시간적 · 경제적으로 제약이 많았던 직장인들의 학위취득이나 재교육으로 적합하며 실제로 사이버대학에 입학한 학생 중 많은 비율이 20, 30대의 직장에 재직 중인 성인으로 분석되어 사이버대학이 성인학습자에게 고등교육기회 및 재교육의 기회를 제공하는 역할을 수행할 것으로 보이며, 개설학과는 대부분이 정보통신 관련 분야의 게임 · 애니메이션, 디지털디자인 및 어학 등 인문 사회분야와 사회복지사 등 자격증 관련 분야이며 그 외에 부동산학과, 경영학과, 엔터테인먼트 관련분야가 많아 졸업 후 취업에 유리한 전공들로 구성되어 있다.

사이버대학은 평생교육법 제 22조에 의거하여 평생교육을 주목적으로 하여 누구나 언제, 어디서나 교육을 받을 수 있는 열린교육사회 · 평생교육사회 건설에 기여하기 위한 평생교육시설로서의 성격, 법령과 학칙이 정하는 과정을 이수할 경우에 전문대학 또는 대학졸업자와 동등한 학력이 인정되는 고등교육기관으로 출발하였다.

사이버대학교의 설립목적에 의해 2001년 3월에 9개의 사이버 대학이 인가를 받아 6,220명을 대상으로 교육은 한 이래 2002년 3월에 6개교가 설립되었고, 2003년도에 1개교, 2004년 1개교 등 총 17개교가 설치되었으며, 2008년까지 4년제 15개교와 2년제 2개교가 운영되었다.

2008년 12월 현재 사이버대학은 2008년 6월 5일 평생교육법 시행령 및 시행규칙 등이 개정되면서 고등교육법 제 2조 제 5호에 근거를 두고 있는 사이버대학과 평생교육법 제 33조 제 3항에 근거를 두고 있는 원격대학 형태의 평생교육시설로 구분된다. 2009년부터 고등교육법의 사이버대학으로 전환하여 개교할 수 있어짐에 따라 기존 사이버대학 17개교 중 11개교가 2008년 10월 31일부로 전환인가를 받아 2009년 3월 1일 개교를 준비하였고, 평생교육법상의 사이버대학으로 남은 곳은 6개교이다(교육과학기술부 · 한국학술정보원, 2008).

〈표 9-3〉 사이버대학 개교현황(교육과학기술부 · 한국학술정보원, 2008 수정)

구분	대학명	사이버대 개교 (최초 개교)	입학정원	설치주체	비고 (동법인학교)
학사 과정	경희사이버대	2009(2001)	2,800	경희학원	경희대
	국제디지털대	2009(2003)	750	광동학원	군장대
	대구사이버대	2009(2002)	1,500	영광학원	대구대
	부산디지털대	2009(2002)	1,000	동서학원	동서대
	사이버한국 외국어대	2009(2004)	1,600	동원육영회	한국외대
	서울사이버대	2009(2001)	2,500	신일학원	신일고
	세종사이버대	2009(2001)	1,300	대양학원	세종대
	원광디지털대	2009(2002)	1,500	원광학원	원광대
	한국디지털대	2009(2001)	2,500	한국대지털 대학교	-
	한국사이버대	2009(2001)	1,650	봉암교육학원	-
	한양사이버대	2009(2002)	2,800	한양학원	한양대학교
	아시아태평양 디지털대	2009	360	화신학원	부산경상대
총 12개 학교			20,260		

주) ( ) 최초 개교는 평생교육법상의 원격대학 형태의 평생교육시설 개교연도를 의미함

〈표 9-4〉 원격대학형태의 평생교육시설 현황(교육과학기술부 · 한국학술정보원, 2008 수정)

구분	대학명	개교	2009학년도 입학정원	설치주체	비고 (동법인 학교)
학사과정	영남사이버대	2001	600	경북학원	영남외국어대
	디지털서울문화예술대	2002	1,000	한성육영재단 (단독법인)	-
	서울디지털대	2001	3,000	디지털스쿨	-
	열린사이버대	2001	1,000	열린사이버 교육연합	-
	4개 대학		5,600		
전문 학사과정	세계사이버대	2001	1,300	한민족학원	한민학교
	영진사이버대	2002	800	영진교육재단	영진전문대
	2개 대학		2,100		
총 6개 대학			7,700		

요약 및 정리

원격통신기술의 발달로 인하여 컴퓨터, 인터넷 등을 자유롭게 활용할 수 있도록 학교 환경이 개선되고, ICT 활용교육이 강조되면서 학교교육을 보완하는 형태의 원격교육이 보편화되고 있다. 초 · 중등학교에서의 원격교육은 교육정보화 사업으로 구축된 인프라를 활용하여 정규학교 또는 교과별 홈페이지를 구축하여 교육내용을 제공하고 있다.

초 · 중등 학교 학생과 교사를 대상으로 교육정보종합 서비스를 제공하고 있는 에듀넷은 교육자원의 효과적인 활용, 공교육 활성화와 온라인 학습 공동체의 구축을 추진하고 있다. 방송통신고등학교는 정규고등학교로서 경제적 여건 또는 개인적 사정으로 학업의 기회를 놓친 사람들에게 고등학교 과정을 이수할 수 있도록 기회를 제공하고 있다.

한국방송통신대학은 고등교육의 기회확대, 국민교육의 수준향상, 사회교육의 확대 발전, 국가 사회의 인재양성을 목적으로 설립된 원격교육

대학이다. 평생교육법 제22조에 의거하여 설립된 사이버대학은 2001년 9개교가 설립되어 6,220명을 대상으로 교육을 한 이래 2008년까지 4년제 15개교, 2년제 2개교가 운영되었으나, 2008년 12월 현재 사이버대학은 평생교육법 시행령 등이 개정되면서 기존 사이버대학 17개교 중 11개교가 2009년 3월을 기하여 사이버대학으로 개교를 하였고 6개교는 평생교육법상의 사이버대학으로 남아 있다.

탐구문제

1. 초·중등 수준의 원격교육 사례를 조사하고 그 특징을 설명하시오.
2. 사이버대학들을 구체적으로(교육의 목적, 교과과정, 교육방법 등) 조사하고 그 특징을 설명하시오.
3. 사이버대학들의 교육과정을 조사 분석하시오.

제10장 원격교육 사례 Ⅱ : 평생교육

● 학습목표

1. 평생교육 수준에서의 원격교육의 현황을 파악할 수 있다.
2. 기업 · 민간단체에서 제공하는 원격교육 사례를 수집 · 분석할 수 있다.

* 핵심용어

- **인터넷 방송** : 인터넷 회선을 통해 프로그램을 내보내는 새로운 형태의 방송
- **웹캐스팅**(webcasting) : 월드 와이드 웹(World Wide Web)과 브로드캐스팅(broadcasting)의 합성어. 기존의 TV방송에 대응되는 개념으로서 인터넷 방송을 의미하는 용어. 인터넷상에서의 압축기술의 발달에 따라 방송국에서 전파를 보내자마자 실시간으로 인터넷에서 볼 수 있게 된 새로운 개념의 방송
- **에듀테인먼트** : 에듀케이션(education)과 엔터테인먼트(entertainment)의 합성어로서 교육적이면서도 오락적인 프로그램을 의미

학교교육의 한계, 과학기술의 발달, 세계화와 정보화라는 현대사회의 변화, 인간의 생활주기의 변화로 인하여 평생교육의 필요성이 대두되기 시작하였다. 우리나라에서도 평생교육을 위하여 2002년부터 2006년까지 제1차 평생학습진흥종합계획을 수립하고 '배우는 즐거움, 나누는 기쁨, 인정받는 학습사회 실현'이라는 비전을 실천하기 위하여 평생교육제도 및 시설을 이용하여 성인 고등교육기회를 확충하고 유사제도간의 연계 통합을 도모하는 방향으로 계획을 추진하였다.

2008년부터 2012년까지 5년간 추진될 제2차 평생학습진흥종합계획에서는 배우는 즐거움, 일구어 가는 내일, 함께 살아가는 평생학습 사회구현이라는 비전하에 국가경쟁력을 높이는 창조적 지식 근로자 육성, 평생학습을 통한 관용 및 포용사회 실현, 평생학습기반 구축을 목표를 계획하고 있다. 공공기관이나 기업에서는 직장환경과 업무가 복잡해지면서 직업이나 전문성에 앞서기 위해 성인 고등교육 및 재교육

의 기회를 제공하기 위하여 학습자 중심의 사이버 교육과정을 개발하고 있으며, 일부 공공기관이나 민간단체에서도 모든 연령층을 대상으로 하는 다양한 평생교육 프로그램을 운영하고 있다.

01 평생교육진흥원

지적 자본형성 및 축적이 개인과 국가의 생존을 좌우하는 지식기반 경제사회가 도래함에 따라 생애에 걸쳐 계속적으로 국민의 지식 창조 능력을 형상시키기 위한 평생교육체제의 구축이 국가적 과제로 대두되었고, 여가의 증대, 소득수준의 향상, 고령화, 국민의 평균 교육수준 향상 등으로 인해 다양화, 고도화되는 평생학습 요구를 충족시켜 줌으로써 삶의 질을 향상시켜 복지사회를 구현하려는 시도가 요구되었다.

이에 정부는 “평생교육법”('99. 8. 31, 법률 제6003호)을 제정, 공포하여 평생교육에 대한 연구, 평생교육 종사자에 대한 연수, 평생교육에 관한 정보의 수집, 제공 업무를 수행할 평생교육센터를 설치, 운영하도록 규정하고 언제, 어디서나, 누구나 원하는 교육을 받을 수 있는 ‘열린교육, 평생학습사회’를 실현하고자 평생교육센터를 설치하였다.

2007년 평생교육법 개정을 공포함에 따라 평생교육진흥 관련 업무를 지원하기 위해 2008년 2월 15일 평생교육진흥원이 개원을 하였다. 평생교육진흥원은 평생교육법 제19조에 따른 평생교육진흥과 관련된 업무를 효율적으로 수행함으로써 국민의 평생교육 활성화에 기여함을 목적으로 한다(www.nile.or.kr).

평생교육진흥원은 국가 차원의 평생교육 관련 업무를 전담 운영할 수 있도록 한국교육개발원에서 운영한 평생교육센터, 학점은행센터와

〈그림 10-1〉 평생교육진흥원의 초기화면(http://www.nile.or.kr)

한국방송통신대학교에서 운영한 독학학위검정원을 통합하여 집행의 효율성을 도모하였다.

(1) 평생교육종합정보시스템

평생교육진흥원은 국민의 평생교육 활성화에 기여하고 국민들에게 평생교육 관련 정보를 제공하고자 평생교육종합정보시스템을 구축하고 지원사업을 전개하고 있다(교육과학기술부 · 한국학술정보원, 2008).

평생교육종합정보시스템은 "정보화 관련 평생교육의 진흥"에 따라 2001년부터 평생교육 관련 정보화와 이와 관련된 평생교육 과정개발을 위해 구축한 것으로 각급 학교 및 평생교육기관 등의 평생교육 전문인력 활용을 위한 교 · 강사 정보수집 · 제공(평생교육법 제13조), 평생교육진흥을 위한 지원 및 조사업무, 평생교육 프로그램 개발지원, 평생교육사를 포함한 평생교육 종사자의 양성 · 연수, 평생교육기관 간

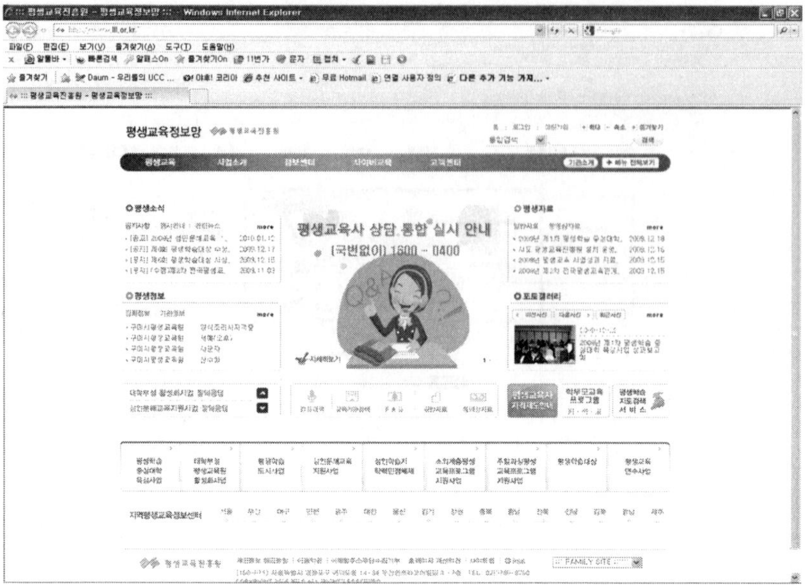

〈그림 10-2〉 평생교육종합정보시스템의 초기화면

연계체제의 구축(동법 제 19조) 등을 위하여 평생교육 관련 정보를 수집하고 제공하는 시스템이다.

(2) 평생교육종합정보시스템의 기능

평생교육종합정보시스템의 주요 기능을 영역별로 나누어 보면 크게 4가지로 구분할 수 있다(교육과학기술부 · 한국학술정보원, 2008).

첫째, 평생교육과 관련된 정보의 제공이다. 평생교육종합정보시스템은 평생교육 정책현황을 비롯하여 평생교육기관, 평생교육 프로그램, 평생교육사 등 평생교육 관련 데이터베이스를 구축하여 제공하고 있다.

둘째, 평생교육 관련 정보의 데이터베이스 제공이다. 평생교육정보시스템에서 탑재하여 제공하고 있는 데이터베이스는 전국의 평생교육기관, 평생교육 프로그램, 평생교육사, 연구자료, 연수자료, 행정자료, 동영상자료, 평생교육 용어사전 등이 있다.

셋째, 평생학습 사이버교육의 운영이다. 21세기 평생학습사회 실현을 위해 평생교육 관련 기관 및 단체 실무자, 평생교육사를 대상으로 하는 직무교육과정과 전문교육과정이 있고, 일반학습자를 대상으로 하는 일반교육과정으로 구성되어 있다.

넷째, 평생교육기관 및 단체 간 정보공유체제 구축이다. 평생교육진흥원은 지역평생교육정보센터, 평생학습관, 평생학습도시 외 다양한 평생교육기관 및 단체와의 연계체제를 바탕으로 정보의 수집 및 제공, 교류를 통해 추진사업을 공유하고 있다.

다섯째, 평생교육 관련 사업과의 연계이다. 평생교육진흥원은 많은 평생교육관련 사업을 수행 중에 있다. 평생학습도시 선정사업, 성인학습자 중심대학 지원사업, 평생교육 연수사업, 성인문해지원사업, 소외계층 평생교육 프로그램 지원사업, 주말과정 평생교육 프로그램 지원업, 대학부설 평생교육원 활성화사업, 평생학습축제, 평생학습대상 외 수탁사업으로 평생학습결과 표준화 시범운영사업, 지역과 함께 하는 학교사업 등이 있다.

[그림 10-3] 서울지역 교육정보센터의 초기화면

02 한국직업능력개발원

한국직업능력개발원은 1997년 9월 평생 직업교육훈련체제의 기반 구축을 통한 정부관련 정책과 국민의 직업능력개발을 지원하기 위하여 설립된 정부출현 연구기관이다.

한국직업능력개발원(KRIVET)은 UNESCO 총회가 직업교육훈련을 강화하는 국제적 프로그램을 확장하기로 한 1년 후인 2000년 1월 18일 유네스코의 직업기술교육훈련 우수지역센터로 선정되었다(http://www.krivet.re.kr).

[그림 10-4] 한국직업능력개발원의 초기화면(http://www.krivet.re.kr)

(1) 한국직업능력개발원의 기능

유네스코 우수지역센터로서 한국직업능력개발원은 3가지 주요 기능을 수행하고 있다.

첫째, 평생교육을 포함한 TVET 관련 국가정책에 이론적인 바탕을 제공하는 TVET 관련 조사를 수행한다.

둘째, 한국직업능력개발원은 진로정보 프로그램, 훈련기준, 교수-학습 자료 및 방법론을 개발하고 있다. 성별, 나이를 불문하고, 사회적·경제적으로 혜택받지 못한 사람들과 특별지원이 필요한 사람들 모두에게 동등한 기회가 주어져야 한다. 우수지역센터로서 한국직업능력개발원은 기술직업교육훈련의 질을 향상시키고 발전시키려고 노력하고 있다.

셋째, 한국직업능력개발원은 유관기관들과의 정보관리 네트워크를 활용하여 정보교환을 활성화한다. 최근에는 TVET과 관련된 법률 메커니즘, TVET 프로그램, 자격체계, 훈련기준, 고용경향, 해외에서 수행중인 조사와 연구과제 등의 TVET 관련 정보를 수집할 수 있는 통합정보 시스템을 구축하였다.

(2) 커리어넷

직업진로정보망 커리어넷(www.careernet.re.kr)은 국민들의 생애에 걸친 진로 개발을 지원하기 위해 교육과학기술부가 국고보조금을 지원하여 1999년 12월부터 운영하고 있는 서비스이다(교육과학기술부·한국학술정보원, 2008).

이용자를 초등학생, 중학생, 고등학생, 대학생과 성인, 교사와 연구자로 구분하여 서비스를 제공하고 있는데 초등학교에서 대학생과 성인에 이르기까지 네 집단은 생애단계별로 구분한 것이다. 이들에게 직업정보, 학교와 학과 정보 등 다양한 직업진로 관련 정보와 직업적성

검사, 직업흥미검사 등 심리검사, 자기주도적 진로탐색 프로그램, 진로 상담 등의 서비스를 제공하고 있다.

직업교육에서의 역할에 따라 구분된 교사와 연구자 회원들을 위한 것으로는 직업진로교육 관련 참고자료, 교육현장에서 바로 활용 가능한 다양한 진로지도 프로그램 등이 있다. 커리어넷 자체가 하나의 진로지도 프로그램이기도 하다. 커리어넷이 단편적인 정보제공의 차원을 넘어서기 위해 제공하고 있는 여러 정보 및 서비스들을 유기적으로 연계하여 구성하고 있기 때문이다.

커리어넷은 서비스 개시 이래 꾸준히 이용이 확대되고 있다. 2007년 한 해 동안 신규 가입자가 약 60만 명에 이르러 2006년의 50여만 명에 비해 20%나 증가한 수치를 기록했으며, 2007년 말 기준 누적회원수도 200만 명을 넘어섰다. 2007년 신규 가입자를 기준으로 회원구성을 살펴보면 가장 높은 비중을 차지하는 것은 중학생으로 전체의 48.6%를 기록했으며, 초등학생이 20.2%, 고등학생이 19.9%를 차지하였다.

커리어넷은 시간과 공간의 제약을 받지 않고 보다 많은 사람들의 진로개발을 지원하기 위해 진로지도 서비스를 제공하고 있다.

03 EBS

우리나라 교육방송은 1951년 6월 라디오 학교방송을 개시한 이후 1990년 12월 교육방송(EBS)를 개국하여 EBS TV, EBS FM 등 두 개의 독립교육 채널을 운영하였다. 1997년에는 디지털 방식에 의한 위성TV 방송을 시작함으로써 난시청을 완전 해소하였고, 2001년부터는 지상

[그림 10-5] EBS의 초기화면(http://www.ebs.co.kr)

파TV도 디지털 방송을 실시하여 고화질의 프로그램을 시청자에게 서비스해오고 있다. 또한 21세기 방송의 선두주자로서 EBS는 방송매체를 보완하고 더 나아가 다양한 교육정보를 제공해 줄 수 있는 웹캐스팅(인터넷 방송)을 실시하고 있다.

(1) EBS 교육 프로그램

EBS는 학교교육을 보완하고 국민의 평생교육과 민주적 교육발전에 이바지한다는 사명을 달성하기 위해 공영방송으로서 국민에게 유익한 프로그램을 제공하고, 공교육 내실화와 사교육비 경감을 지원하고, 고객과 현장중심 서비스를 제공하여 디지털 교육방송, 글로벌 교육과 창의교육을 선도하기 위해 노력하고 있다(http://www.ebs.co.kr).

1) 유아 · 어린이 · 청소년 프로그램

EBS는 오락적 요소와 교육적 요소를 적절하게 조화시킨 에듀테인먼트 프로그램을 통해 상상력과 창의력을 개발하는데 역점을 두고 있다. 유아와 어린이를 위한 교양 프로그램은 어린이들의 전인교육에 기여하는 것을 목표로 하며, 오락적 요소와 교육적 요소가 적절하게 조화된 에듀테인먼트(Edutainment)를 지향하고 있다. 특히 어린이의 상상력을 키우고 창의력을 계발하는데 역점을 둔 각종 프로그램들이 제작되고 있다.

청소년을 위해서는 건전한 가치관을 갖고 긍정적인 사고방식을 가진 성인으로 성장하도록 돕는 데 주안점을 둔 프로그램을 제작하고 있다. 미래의 직업 또는 대학의 전공 선택에 길잡이가 되어 줄 각종 교양프로그램은 물론, 학교교육의 내실화를 기하고 과외 등으로 인한 사교육의 문제점을 해결해줄 수 있도록 국내 최고의 강사진이 출연하는 중학교와 고등학교 학습 프로그램을 위성 TV에 집중 배치하였다.

2) 지식 · 교양 프로그램

현대사회에서 지식과 정보는 디지털 분야뿐만 아니라 모든 분야에 걸쳐 그 힘을 발휘하고 있다. 이에 대응하여 EBS는 지식 콘텐츠 프로그램을 통해 누구나 새로워진 사회 환경에 적응하고 한 단계 높은 수준의 지식과 정보를 섭렵할 수 있는 프로그램을 제공하고 있다.

EBS는 평생교육의 취지에 걸맞도록 교육 · 문화 · 과학 · 역사 · 환경 · 예술 · 영화 · 어학 등 각 방면에 걸쳐 질높은 프로그램들을 제공하고 있다.

3) 시사 · 다큐 프로그램

다양한 계층과 여러 목소리의 조화를 통해 밝은 미래를 만드는데 일조하는 시사 프로그램과 인간, 나아가 자연과 더불어 사는 삶을 보여주는 다큐멘터리 프로그램을 제공하고 있다. EBS는 인력 · 장비 · 예산 등을 집중 투입하여 자연 다큐멘터리를 제작하였고, 그 결과 국내외 각종 프로그램 콘테스트에서 수상을 거듭하고 세계무대에서도 호평을 받고 있다.

4) 어학 · 수능 프로그램

누구나 원하는 교육을 위하는 만큼 받을 수 있도록 라디오, TV, 위성, 인터넷을 통해 다양한 어학 프로그램, 수능 및 학습 프로그램을 제공하고 있다. 특히 EBS의 외국어학습 프로그램은 최소한의 시간과 경비를 투자해서 외국어를 가장 효과적으로 배우도록 지원한다.

(2) EBS의 채널 안내

디지털 방송 기술을 선도하고 있는 EBS는 다매체 세대 변화에 발맞춰 TV, 라디오는 물론 위성, DMB 등 다양한 채널을 갖추고 공익적 가치를 지닌 각종 프로그램을 지원하고 있다.

1) 온 국민의 채널 지상파 TV

유아 · 어린이 프로그램에서 방과 후 프로그램, 가족대상 프로그램, 다큐멘터리, 문화예술 프로그램까지 모든 연령대가 즐길 수 있는 프로그램을 제공하고 있다.

2) 수능 스페셜리스트 위성 EBS 플러스 1

수능전문 채널 위성 EBS 플러스 1은 고등학교 수능교과 프로그램을 집중적으로 편성하여 공교육 활성화를 지원함을 물론 학교교육을 보완하는 교육전문 방송이다. 인터넷 수능방송(http://ebsi.co.kr)과 연계해 교과과정에 따라 단계별로 프로그램을 선택할 수 있어 학습능률을 향상시킬 수 있다.

3) 평생교육의 모든 것 위성 EBS 플러스 2

위성 EBS 플러스 2는 어릴 때부터 교육방송의 유익함을 체험할 수 있도록 초등 · 중등 교과 프로그램을 집중 방송한다. 더불어 성인을 위한 직업교육, 외국어 학습 프로그램도 제공하여 평생교육을 지원한다.

4) 어학부터 생활정보까지 FM라디오

EBS FM에서는 누구나 라디오 청취만으로 외국어를 배우며 국제화 시대를 준비할 수 있는 외국어 교육 프로그램을 제공하고 있다.

5) 언제나 어디서나 내 손안에 위성 DMB EBSu

EBS는 바쁜 수험생과 현대인들을 위해 모바일까지 그 영역을 넓혀 위성 DMB 방송인 EBSu를 통하여 어학, 문학, 과학, 역사, 예술 등 다양한 교육 교양 프로그램과 수능전문 프로그램을 제공하여 평생교육을 실현하고 있다.

6) 미국에서도 시청 가능한 EBS America

미주 지역 교민들도 위성방송 EBS America로 하루 24시간 EBS를 시청할 수 있다. EBS America는 성인 교양물과 주부, 여성 대상 프로그램, 한국어교육 프로그램, 유아와 어린이 대상 프로그램을 제공하고 있다.

7) 영어학습 길라잡이 EBS English

2007년 4월 영어교육 채널 EBS English를 개국하여 매일 아침 6시부터 저녁 12까지 하루 18시간 동안 유아에서 성인에 이르기까지 다양한 대상으로 영어학습 입문자에서 최고 수준의 학습자들에 이르기까지 함께 할 수 있는 체계적이고 다양한 영어교육 프로그램을 제공하고 있다.

04 중앙공무원교육원

중앙공무원교육원은 1949년 개원 이래 인적자원 개발의 패러다임 변화를 선도하는 중추적인 공무원 교육훈련기관으로 성장해 왔다. 동북아 중심시대를 맞이하여 '국가발전과 정부개혁을 주도할 창조적 전문행정인 육성'을 목표로 국가경쟁력 확보, 직무전문성 강화, 진취적

[그림 10-6] 중앙공무원교육원의 초기화면(http://www.coti.go.kr)

사고력과 공직 윤리의식 함양을 위한 필수 기본교육과 직무 전문교육을 실시하고 있다. 또한, 외국공무원교육과 국제교류협력사업을 통해 국가위상을 제고하고, 각급 교육훈련기관에 대한 지도 · 지원을 통해 공무원 교육발전에 선도적 역할을 수행하고 있다.

중앙공무원교육원은 행정을 바꾸는 교육, 세계를 보는 교육, 미래를 보는 교육을 통하여 세계 일류 국가를 이끌 창조적 혁신 공무원을 양성하는 비전을 가지고 있으며, 교육목표는 국민의 봉사자로서 공직관을 확립하고, 참여정부의 개혁추진 역량을 배양하고, 지식 정보화 시대의 전문 행정인을 양성하고, 사회갈등 조정 및 국정 통합 능력을 제고하는 것이다.

중앙공무원교육원은 공급자 중심의 강의실 교육에서 개개인의 교육수요에 부응한 수요자 중심의 자율학습, 열린교육으로 전환하여 지식기반 국가건설을 위한 창조적 전문 행정인 육성하기 위해 공무원 사이버 교육센터를 설립하였다.

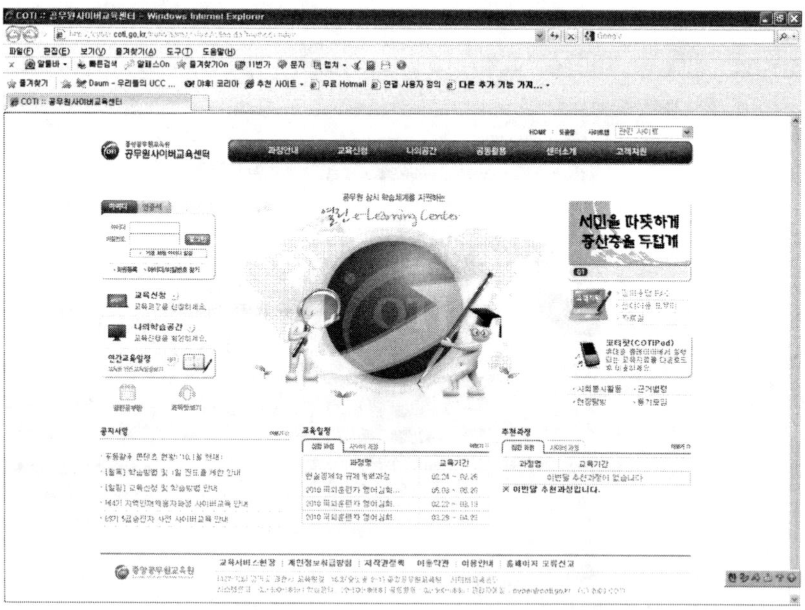

[그림 10-7] 공무원사이버교육센터의 초기화면(http://www.coti.go.kr)

공무원 사이버 교육센터의 목표는 21세기 지식기반 정부를 선도할 신지식 공무원을 양성하고, 다양한 교육기회 확대 및 신속한 정보제공으로 교육효과를 향상시키고, 원격교육의 선진적인 교수-학습법으로 교육비용을 절감하고, 공무원의 지속적인 재교육과 평생교육 환경을 조성하는 데 있다.

공무원 사이버 교육센터는 중앙부처 및 지방공무원 교육원 등 20여 개의 기관에서 공동으로 활용하고 있으며, 중앙공무원교육원이 아닌 다른 교육훈련기관에서 실시하는 사이버교육을 수강하시기 위해서는 해당 기관의 홈페이지에서 로그인한 후 수업을 받을 수 있다.

05 전경련 국제경영원

IMF 관리체제 이후 기업의 구조조정이 핵심 과제로 제기되면서 과감한 경영혁신이 요구되었고, 세계 경제 환경의 글로벌화가 진전되면서 경쟁이 더욱 심화되고 정보와 지식이 새로운 가치를 창출하는 디지털 혁명이 가속화되었다. 이렇게 전개되는 새로운 경영 패러다임 하에서 우리 기업이 경쟁 우위를 확보하기 위해서는 선진 경영기법 도입과 더불어 전문경영 인력의 양성이 주요 과제로 등장하였다. 이에 따라 본원은 기업경영자에게 고도의 경영기법과 관련된 지식과 정보를 제공하는데 사업추진의 우선을 두었다.

전경련 국제경영원은 1998년 12월 별도 법인 형태의 독립적 전문경영 교육기관으로 출범 이후 최고경영자를 위한 교육과정을 다양화 하면서 계층별, 기능별 전문교육 프로그램을 개발하고 시행하는데 많은 노력을 기울였다. 아울러 최고경영자 연찬 사업을 지속적으로 추진하

[그림 10-8] 전경련 국제경영원의 초기화면(http://www.imi.or.kr/index.html)

여 경영자간 상호 정보교류와 정책토론의 장으로서 기능을 강화하는데 역점을 두었다.

이와 함께 장기발전 계획으로 추진하고 있는 국제경영 전문대학원 설립을 위한 기본 계획을 수립함과 동시에 사전준비 단계로 Executive MBA 코스의 개설을 위한 타당성 조사 및 커리큘럼 구성, 그리고 INSEAD 등 해외 경영 교육기관과의 제휴 모색 등 활발한 활동을 벌였다.

전경련 국제경영원은 최고경영자 온라인 연수원을 설립하여 전경련 국제경영원에서 시행하는 오프라인 교육과정을 온라인을 통해 동영상으로 수강할 수 있도록 하고 있다.

강의는 회원제로 운영하며; 회원은 전경련 국제경영원에서 시행되는 오프라인 강의들을 온라인 동영상으로 제공하여 언제, 어디서나 강의를 수강할 수 있다. 수강 가능한 과목은 최고경영자 경영교육, 비즈니스 경영교육, 중국 비즈니스, FKI-IMI 신년 포럼, 제주 Summer 포럼, 월례조찬 동영상강의 등이다.

[그림 10-9] 최고경영자 온라인 연수원의 초기화면(http://www.cyberimi.or.kr/)

요약 및 정리

2007년 평생교육법 개정을 공포함에 따라 평생교육진흥 관련 업무를 지원하기 위해 2008년 2월 15일 평생교육진흥원이 개원을 하였다. 평생교육진흥원은 평생교육법 제19조에 따른 평생교육진흥과 관련된 업무를 효율적으로 수행함으로써 국민의 평생교육 활성화에 기여함을 목적으로 한다.

평생교육진흥원은 국가 차원의 평생교육 관련 업무를 전담 운영할 수 있도록 한국교육개발원에서 운영한 평생교육센터, 학점은행센터와 한국방송통신대학교에서 운영한 독학학위검정원을 통합하여 집행의 효율성을 도모하였다.

한국직업능력개발원은 정부 관련 정책과 국민의 직업능력개발을 지원하기 위하여 설립되었다. 수요자들의 요구에 부응하는 양질의 훈련이 가능하도록 진로정보 프로그램, 훈련기준, 교수-학습 자료 및 방법론을 개발하고 있다. 또한 국민들의 생애에 걸친 진로개발을 지원하기 위해 직업진로 정보망인 커리어넷을 운영하여 진로지도 서비스를 제공하고 있다.

교육방송의 선두 주자인 EBS에서는 시민교양교육, 학교교육, 유아 · 및 어린이 교육, 직업교육을 위해 다양한 프로그램을 제작하고 있으며, 방송매체를 보완하고 더욱 다양한 교육정보를 제공하기 위해 인터넷 방송을 실시하고 있다.

중앙공무원교육원은 국가발전과 정부개혁을 주도할 창조적 전문 행정인 육성을 목표로 하는 공무원 교육훈련기관이다. 지식기반 국가건설을 위한 전문 행정인을 육성하기 위해 공무원 사이버 교육센터를 설립하여 공무원의 지속적인 재교육과 평생교육환경을 조성하고 있다.

전경련 국제경영원은 최고경영자를 위한 교육과정을 다양화하면서 계층별, 기능별 전문교육 프로그램을 개발하고 시행하며, 온라인 연수원을 설립하여 전경련 국제경영원에서 시행하는 오프라인 교육과정을 온라인을 통해 동영상으로 수강할 수 있도록 하고 있다.

탐구문제

1. 평생교육 프로그램을 운영하는 원격교육의 사례를 조사하고 그 특징을 설명하시오.
2. 관심 있는 평생교육 프로그램을 조사하여 그 프로그램을 활용하여 평생교육프로그램 계획서를 작성하시오.
3. 원격교육으로 운영할 수 있는 평생교육 프로그램을 계획하시오.

제11장

원격교육 사례Ⅲ :

해외의 원격교육

- 학습목표
- 핵심용어

01 아시아의 원격교육

02 미 국

03 캐나다

04 영국의 개방대학교

- 요약 및 정리
- 탐구문제

● 학습목표

1. 초등학교 수준에서 해외의 원격교육 사례들을 살펴보고 국내 원격교육에 시사할 수 있는 점을 파악할 수 있다.
2. 중등학교 수준에서 해외의 원격교육 사례들을 살펴보고 국내 원격교육에 시사할 수 있는 점을 파악할 수 있다.
3. 대학수준에서 해외의 원격교육 사례들을 살펴보고 국내 원격교육에 시사할 수 있는 점을 파악할 수 있다.

*** 핵심용어**

- **컨소시엄** : 공동의 목적을 달성하기 위해 조직된 협회
- **인프라** : 정보기술이나 인터넷에서 컴퓨터와 사용자들을 연결하는 데 사용되는 물리적인 하드웨어 또는 기반시설
- **광섬유** : 빛을 전송하기 위해 특수하게 제작된 가느다란 유리선으로 빛을 통해 정보를 전송하는 통신매체로 기존 통신매체에 비해 손실이 적고 다양한 정보를 고속으로 전달할 수 있어 음성이나 화상 등 멀티미디어 통신에 많이 사용

초 · 중등 수준에서의 원격교육은 학교와 멀리 떨어진 지역에 살거나 신체적 조건 등으로 출석수업이 어려운 학생들이나, 전 교과목 담당교사를 확보하기가 어려운 벽지의 소규모 학생들, 제 때에 초 · 중등 교육을 받을 수 없었던 성인들을 대상으로 실시되었다.

우리나라와는 달리 외국의 경우에는 초 · 중등 수준에서도 독립된 원격교육 기관을 설립하여 원격교육만을 통하여 정규 교육과정의 이수가 가능한 원격교육기관이 있다. 동시에 교육정보화의 일환으로 컴퓨터나 인터넷 등을 활용할 수 있도록 학교교육 환경이 개선되면서 일반 학교교육에 원격교육 서비스를 부가적으로 제공하여 학교교육을 보완하는 형태로 운영되고 있다.

01 아시아의 원격교육

아시아에서도 대부분의 나라들이 원격교육 체제를 구축하고, 확산시키는 작업에 총력을 기울이고 있다. 아시아 지역은 인구가 많고, 개인의 교육열도 높으며, 국가차원에서 전 국민에게 교육기회를 확대시키고자 하는 의지도 확고하기 때문에, 원격교육의 실행을 위한 사회적 분위기가 잘 구축되어 있다. 또한, 아직까지 북미나 유럽지역에 비해서 경제적으로 낙후하여, 정규교육을 위한 기회가 제한되고 있기 때문에 저렴한 비용으로 많은 사람들에게 교육의 기회를 제공한다는 측면이 강하다.

그러나 원격교육의 역사, 규모, 보급현황, 원격교육 시스템 등을 면밀히 비교해 보면 원격교육의 양과 질적인 차원에서 현저히 낮은 수준에 머물러 있으며, 원격교육의 매체에 있어서 대부분의 아시아 지역 국가들이 컴퓨터, 인터넷 등의 high technology 보다는 인쇄매체, 라디오, TV 방송 등 low technology에 의존하고 있는 형편이다.

(1) 일본의 NHK Gokuen

NHK Gokuen은 일본의 국영방송 NHK(Japan Broadcasting Corporation)의 산하에 설립된 원격교육기관으로 현재 고등학교 과정과 평생교육 과정, 사회복지교육 과정 등을 운영하고 있다. NHK Gokuen은 우편 시스템, TV와 라디오 방송 프로그램과 시청각 교수자료를 사용하여 원격교육을 하고 있는데, NHK의 교육전문 채널인 ETV와 Radio2를 통해서 원격교육 프로그램을 송출하고 있다. NHK Gokuen은 1962년 설립되어, 1963년부터 방송통신고등학교 과정을 운영하였다. NHK Gokuen 방송

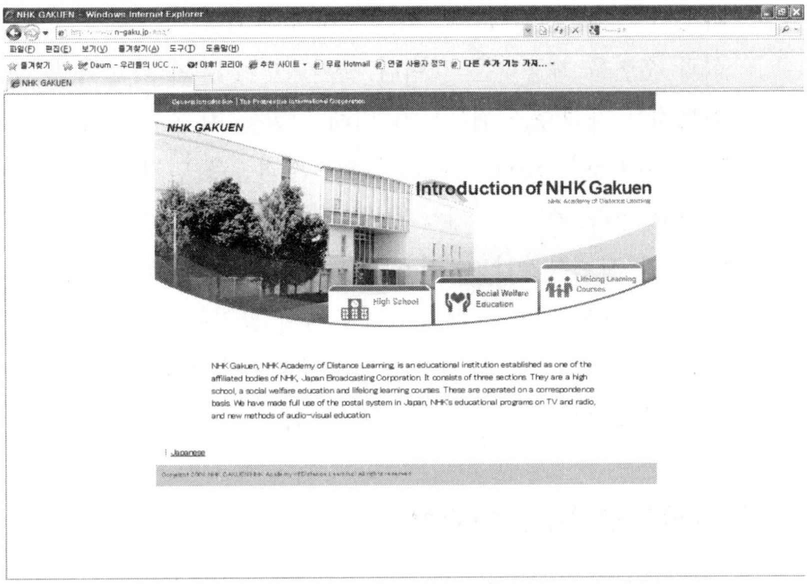

[그림 11-1] NHK Gokuen의 초기화면(http://n-gaku.jp)

통신고등학교는 개인적인 이유로 정규고등학교에 다닐 수 없는 청소년과 직장을 갖고 있는 성인들을 위해 교육기회를 제공하고 있다.

매년 전국에서 4,400여명의 학생들이 NHK Gokuen의 프로그램에 등록을 하고 있으며, 현재까지 61,800명의 졸업생을 배출하였다.

1975년 NHK Gokuen은 평생학습에 대한 증가하는 사회적 요구에 대응하기 위해 문화 코스를 개설하였다. 오늘날 일본에서 평생학습은 교육정책의 중요한 목표 중 하나이다. 왜냐하면 평생학습 운동은 일반 국민을 위해 일상적인 삶에서 정신적인 만족감을 보장하기 위한 전략으로 택했을 뿐만 아니라 NHK Gokuen은 최근 평생학습을 위한 코스를 확장하는데 주력하고 있으며, 평생학습 코스는 매년 200,000 여명을 위해 85개 주제로 200여개 코스가 개설되고 있다. 평생교육 코스의 학습 시스템은 고등학교와 같이 통신에 의해 실시되고 있다.

1987년 NHK Gokuen은 지역사회에서 복지활동을 할 지원자 훈련을 목적으로 고등학교 졸업자를 위해 사회복지 코스를 개설하였다. 2년

과정인 이 코스의 목적은 학생들에게 사회복지 활동에 대한 폭넓은 지식과 훈련을 제공하는 것이다. 1995년 이후 이 과정의 졸업생들은 사회복지사 자격증을 취득하기 위해 시험을 칠 자격이 부여되었다. 또한 "Second Grade Home Helper"라는 자격증을 얻기 위한 1년 과정도 운영하고 있다. 이 과정에서 학생들은 보건복지부에서 준비한 교과과정에 따라 사회복지활동, 간호기술, 의료취급에 대해 학습한다.

2001년에는 보건, 노동, 복지부에서 공인하는 사회복지사들을 훈련하는 2년 과정 코스를 개설하고 있으며, 이 과정은 사회복지사 자격을 위한 주 시험 요건을 충족하고 있다.

(2) 중국의 중앙방송 TV대학

중국의 대표적인 원격대학은 중앙방송 TV대학(China Central Radio & TV University)으로 이 대학을 중심으로 중국 전역에 걸쳐 총 44개의 방송

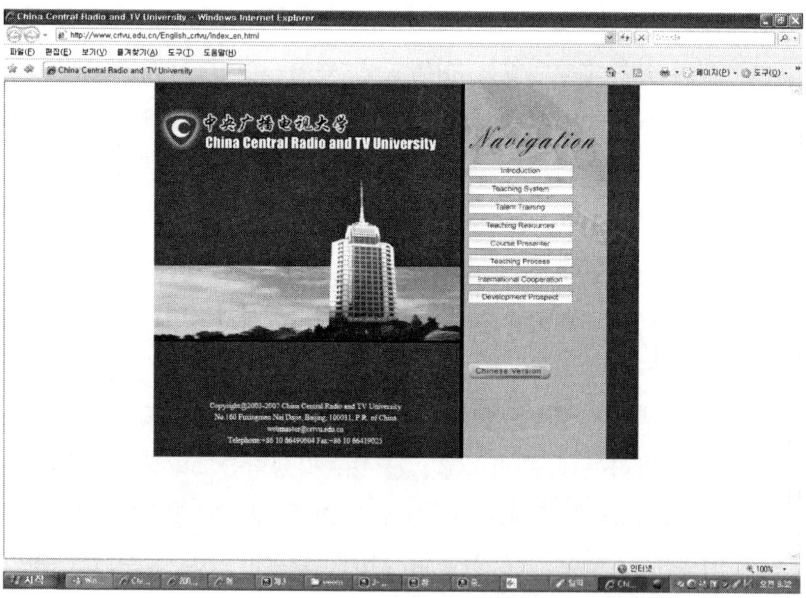

[그림 11-2] 중국 중앙방송 TV대학의 초기화면

(http://www.crtvu.edu.cn/English_crtvu/index_en.html)

TV대학이 설립되어 있다. 중앙방송 TV대학은 교과목 개요, 교재, 강의, 시험문제, 학사관리시스템을 집중적으로 연구하고 제작하여 각 지역의 방송 TV대학에 제공하고 있다. 지역의 군소 방송 TV대학은 중앙방송 TV대학이 제공하는 원격교육 시스템과 교수·학습자료를 근간으로 원격교육을 실행하고 있다(오문의, 2008).

1) 중앙방송 TV대학의 감독 및 관리제도

중앙방송 TV대학을 비롯한 중국의 방송 TV대학은 모두 국립대학들로 재정, 인사관리 등의 측면에서 각기 독립적으로 운영되고 있다. 중앙방송 TV대학은 본부 역할을 하며 지역방송 TV대학을 관할하고 있지만 중국의 방송 TV대학들은 제정, 인사관리 등의 측면에서 독립적인 지위를 확보하고 있다. 그러면서도 이 대학들은 중앙정부나 자치단체 소속의 교육위원회의 지도와 감독을 받는다.

즉 중앙방송 TV대학은 중앙정부의 교육부가, 각 성의 방송 TV대학은 각 성의 교육위원회가, 각 도시의 방송 TV대학은 각 시정부의 교육위원회가, 각 현의 방송 TV대학은 각 현의 교육위원회가 지도 감독한다. 또한 상위의 방송 TV대학이 하위의 방송 TV대학을 지도 관리하며, 각 방송 TV대학은 각 대학에 소속되어 있는 학습센터를 지도 관리한다.

중앙방송 TV대학은 원칙적으로 각 지역의 방송 TV대학에 통일 교과목(전체 교육과정의 70~90%)의 교과목개요, 교재, 강의, 시험문제, 학사관리 시스템 등을 제공하고 이를 지도·감독한다. 각 지역의 방송 TV대학은 지역 자체별로 학생들을 선발하며 중앙방송 TV대학에서 수립한 학사관리 시스템에 의거하여 학생들을 교육시키고, 학비의 일정액을 중앙방송 TV대학에 보낸다.

2) 학제와 학위취득 시험

방송 TV대학은 2년제의 전문대학 과정과 전문대학 이상의 학력을 소지한 학생들만 입학할 수 있는 2년제 본과 과정으로 이원화되어 있다. 본과의 경우 학점을 이수한 후 본과의 학위를 취득하기 위해서 학생들은 외부의 일반대학에서 주관하는 학위취득 시험을 통과하게 하여 대학의 질을 관리하고 있다. 졸업학위 취득 시험에 실패한 학생들에게는 학위대신 졸업증만이 수여된다.

3) 다양한 매체 강의와 면대면 교육

방송 TV대학은 모든 과목이 두 개 이상의 매체를 활용하여 강의를 제공하고 있다. 방송 TV대학은 야간에 거의 모든 과목의 면대면 강의가 이루어지고 있다. 이는 강의를 전달하는 매체기술이 원활하지 않음에 따라 교과 내용에 대한 충분한 이해와 학습을 위해 면대면 강의를 선호하는 학생들의 요구에 의한 것이다.

4) 다양한 평생교육 프로그램 운영

각 성의 방송 TV대학들은 야간대학처럼 야간에 실시되는 면대면 교육의 비중이 상당히 높아 직업교육을 시키는 전문대학처럼 학생들을 모집하여 일반대학과 동일한 직업교육과정도 운영하고 있으며, 외부기관과의 연계 하에 다양한 평생교육 프로그램을 운영하고 있다.

5) 시사점

중앙방송 TV대학의 원격제도와 운영을 조명해 볼 때 다음 4가지 시사점을 파악할 수 있다(오문의, 2008).

첫째, 학사행정이 유연하게 운영되고 있다. 중간고사의 점수를 취득하고 기말고사에 응시하지 못해 과목을 이수하지 못하였다 하더라도 차후에 동일한 과목을 이수할 때 이전에 취득한 중간고사의 점수를 인정해주기 때문에 기말고사만 응시하면 된다. 이때 해당 과목의 학비를 다시 납부할 필요가 없으며 기말고사 응시료만 납부하면 된다.

따라서 재학 연수가 길어진다고 해도 졸업할 때까지 납부해야 하는 학비는 거의 일정하다. 또한 두 과목의 기말시험 시간이 겹치는 경우 학생들이 한 장소에서 두 과목 시험을 모두 볼 수 있는 학생 편의적인 시스템을 제공하고 있다. 이와 같이 유연한 행정적 대처가 가능한 것은 중앙방송 TV대학의 교직원 수가 비교적 많은 것도 하나의 요인이라고 할 수 있다.

둘째, 학생들의 학교적응을 돕는 다양한 프로그램이 운영되고 있다. 신입생들은 첫 학기에 학교의 적응을 돕는 오리엔테이션 과목인 '개방교육입학지남'을 반드시 수강하여 학점을 취득해야 한다.

이밖에도 오리엔테이션 교육이 개학 후 2주 안에 각 학습센터에서 실시된다. 이 기간에 학생들은 교사의 지도하에 자신의 학습계획서를 작성하여 스터디 그룹을 결성한다.

학습계획서에는 수학 연한, 각 과정의 수강기간, 학습방법, 선택 과목 등의 내용이 포함된다. 스터디 그룹은 학생들이 처한 상황에 따라 지역, 직업, 직장, 흥미와 학습시 상호 도움을 줄 수 있는지 여부에 따라 결성된다.

셋째, 시험문제관리 시스템이 안정적이다. 일반적으로 기말시험은 교재개발이 완료됨과 동시에 교재집필 교수는 6개의 문제지를 출제하고 이를 학교에서 관리한다. 만약에 사전에 시험문제가 유출되었을 경우에는 다른 문제를 사용하며, 약 3년 정도 사용하고 나면 6배수가 되도록 다시 시험문제를 의뢰한다.

또한 방송 TV대학의 82개 과목에 대해서는 문제은행식 출제 시스템으로 운영되고 있다. 문제은행에 10~20배수의 문제가 저장되어 있으며, 학생들은 학교에 출석하여 컴퓨터실에서 각기 다르게 조합된 문제지로 시험을 치른다.

넷째, 중앙방송 TV대학에서는 중간고사뿐만 아니라 기말고사도 모두 주관식으로 출제된다. 중간고사와 기말고사의 점수 비중을 담당교수가 결정하고, 과목에 따라 중간고사는 치루지 않는 경우도 있다. 학생평가 운영면에서 우리대학에 비해 많은 융통성과 유연성이 허용되고 있다.

02 미국

(1) 스타스쿨 프로젝트

미국 교육부는 소외계층을 위해 수학, 과학, 외국어, 문해교육, 직업교육에서의 수업향상을 위해 스타스쿨 프로그램(Star Schools projects)을 시작하였다. 비록 이 프로젝트들이 유치원에서 고등학교까지로 제한되지는 않았지만 그들의 주 대상자들은 유치원에서 고등학교까지의 학생들과 교사들이다.

위성, 케이블, 전화 네트워크, 광섬유, 컴퓨터실, 멀티미디어와 전자 네트워크 공학을 포함한 다양한 공학은 스타스쿨 프로젝트를 통해 전국 6,000여 개 학교로 수업을 전달하기 위해 사용되고 있다.

스타스쿨 프로젝트는 대부분의 주에 있는 대집단 학생들에게 위성으로 수업을 전달하는 프로그램을 지원한다. 가장 규모가 큰 것 중의 하나는 10개 주 이상의 교육기관과 공공 텔레비전 기관의 컨소시움 형태인 로스앤젤레스 지역의 Connections 2000 Star Schools Project이다.

컨소시엄은 수학, 과학, 사회, 어학, 공학 프로그램을 1300개 학교에 있는 4학년에서 7학년까지의 125,000명에게 제공하고, 4,000명의 교사들에게 연수기회를 제공한다. 스타스쿨 프로젝트는 이와 유사한 다수의 위성에 기반을 둔 프로젝트를 지원한다.

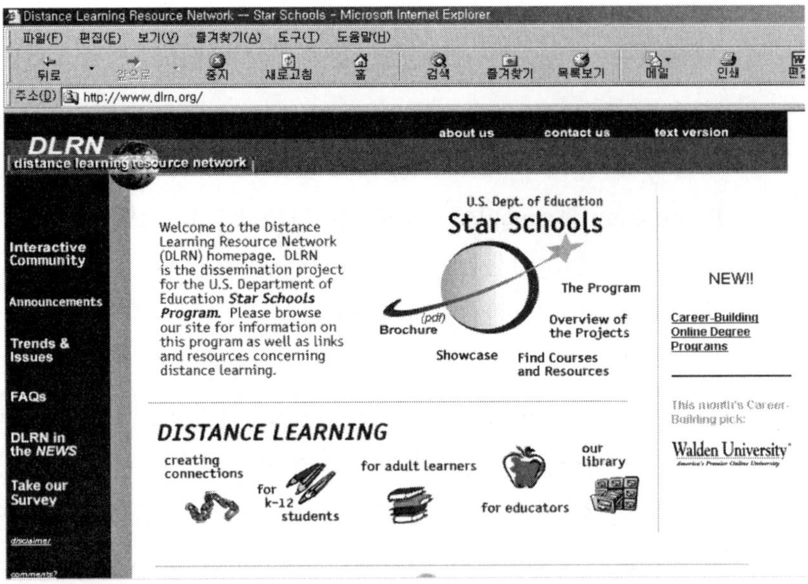

[그림 11-3] 스타스쿨 프로그램의 초기화면(http://www.dlrn.org/)

스타스쿨 프로젝트는 교사와 학생간의 동시적 상호작용을 할 수 있는 인프라 구조의 개발에 투자하는 주 규모의 프로젝트를 후원한다. 현재 아이오아주에는 주 전체에 3,000마일이 넘는 광섬유로 된 네트워크가 700개가 넘는 학교에 연결되어 있고, 앞으로 300개가 넘는 지역에 증설될 것이다.

수많은 K-12 프로그램뿐만 아니라 교사연수와 고등교육의 코스가 제공된다. 켄터키와 미시시피는 개별화된 상호작용 수업과 학습을 촉진하는 주 규모의 시스템 개발하는데 아이오아주에 합세하였다.

남 다코다주도 K-12 학생 등을 위한 원격교육에 전념하고 있다. 남 다코타주에 있는 디지털 다코타 네트워크는 300여 곳이 넘는 모든 학교 건물에 압축 비디오 네트워크를 연결하였다. 교사들은 원격교수와 학습 아카데미에서 1개월간 특별 연수로 훈련을 받고 있으며 교사들과 대학교수들은 전체 코스를 포함하여 교육과정 자료를 설계하고 있다. 남 다코타주의 교육자들은 원격교육의 영향을 기록하기 위해 연구와 평가활동을 하고 있다.

이와 같이 세계 각국에서는 교육정보화의 일환으로 미국의 스타스쿨 프로젝트와 유사한 형태의 프로젝트들이 시행되고 있는데 호주의 SOFWeb, 영국의 BECTA(British Educational communications and Technology Agency)에 의해 수행되는 교육정보화 사업, 캐나다의 SchoolNet, 일본의 인터넷 스쿨 프로젝트(Internet School Project), 말레이시아의 스마트 스쿨(Smart School) 등이 그 예이다. 사례에서와 같이 점차적으로 원격교육은 전 세계적으로 중요한 영향력을 갖고 있다.

웹과 새로운 의사소통 채널인 공학이 원격지를 연결하는 것과 같이 전세계의 사람들은 서로 협력하여 일할 수 있게 연결되어 있다. 이러한 형태의 의사소통과 새로운 컴퓨터 매개공학과 원격공학은 세계화에 기여하고 있다. 원격교육자들은 세계화와 공학에 의해 계속적인 도전을 받게 될 것이며, 이러한 기회를 어떻게 이용하는가는 원격교육의 실천에 새로운 의미를 제공할 것이다.

(2) 가상고등학교

미국 내와 세계적으로 200여 개의 협력학교를 가진 가상고등학교(VHS : Virtual High School)는 고등학생에게 학생중심의 온라인 코스를 제공하고 있다. 다른 온라인 제공자에 의해 제공되는 코스와는 달리 모든 VHS 코스는 교사가 지원된다. 반 크기는 25명으로 제한되며 교사들과 학생들간의 상호작용이 강조된다. 학습활동은 학습자 중심으로 이루어지며 토론과 그룹 활동도 포함된다.

VSH의 임무는 모든 사람들에게 질높은 교육을 제공하는데 있으며 참여 학교들에게 계속적으로 풍부한 교과과정을 제공하고, 온라인 교사들에게 교수기술을 증진시키기 위해 전문적인 개발 코스를 제공하여 교육의 기회를 확장하려고 노력하고 있다. 또한 혁신적이고 학습자 중심적인 온라인 코스를 개발하여 국가적으로 인정된 기준에 부응하

[그림 11-4] 가상고등학교의 초기화면(http://www.govhs.org)

도록 설계하고 전달하려고 한다.

VHS의 수업은 인터넷으로 이루어지며 인터넷을 접속할 수 있는 곳이면 어디에서든지 수업을 수강할 수 있으며, 언제든지 과제를 올릴 수 있다. VSH 수업은 정해진 일정에 따라 비동시적인 양식으로 제공된다. 이것은 수업은 학사일정에 따르며 과제는 주 단위 간격으로 예정되어 있다는 것을 의미한다.

그러나 학생들은 주중에 언제든지 과제를 완성할 수 있으며, 과제는 정해진 기한까지 게시할 수 있다. 모든 VHS 코스는 정기적으로 감독을 받으며 높은 수준의 온라인 코스를 유지하기 위해 국가교육협의회(NEA : National Education Association)의 코스 지침을 고수한다.

VHS의 높은 수준의 코스와 온라인 교사들의 전문적인 개발은 K-12 온라인 교육의 세계적인 모델로서 인식되어 왔다. 참여학교들은 인터넷을 통해 가르칠 교사들은 하나 이상씩 선택한다. VHS 교사들은 학생 중심의 협동적인 방법으로 VHS 네트 코스에서 가르치는 방법과 공학을 효과적으로 사용하도록 온라인 훈련을 받는다.

VHS 네트 코스에서 가르치기 위해 학교에서 보낸 한 명의 교사를 대신하여 각 학교에서는 학기당 25명의 학생이 등록을 할 수 있다. 각 학교는 그들 학교의 VHS 학생들은 위한 상담자로서의 역할과 행정적인 접촉을 할 수 있도록 훈련받은 지역 조정자를 둔다.

(3) 홈스터디 인터내셔널

홈스터디 인터내셔널(HSI : Home Study International)은 기독교계의 원격학교로 학교에 다닐 수 없는 사람들에게 교육의 기회를 제공한다는 목적으로 1909년 파이어사이드(Fireside) 통신학교로 출발하였으며, 후에 홈스터디 인터내셔널로 명칭을 바꾸었다.

[그림 11-5] 홈스터디 인터내셔널의 초기화면(http://www.hsi.edu/)

HSI는 유아부, 유치부, 초등학교, 중등학교는 물론 대학교육 프로그램을 운영하고 있으며, 국내뿐만 아니라 외국 학생들에게 대학교육의 기회를 제공하고 있다. HSI는 교육적으로 믿을만한 안내된 독립학습과 원격교육 프로그램을 제공하여 학생들이 자신감, 독립적인 사고와 책임을 발달시키도록 지원하며, 학습자-교수자 관계에 있어서 개인적인 접촉을 강조한다.

유아부는 9개월부터 3세까지의 아동을 대상으로 놀이를 통하여 학습하면서 언어, 수학, 사회, 미술, 음악, 건강과 안전교육을 하고 있다. 유치부는 공인 프로그램과 비공인 프로그램으로 구별된다. 공인 프로그램은 메릴랜드 주가 인정하는 공인된 교육과정을 운영하며 자격을 갖춘 교사와 학부모는 아이의 교육을 위해 파트너가 된다. 교사들이 아이들을 가르치고 평가하며, 상담, 성적평가, 성적기록 관리를 지원하고, 메릴랜드 주에서 인정하는 성적표와 수료증을 제공한다.

비공인 프로그램은 교사의 지도나 성적평가, 성적기록 관리 없이 홈스쿨링으로 진행되고, 성적표나 수료증은 없으며 배치고사나 성취도 평가는 원하는 사람에 한하여 제공된다. 공인 프로그램이나 비공인 프로그램에서 학생들은 전과정 또는 개별 교과를 등록할 수 있다.

초등학교나 중등학교(1~8학년)의 경우에도 공인 프로그램과 비공인 프로그램으로 나뉘며 유치부와 유사하게 운영된다. 고등학교(9~12학년)는 공인된 프로그램만을 운영하며 학생들이 고등학교 프로그램에 필요한 학점을 이수하면 메릴랜드가 인정하는 고등학교 졸업장을 받게 된다. 학생들은 전과정 또는 개별 교과를 신청할 수 있으며, 경제, 영어, 예술, 건강과 가정경제, 역사, 언어, 수학, 종교, 과학 교과를 다룬다.

HSI는 미국 교육부가 인정하는 원격교육과 훈련협회에서 공인받은 대학수준의 프로그램도 운영하고 있는데 교환학점을 원하는 학생들을 위해 다양한 과목을 제공한다. 과목을 보충하거나 교육을 단기에 끝마치려는 목적을 가진 학생들에게는 좋은 선택이 될 수 있다. HSI는 콜

럼비아 유니온 칼리지, 앤드류 대학, 오크우드 칼리지와 협정을 맺고 있으며, 학생들은 자유롭게 학점을 이수하게 한다.

03 캐나다

(1) 알버타 원격학습센터

캐나다의 초·중등 원격교육은 학교교육에서 부족한 부분을 가정에서 학습하도록 지원하여 왔다. 학교에 전문교사가 없는 경우나 더 우수한 원격교육 프로그램이 있는 경우, 학교에서의 학습만으로 학생의 요구를 충족시킬 수 없는 경우 학부모가 일차적으로 비용을 부담하면서 외부 원격교육 프로그램을 활용하여 교육의 질을 높이려고 노력해 왔다. 그 대표적인 예로 알버타 원격학습센터(Alberta Distance Learning Center)를 들 수 있다.

알버타 원격학습센터는 캐나다 연방정부의 교육부 산하 기관으로서 1923년에 모든 학습자에게 동등한 교육의 기회를 부여하고자 시작된 이래 100만 명 이상에게 원격교육을 제공해 왔다. 이 학습센터의 주된 교육방법은 인쇄매체와 각종 시청각 매체를 이용한 원격교육이며, 쌍방향 매체가 발달되면서 팩스, 전자메일 등을 사용하였다. 1996년 컴퓨터 통신을 활용한 원격교육 방식을 통합하였으며, 현재 매년 18,000명 이상에게 다양한 방식으로 원격교육을 제공하고 있다.

알버타 원격학습센터는 알버타주와 캐나다의 북서부 지역에 거주하는 K-12 수준의 학습자를 대상으로, 기초과정과 온라인 과정으로 나누어 운영된다.

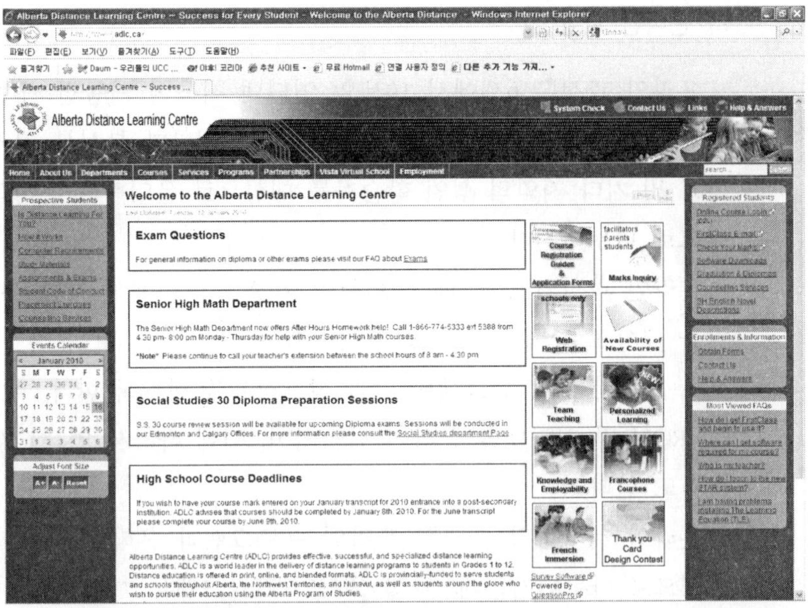

[그림 11-6] 알버타 원격학습센터의 초기화면(http://www.adlc.ca)

1) 기초과정

기초과정은 초기 원격교육에서와 같이 교육기회의 확대라는 이념 하에 운영되어 학위수여까지 연결되는 프로그램이다. 초 · 중등학교 과정으로 구성되어 있으며, 주로 인쇄교재 패키지를 중심으로 자학자습을 하도록 하면서 시청각 매체로 보충학습을 실시하고, 학습자가 수행한 과제를 팩스나 전자메일로 교사에게 전송하는 방식으로 상호작용의 기회를 제공한다.

아울러, 무료전화 및 전자메일로 교사와 정기적인 연락을 취하도록 하고, 교과목에 따라 CD-ROM 및 인터넷 대화방을 이용한다. 학습자들이 성적보고서는 매달 기록된다. 기초과정 고등학교 수준의 경우 필요 학점을 모두 이수하면 알버타주의 고등학교 졸업자격증을 취득할 수 있다.

2) 온라인 과정

온라인 과정은 6세에서 19세의 인터넷 사용이 가능한 개별 학습자를 대상으로 운영하는 온라인 학교과정과 캐나다 북서부 지역의 소속 학교 및 기타 지역의 성인 학습자를 대상으로 운영하는 온라인 계약과정으로 나누어진다.

온라인 과정의 경우 매주 30시간 이상을 학습에 투자할 수 있는 사람들 대상으로 매주 과제를 부여하면서, 전자메일 및 인터넷 채팅 등으로 교수자 또는 동료 학습자와 상호작용을 하도록 한다. 학습내용은 CD-ROM 및 인터넷을 통하여 전달되며, 때에 따라서 인쇄교재를 활용하기도 한다.

온라인 계약과정은 교실 온라인 프로그램과 온라인 여름학기 프로그램으로 나누어지는데, 교실 온라인 프로그램은 7학년부터 12학년을 대상으로 하며 일반학교에서 학교 단위로 등록금을 내고 수강하며, 온라인 여름학기 프로그램은 7학년부터 12학년을 대상으로 하며 개별 학습자가 재수강하거나 방학동안 필수학점을 취득할 수 있도록 운영된다.

(2) 페블스 사업

최근 캐나다의 교육 분야에서는 페블스(PEBBLES : Providing Education by Bringing Learning Environments to Students) 사업이 대표적인 네트워크 활용 사례로 크게 주목받고 있다.

페블스 사업은 화상회의와 로봇 기술을 이용하여 병원에 입원한 어린이들에게도 학교수업에 참여할 수 있도록 하는 시스템으로 여러 연구 결과를 통해 그 효과를 인정받고 있다.

페블스란 병원에 입원한 어린이들이 학교수업에 참여할 수 있도록 화상회의 기술과 로봇 기술을 활용하여 라이어슨 대학(Ryerson University),

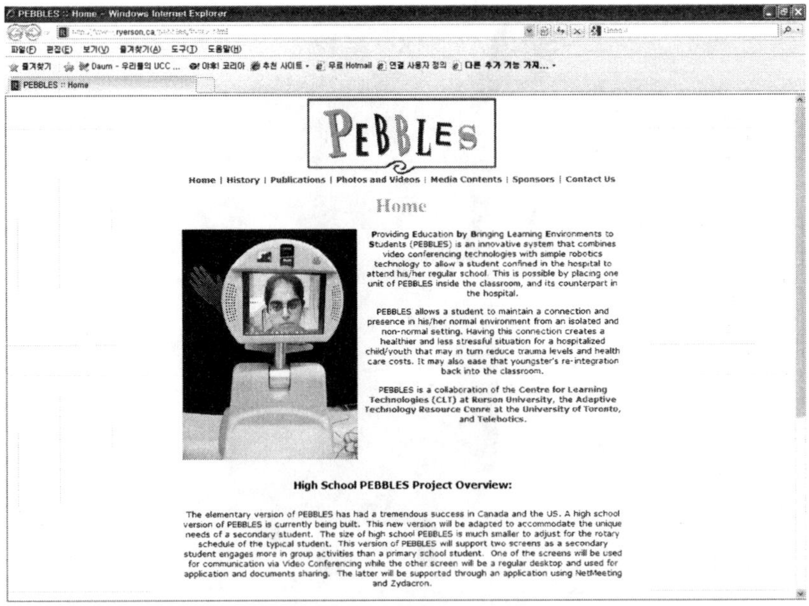

[그림 11-7] 페블스 프로젝트 초기화면(http://www.ryerson.ca/pebbles)

텔레보틱 회사(Telebotics Inc), 토론토 대학(University of Toronto)의 연구진들이 개발한 새로운 시스템이다. 페블스는 두 부분으로 구성되어 있으며, 한 부분은 학교에, 또 다른 한 부분은 병원에 설치한다.

학교에 있는 시스템은 어린아이 크기 정도의 노란색 달걀 모양을 하고 있는데, 이것은 병원에 있는 아이에게 교실에서 나는 사운드와 이미지를 전송해준다. 병원에 있는 시스템은 병원에 입원한 학생의 이미지와 사운드를 교실에 전달한다.

병원에 있는 학생은 비디오 게임 패드를 사용하여 교실에 있는 시스템을 조정할 수 있다. 예로 카메라를 돌리거나, 화면을 더 크게 보이도록 하거나 손을 들어 선생님에게 의사전달을 할 수 있다.

[그림 11-8] 페블스에 사용되는 시스템

페블스를 통해 병원에 입원한 학생들은 고립된 환경에서 보다 정상적으로 수업에 참여할 수 있게 되었고, 이들이 받던 수업에 대한 스트레스도 많은 부분 해소되었다.

연구진들은 페블스의 효과를 검증하기 위하여 6회의 파일럿 테스트를 시행하였는데, 아동들은 멀리서도 교실에 있는 페블스를 성공적으로 조정하였으며, 학교에서도 페블스가 효과적으로 통합된 것으로 나타났다.

04 영국의 개방대학교

영국의 개방대학교(Open University)는 1969년에 설립되어 1971년부터 대학교육의 기회를 갖지 못한 성인을 대상으로 교육을 시작하였다. 개방대학교가 개교한 이래 이백만명이 넘는 학생들이 고등교육을 받아 왔다.

개방대학교의 코스들은 학생들이 언제, 어디서나 원하는 시간과 장소에 학습할 수 있도록 설계되어 있다. 코스들은 다양한 교수매체 - 인쇄교재, TV와 라디오 프로그램, 오디오와 비디오테이프, 컴퓨터 소프트웨어와 실험 키트를 사용한다. 개인적인 접촉과 지원은 영국과 해외

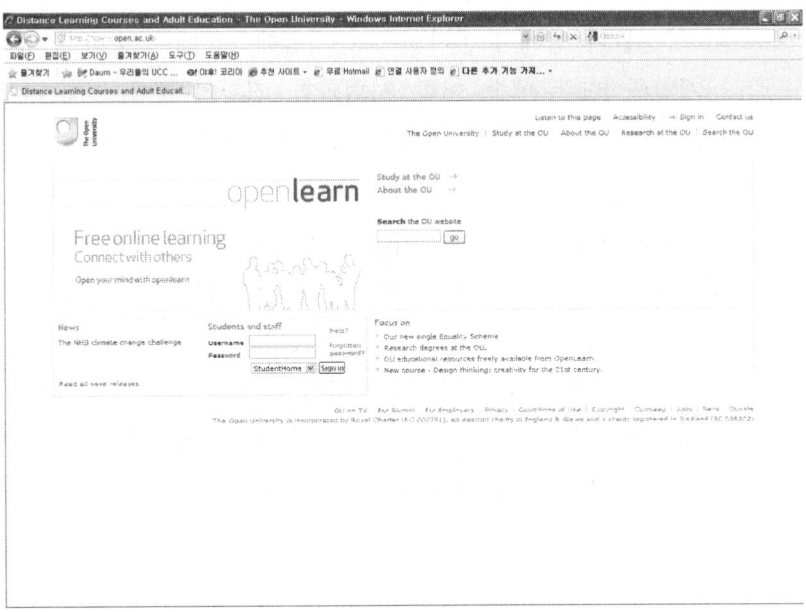

[그림 11-9] 영국의 개방대학교 홈페이지(http://www.open.ac.uk/)

에 있는 330개의 지역학습센터에 있는 튜터들과 출석수업학교를 통해서 이루어진다.

개방대학교는 2010년 현재 100,000여 명의 학부학생, 30,000여 명의 대학원학생으로 구성되어 있으며 그 중 10,000여 명은 장애학생이다. 또한 2002년 한 해 동안 정식으로 등록하지 않았지만 코스를 학습하고자 하는 학생들이 29,838개의 학습 패키지를 구입하였다.

개방대학교의 대학수준의 코스는 입학자격 제한을 하지 않으며, 이 코스들을 시작하는 학습자들의 3분의 1 이상이 일반 대학에서 요구하는 자격에 못 미치는 학생들이다. 그럼에도 불구하고 이 학생들의 70% 정도가 성공적으로 그들의 학업을 마치고 있다.

연령별 구성비를 살펴보면 학습자들의 3분의 2정도가 25세에서 44세의 분포를 보이고 있지만, 18세만 되면 입학할 자격을 갖게 된다. 거의 대부분의 학습자들은 파트타임으로 일을 하고 있으며 재학생의 70% 정도가 전일제 직장을 갖고 있는 학생들이다. 180,000여 명 이상의 학생들이 집에서 온라인으로 개방대학교에 접속하고 있다.

개방대학교는 예술, 어학, 사회과학, 건강과 복지, 과학, 수학과 컴퓨터, 공학, 경제와 경영, 교육과 법률 분야에서 360개 이상의 대학수준과 대학원 수준의 코스를 제공하고 있다.

150개 이상의 코스들이 가상 개인교수와 토론 그룹, 멀티미디어 교수자료와 컴퓨터 컨퍼런싱을 포함하여 다양한 방법으로 학습을 향상시키기 위해 정보공학을 사용한다.

14개의 개방대학교 코스가 인터넷으로 전달되며, 개방대학교의 연구자들은 학습을 위해 정보공학의 새로운 적용—예를 들면 과학을 위한 가상 현장실습, 100,000명 이상의 청중을 대상으로 하는 인터넷 스타디움—을 위해 노력하고 있다.

요약 및 정리

사회변화에 따라 점차 원격교육을 통해 학습하는 사람들이 늘어나고 있으며, 이러한 현상은 세계적으로 확산되고 있는 추세이다. 아시아 지역은 인구가 많고 교육열이 높으며, 국가차원에서 전 국민에게 교육기회를 확대시키고자 원격교육을 시행하고 있다.

전반적으로 원격교육의 역사, 규모, 원격교육의 양과 질적인 차원에서 낮은 수준에 머무르고 있으며, 교수매체도 컴퓨터나 인터넷보다는 인쇄매체, 라디오, TV방송에 의존하였으나 최근 컴퓨터의 보급에 따라 점차 변화되고 있는 추세이다.

미국의 스타스쿨 프로젝트는 위성, 케이블, 네트워크, 멀티미디어 공학을 통해 전국 6,000여 개의 학교로 수업을 전달한다. 독립적인 원격교육기관으로는 인터넷을 통하여 수업을 하는 가상고등학교, 유아교육은 물론 초·중등, 대학의 교육 프로그램을 운영하는 홈스터디 인터내셔널 등 다양하게 운영되고 있다.

캐나다의 알버타 원격학습센터는 유치원부터 고등학교 수준의 학습자를 대상으로 다양한 매체를 통하여 원격교육을 제공해 왔으며, 1996년 컴퓨터 통신을 활용한 원격교육 방식을 통합하였다.

영국의 개방대학교는 영국, 유럽은 물론 파트너 협정을 맺은 여러 교육기관을 통해 수업을 들을 수 있으며, 150,000여 명의 학부학생, 30,000여명의 대학원학생들로 구성되어 있다.

코스들은 인쇄교재, TV와 라디오 프로그램, 오디오와 비디오테이프, 컴퓨터 소프트웨어와 실험 키트와 같은 다양하나 매체를 사용한다. 개인적인 접촉과 지원은 영국과 해외에 있는 330개의 지역학습센터에 있는 튜터들과 출석수업학교를 통해서 이루어진다.

탐구문제

1. 세계 각국에서 시행되고 있는 다양한 수준의(초・중등 수준, 대학 수준, 평생교육 수준) 원격교육 사례를 조사하고 그 특징을 제시하시오.
2. 세계 각국에서 시행되고 있는 원격교육의 사례를 분석한 결과 우리나라 원격교육에 적용할 수 있는 시사점을 제시하시오.

제12장

원격교육에 관한 법적 지원

● 학습목표

1. 원격교육과 관련된 대표적인 법규의 제목을 나열할 수 있다.
2. 우리나라에서 법규로 원격교육을 권장하는 이유를 설명할 수 있다.

* 핵심용어

◎ **평생교육법** : 학교교육 이외 평생교육의 차원에서 실시하는 포괄적인 의미의 교육 관련법

◎ **근로자 직업훈련** : 산업체에 근무하는 근로자들의 능력향상을 위해 실시하는 교육과 연수

◎ **정보화** : 디지털이 근간이 되는 사회체제를 구축하는 의미로 사회 각 부분이 정보화를 바탕으로 움직이는 것

원격교육의 제도 및 법규는 지난 십 여년간 상당히 많은 변화를 가져오고 있다. 이는 인터넷의 확산으로 평생교육의 개념에서 원격(사이버)대학에서부터 기업의 사원연수, 인터넷 학습관련 산업에 이르기까지 더욱 다양하면서도 급변하고 있기 때문이다.

원격교육의 개념은 관련법규에서는 사이버, 인터넷, 디지털 멀티미디어 혹은 이-러닝이라는 용어와 혼용하여 쓰이고 있다. 현재 우리나라의 원격교육은 인터넷을 통하여 학습자에게 교육의 기회가 제공되는 사이버대학이 정식학위를 부여하는 원격교육기관으로 법적인 보호를 받고 있다. 기업의 연수에서도 사이버상의 교육과 연수의 기회가 제공되는 것을 법으로 규정하고 있다.

또한 초 · 중등 학교에서도 사이버 가정학습체제를 도입하여 수업자료와 학생들의 보충, 심화학습 자료로 제공되며, 인터넷 활용교육이 적극 권장되고 있는 실정이다.

01 평생교육 차원의 원격교육 제도 및 법규

우리나라에서 학사이상의 학위를 수여하는 사이버대학은 약 20여개가 넘는 곳으로 해마다 증가하고 있다. 이들은 평생교육법과 고등교육법에 의해 교육부의 인가를 받아 학생을 유치할 수 있다. 기업 내 사내대학의 개념도 여기에 포함될 수 있다. 최근에는 초·중등학교에서도 사이버 가정학습체제 도입으로 교육학술정보원에서 제공하는 다양한 사이버 학습자료를 각급 학교와 학생개인들에게 지원하고 있다.

이들과 관련된 법규를 살펴보면 다음과 같다.

- **평생교육법**

제22조(정보화 관련 평생교육의 진흥) ① 국가 및 지방자치단체는 각급 학교·민간단체·기업 등과 연계하여 교육의 정보화와 이와 관련된 평생교육과정의 개발을 위하여 노력하여야 한다.

② 국가 및 지방자치단체는 각급 학교·평생교육기관 등이 필요한 인적자원을 활용할 수 있도록 하기 위하여 대통령령으로 정하는 바에 따라 강사에 관한 정보를 수집·제공하는 제도를 운영할 수 있다.

제33조(원격대학형태의 평생교육시설) ① 누구든지 정보통신매체를 이용하여 특정 또는 불특정 다수인에게 원격교육을 실시하거나 다양한 정보를 제공하는 등의 평생교육을 실시할 수 있다.

② 제1항에 따라 불특정 다수인을 대상으로 학습비를 받고 이를 실시하고자 하는 경우에는 대통령령으로 정하는 바에 따라 교육과학기술부장관에게 신고하여야 한다. 이를 폐쇄하고자 하는

경우에는 그 사실을 교육과학기술부장관에게 통보하여야 한다. 〈개정 2008.2.29〉

③ 제1항에 따라 전문대학 또는 대학졸업자와 동등한 학력 · 학위가 인정되는 원격대학형태의 평생교육시설을 설치하고자 하는 경우에는 대통령령으로 정하는 바에 따라 교육과학기술부장관의 인가를 받아야 한다. 이를 폐쇄하고자 하는 경우에는 교육과학기술부장관에게 신고하여야 한다. 〈개정 2008.2.29〉

④ 교육과학기술부장관은 제3항에 따라 인가한 원격대학형태의 평생교육시설에 대하여는 평가를 실시하고 그 결과를 공개하여야 한다. 〈개정 2008.2.29〉

⑤ 제3항에 따른 원격대학형태의 평생교육시설의 설치기준, 학사관리 등 운영방법과 제4항에 따른 평가에 필요한 사항은 대통령령으로 정한다.

⑥ 제28조 제2항 각 호의 어느 하나에 해당하는 자는 원격대학형태의 평생교육시설의 설치자가 될 수 없다.

- **평생교육법 시행령**(일부개정 2001년 7월 7일, 대통령령 제17296호)

제26조(원격교육형태의 평생교육시설의 신고대상) 법 제22조 제2항 전단의 규정에 의하여 교육인적자원부장관에게 신고하여야 하는 원격교육형태의 평생교육시설(이하 "원격평생교육시설"이라 한다)은 학습비를 받고 10명 이상의 불특정 학습자에게 30시간 이상의 교습과정에 따라 화상강의 또는 인터넷강의 등을 통하여 지식 · 기술 · 기능 및 예능에 관한 교육을 실시하는 시설로 한다. 〈개정 2001.1.29〉

제27조(원격평생교육시설의 신고절차 등) ① 법 제22조 제2항 전단의 규정에 의하여 원격교육 등 평생교육을 실시하고자 하는 자는 다음 각 호의 사항을 기재한 신고서에 운영규칙 및 교육인적자원

부령이 정하는 서류를 첨부하여 교육인적자원부장관에게 제출하여야 한다. 〈개정 2001.1.29〉

1. 명칭
2. 목적
3. 설치자
4. 위치
5. 시설 · 설비
6. 개설예정일

② 제1항의 운영규칙에는 다음 각 호의 사항을 기재하여야 한다.

1. 명칭 · 목적 및 위치
2. 교육과정 · 정원
3. 입학 · 퇴학 및 수료와 상벌
4. 교육기간 · 휴강
5. 학습비
6. 기타 시설의 운영에 관하여 필요한 사항

③ 교육인적자원부장관은 제1항의 규정에 의한 신고가 있는 때에는 이를 검토하여 요건에 맞는 경우에는 교육인적자원부령이 정하는 신고증을 교부하여야 한다. 〈개정 2001.1.29〉

④ 원격평생교육시설의 설치자의 지위를 승계하는 자는 교육인적자원부령이 정하는 서류를 갖추어 교육인적자원부장관에게 신고하여야 한다. 〈개정 2001.1.29〉

⑤ 법 제22조 제2항 후단의 규정에 의하여 원격평생교육시설을 폐쇄하고자 하는 자는 그 사유, 폐쇄연원일, 잔여업무의 처리방법 등을 기재한 서류를 갖추어 폐쇄예정일 30일전까지 교육인적자원부장관에게 통보하여야 한다. 〈개정 2001.1.29〉

제28조(원격대학형태의 평생교육시설의 설치자) 법 제22조 제3항의 규정에

의한 원격대학형태의 평생교육시설(이하 "원격대학"이라 한다)의 설치인가를 받을 수 있는 자는 다음 각 호의 1에 해당하는 자로 한다.

1. 지방자치단체
2. 학교법인
3. 민법 제32조의 규정에 의한 재단법인 또는 특별법에 의하여 설립된 비영리법인

제29조(원격대학의 설치인가) ① 법 제22조 제3항 전단의 규정에 의하여 원격대학의 설치인가를 받고자 하는 자는 다음 각 호의 사항을 기재한 원격대학설치계획서에 교육인적자원부령이 정하는 서류를 첨부하여 매년도 3월 31일까지 교육인적자원부장관에게 제출하여야 한다.〈개정 2001.1.29〉

1. 명칭
2. 목적
3. 설치자
4. 위치
5. 학칙
6. 향후 4년간(전문대학졸업자와 동등한 학력·학위가 인정되는 원격대학의 경우에는 2년간)의 재정운영계획
7. 향후 4년간(전문대학졸업자와 동등한 학력·학위가 인정되는 원격대학의 경우에는 2년간)의 교육·연구용 시설·설비 확보계획
8. 실습이 필요한 경우에는 실습시설·설비 확보계획
9. 교원확보계획
10. 학사운영에 관한 계획
11. 최근 2년간의 원격교육 프로그램 운영실적
12. 개교예정일

② 제1항 제1호의 명칭에는 "원격 · 사이버" 또는 "가상" 등 원격대학임을 나타내는 용어가 포함되어야 한다.

③ 학칙의 기재사항에 관하여는 고등교육법시행령 제4조제1항의 규정을 준용한다.

④ 교육인적자원부장관은 제1항의 규정에 의하여 원격대학설치계획서 등을 제출받은 때에는 제14조 제4항 내지 제8항에 규정된 절차를 준용하여 처리한다. 〈개정 2001.1.29〉

제30조(원격대학의 폐쇄신고) ① 법 제22조 제3항 후단의 규정에 의하여 원격대학을 폐쇄하고자 하는 자는 다음 각 호의 사항이 기재된 서류를 갖추어 폐쇄예정일 30일전까지 교육인적자원부장관에게 신고하여야 한다. 〈개정 2001.1.29〉

1. 폐쇄사유
2. 폐쇄연월일
3. 학생 및 학적부의 처리방법

② 제1항의 규정에 의하여 폐쇄된 원격대학의 학적부관리에 관하여는 교육인적자원부장관이 정하는 바에 의한다. 〈개정 2001.1.29〉

제31조(원격대학의 설치기준) 법 제22조 제4항의 규정에 의한 원격대학의 설치기준은 다음 각 호와 같다.

1. 제32조의 규정에 의한 교사 및 설비를 확보할 것
2. 제33조의 규정에 의한 교원을 확보할 것
3. 제34조의 규정에 의한 수익용기본재산을 확보할 것

제32조(원격대학의 교사 · 설비) ① 원격대학은 별표 6의 구분에 의한 교사를 확보하여야 하되, 이는 설치자의 소유이어야 한다. 다만, 고등교육법 제2조의 규정에 의한 학교의 설립 · 경영자가 타인과 공동으로 제28조 제2호 또는 제3호의 법인을 설립하여 원격대학을 설치하는 경우에는 당해 학교의 교사로 이를 대신할 수

있다.

② 제1항의 규정에 의한 교사에는 교육인적자원부령이 정하는 원격교육설비를 갖추어야 한다.〈개정 2001.1.29〉

제33조(원격대학의 교원) ① 원격대학에는 전임교원 및 조교를 각각 학과별로 1인 이상 두어야 하며, 수업의 원활한 실시에 필요한 겸임교원 및 시간강사 등을 확보하여야 한다.

② 교원 및 조교의 자격기준에 관하여는 교수자격기준 등에 관한규정을 준용한다.

제34조(원격대학의 수익용기본재산) ① 제28조 제1호의 지방자치단체를 제외한 원격대학의 설치자는 연간학교회계운영수익총액에 해당하는 가액의 수익용기본재산을 확보하여야 하며, 이에 필요한 사항에 관하여는 대학설립·운영규정 제7조 제2항 내지 제4항의 규정을 준용한다.

② 원격대학의 설치자는 연간학교회계운영수익총액에 해당하는 가액을 보험금으로 하는 보증보험에 가입함으로써 제1항의 규정에 의한 수익용기본재산의 확보를 갈음할 수 있다.

제35조(원격대학의 학년도·학기 및 교육과정 등) 원격대학의 학칙의 제정·개정, 학년도, 학기 및 교육과정 등에 관하여는 제20조 내지 제22조의 규정을 준용하되, 제21조 제2항 본문 중 "2년 또는 4년 이상"은 "4년 이상"으로 본다.

제36조(원격대학의 수업 등) ① 원격대학의 수업은 화상강의·인터넷강의 등의 방법으로 하되, 원격수업의 보조방법으로 출석수업을 실시할 수 있다. 이 경우 수업운영에 관하여 필요한 사항은 학칙으로 정한다.

② 원격대학 학생의 학업성취도 평가는 통신에 의한 평가방법으로 하되, 출석평가를 병행할 수 있다. 이 경우 평가방법에 관하여 필요한 사항은 학칙으로 정한다.

제37조(원격대학의 입학 · 편입학 등) ① 원격대학에 입학할 수 있는 자는 고등학교를 졸업한 자 또는 법령에 의하여 이와 동등 이상의 학력이 있다고 인정된 자로 한다.

② 원격대학의 학생은 제1항의 규정에 의한 자격이 있는 자중에서 선발하되, 선발의 방법 및 절차 등에 관한 사항은 학칙으로 정한다.

③ 원격대학의 학생정원 · 입학 및 편입학에 관하여는 고등교육법시행령 제28조 제1항 내지 제3항 및 제29조 제1항의 규정을 준용한다.

제38조(원격대학의 학위수여) 원격대학의 학위수여에 관하여는 제24조의 규정을 준용하되, 학위를 수여받기 위하여는 다음 각 호의 구분에 의한 학점을 취득해야 한다.

1. 전문학사학위과정 : 80점 이상
2. 학사학위과정 : 140점 이상

제39조(수업료 등) ① 원격대학의 설치자는 학칙이 정하는 바에 의하여 입학금 및 수업료 기타 납부금을 받을 수 있다.

② 입학금 및 수업료 기타 납부금의 징수와 반환 등에 관하여 필요한 사항은 교육인적자원부령으로 정한다.〈개정 2001.1.29〉

제40조(재무 · 회계) ① 원격대학에 속하는 회계(이하 "원격대학회계"라 한다)의 회계연도는 당해 원격대학의 학년도에 따른다.

② 원격대학의 설치 · 경영자는 원격대학회계를 다른 회계와 구분하여 관리하여야 한다.

③ 원격대학의 모든 수입과 지출은 각각 원격대학회계의 예산에 편성되어야 한다.

• **고등교육법**(대통령령 제17008호 일부개정 2000.11.28)

제5절 방송 · 통신대학

제62조(방송 · 통신대학의 과정 설치) 법 제53조제1항의 규정에 의한 방송 · 통신대학의 전문학사학위과정 및 학사학위과정의 설치에 관한 사항은 따로 대통령령으로 정한다.

제63조(수업의 운영) 방송 · 통신대학의 수업운영은 방송 · 통신강의, 출석수업, 실험실습, 교재에 의한 학습 및 과제물 지도 등의 방법으로 하되, 기타 수업운영에 관하여 필요한 사항은 학칙으로 정한다.

제64조(준용규정) 제28조제2항 · 제43조제1항 · 제48조 및 제60조의 규정은 방송 · 통신대학의 학생의 모집단위, 학위의 종류 및 수여에 관하여 각각 이를 준용한다. 이 경우 "대학(대학원 및 대학원대학을 제외한다. 이하 이 항에서 같다)" · "대학" 및 "학교"를 각각 "방송 · 통신대학"으로 본다. 〈개정 2000.11.28〉

• **한국교육학술정보원법**(법률 제9414호, 2009.2.6, 일부개정)

제6조(사업) 교육정보원은 다음 각 호의 사업을 수행한다.

1. 교육 및 학술연구에 필요한 정보의 제작 · 조사 · 수집 및 관리와 이를 활용하기 위한 연구
2. 교육정보제공체제의 구축 및 관리 · 운영
3. 교육 및 학술정보의 개발 · 유통에 필요한 정보의 체계화 및 표준화
4. 멀티미디어를 이용한 교육용 정보 · 자료의 연구 · 개발 · 발굴 및 보급
5. 각급 학교의 도서관 전산화 및 전자도서관의 구축 지원
6. 각급 학교의 교육 및 교육행정의 정보화 지원

7. 원격교육 · 연수 및 이에 대한 지원
8. 교육 및 학술정보 관련 국제교류 및 협력

〈전문개정 2009.2.6〉

- **한국교육학술정보원법 시행령**〈대통령령 제20740호, 2008.2.29〉

제2조(지역교육정보센터) ① 한국교육학술정보원(이하 "교육정보원"이라 한다)은 한국교육학술정보원법(이하 "법"이라 한다) 제11조의 규정에 의하여 다음 각 호의 업무를 수행하는 지역교육정보센터를 설치 · 운영할 수 있다.

1. 지역에 맞는 교육정보의 개발 · 제공 및 교육정보활용지원
2. 지역교육정보제공체제의 구축 및 관리 · 운영
3. 지역내의 학교에 대한 교육정보화지원
4. 기타 지역교육정보화사업의 지원

② 교육정보원은 지역교육정보센터를 특별시 · 광역시 및 도 교육청에 두고자 하는 경우에는 당해 교육감과의 협의를 거쳐 교육과학기술부장관의 승인을 얻어야 한다.〈개정 2001.1.29, 2008.2.29〉

02 인터넷을 활용한 근로자 직업훈련지원

산업체 근로자들의 전문 직업 능력을 개발할 수 있도록 각 기관에서 근로자들에게 교육, 연수, 훈련을 제공하도록 법으로 규정하고 있다. 이를 직업능력개발훈련이라 하는데, 교육과 연수를 전달하는 방법으

로서 원격교육(혹은 통신교육)이 권장되고 있다. 2002년 노동부에서 인터넷 통신훈련 지침(이 책의 부록에서 참조)이라고 발표되었으며, 산업체 기관에 인터넷 교육프로그램을 제공, 지원하는 기관은 이를 참고하도록 하였다. 또한 한국직업능력개발원(www.krivet.re.kr)에서는 각 기관의 인터넷 과정에 대한 심사를 하여 양질의 인터넷 과정이 전달되도록 하고 있다.

- **근로자 직업교육훈련촉진법**(일부개정 2003년 5월 27일, 법률 제06878호)

제15조(원격 직업교육 훈련체제의 구축) ① 직업교육 훈련기관의 설치. 운영자는 첨단정보통신매체를 활용한 효율적인 원격 직업교육 훈련체제의 구축에 노력하여야 한다. ② 직업교육 훈련기관의 설치, 운영자는 멀티미디어 학습자료 등 각종 교육훈련매체의 개발, 활용에 노력하여야 한다.

- **근로자 직업훈련촉진법 시행령**(일부개정 2001년 7월 30일, 대통령령 제17327호)

제2조(정의) ① 이 영에서 사용하는 용어의 정의는 다음과 같다.

1. "양성훈련"이라 함은 근로자에게 직업에 필요한 기초적 직무수행 능력을 습득시키기 위하여 실시하는 직업능력개발훈련을 말한다.
2. "향상훈련"이라 함은 양성훈련을 받은 자 또는 직업에 필요한 기초적 직무수행능력을 가지고 있는 자에게 더 높은 직무수행능력을 습득시키거나 기술발전에 대응하여 필요한 지식·기능을 보충하기 위하여 실시하는 직업능력개발훈련을 말한다.
3. "전직훈련"이라 함은 근로자에게 종전의 직업과 유사하거나 새로운 직업에 필요한 직무수행능력을 습득시키기 위하여 실

시하는 직업능력개발훈련을 말한다.

4. "집체훈련"이라 함은 직업능력개발훈련을 실시하기 위하여 설치한 훈련전용시설을 이용하거나 기타 훈련을 실시하기에 적합한 시설(산업체의 생산시설 및 근무장소를 제외한다)에서 실시하는 직업능력개발훈련을 말한다.
5. "현장훈련"라 함은 산업체의 생산시설을 이용하거나 근무장소에서 실시하는 직업능력개발훈련을 말한다.
6. "통신훈련"이라 함은 정보 · 통신매체 등을 이용하여 원격지에 있는 근로자에게 실시하는 직업능력개발훈련을 말한다.

② 제1항 외에 이 영에서 사용하는 용어의 정의는 근로자직업훈련촉진법(이하 "법"이라 한다)이 정하는 바에 의한다.

제3조의2(직업능력개발훈련의 훈련기준) ① 법 제6조의2제1항의 규정에 의한 훈련기준은 국가경제발전에 기간(基幹)이 되는 직종에 대하여 노동부장관이 정하여 고시하되, 다음 각 호의 사항을 포함하여야 한다.

1. 훈련목표
2. 교과목 및 그 내용
3. 시설 및 장비
4. 훈련기간 및 시간(훈련기간은 3월 이상이고, 훈련시간은 350시간 이상이어야 한다)
5. 훈련방법
6. 훈련교사
7. 적용기간

② 제1항의 규정에 의하여 훈련기준을 정하거나 이를 변경하고자 하는 경우에는 산업계의 수요, 국가자격의 검정내용, 해당분야의 전문가 및 각종 단체의 의견, 직무분석의 결과 등을 고려하여야 한다.

③ 제1항의 규정에 의한 훈련기준의 설정 및 변경의 신청절차 등에 관하여 필요한 사항은 노동부령으로 정한다.

〈본조신설 2001.7.30〉

제4조(직업능력개발훈련의 과정 등) ① 법 제7조의 규정에 의한 기준훈련(이하 "기준훈련"이라 한다)과 그외의 직업능력개발훈련의 과정은 양성훈련과정 · 향상훈련과정 및 전직훈련과정으로 구분하되, 각 과정별 훈련은 집체훈련 · 현장훈련 및 통신훈련의 방법에 의하여 실시한다.

② 삭제〈2001.7.30〉

③ 제1항의 규정에 의한 직업능력개발훈련은 15세이상인 자에게 실시하여야 한다. 이 경우 직업능력개발훈련시설의 장은 훈련직종 및 내용에 따라 연령 및 학력을 따로 정할 수 있다.

직업능력개발원에서 실시하는 인터넷 원격훈련과정의 인정절차는 다음의 [그림 12-1]과 같다.

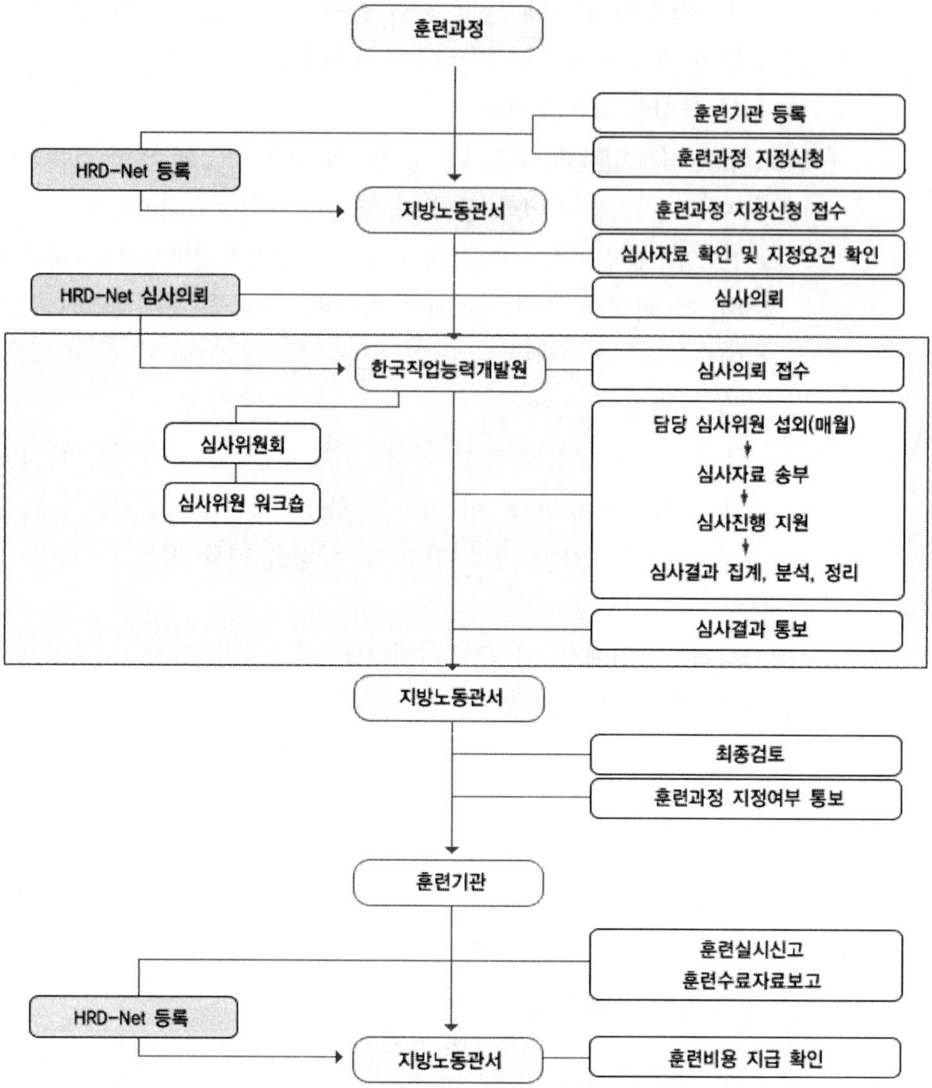

[그림 12-1] 인터넷 원격훈련과정 인정절차

03 인터넷 교육확산을 위한 정부의 노력

우리나라 정부는 각급 학교 및 사회 각 단체, 기업들이 국민의 정보화 촉진을 위하여 다양한 노력을 하도록 법으로 규정하고 있으며, 교육도 이 중 중요한 부분으로 자리를 잡고 있다. 또한 인터넷 교육과 관련된 산업을 육성하기 위하여 2004년 이러닝 산업발전법을 규정하였다.

- **정보화촉진기본법**(일부개정 2001년 1월 16일, 법률 제6360호)

제11조(공공 정보화 등의 촉진) ① 공공기관의 장은 행정업무와 정보화의 의료 · 교육 · 문화 및 환경의 정보화 등 공공분야의 정보화를 추진하여야 한다. ② 지방자치단체의 장은 지역사회의 특성에 적합한 지역정보화 사업을 추진하여야 하며, 정부는 이에 상응하는 행정 · 재정 · 기술 등 필요한 사항을 지원할 수 있다. ③ 정부는 산업기반의 고도화와 산업의 생산성 향상을 위하여 기업의 정보화 및 기업간 정보통신망의 구축, 이용 등 산업정보화의 촉진에 필요한 사항을 지원할 수 있다. ④ 정부는 제1항의 규정에 의한 교육 등 공공분야의 정보화를 추진함에 있어 민간투자를 적극 유치하고 관련 민간사업자 단체에 대하여 필요한 지원을 할 수 있다. 〈신설 99.1.21〉

제12조(정보문화의 확산) ① 정부는 정보화촉진 등이 활성화 될 수 있도록 홍보와 교육의 확대 등 정보문화 확산을 위한 시책을 추진하여야 한다. ② 정부는 정보화 촉진 등이 광범위하게 확산될 수 있도록 신문, 방송 등 언론매체를 활용한 정보통신 관련 교육과 홍보대책을 강구하여야 한다.

제16조의 2(보편적 역무의 제공과 복지정보통신의 실현) ① 정부는 정보통신망에 대한 자유로운 접근과 이용을 보장하고 지역적, 경제적 차별이 없는 균등한 조건의 보편적 역무가 제공될 수 있도록 필요한 시책을 강구하여야 한다. ② 정부는 노령자. 장애인, 저소득자 중 사회적 약자들이 자유로운 정보접근의 기회를 누리고 정보화의 혜택을 향유할 수 있도록 하기 위하여 정보통신 요금, 정보통신기기의 사용 편의성 및 정보이용능력의 개발 등에 필요한 대책을 강구하여야 한다.〈본조신설 99.1.21〉

제16조의 3(정보통신응용 서비스 이용 등의 활성화) 정부는 인터넷, 원격정보통신서비스 및 전자거래 등 정보통신망을 활용한 응용 서비스의 이용을 활성화하고 우수한 정보내용물의 개발을 촉진하기 위한 시책을 강구하여야 한다.〈본조신설 99.1.21〉

제20조(정보통신기술인력의 양성 등) 정부는 정보통신산업의 기반조성에 필요한 기술인력의 양성을 위하여 다음 각 호의 시책을 강구하여야 한다.

1. 각급 학교 기타 교육기관에서 시행하는 정보통신교육의 지원
2. 일반국민에 대한 정보통신교육의 확대
3. 정보통신기술인력 양성사업의 지원
4. 정보통신 전문인력 양성기관의 설립, 지원
5. 정보통신 교육프로그램의 정착 및 전문기술인력 수급 지원
7. 기타 정보통신기술 인력의 양성에 관하여 필요한 사항

- **온라인 디지털 콘텐츠 산업발전법**(제정 2001년 12월 7일, 법률 제06603호)

제3장 온라인 콘텐츠 산업의 기반조성

제7조(창업의 활성화) ① 정부는 온라인 콘텐츠 사업의 창업 촉진과 창업자의 성장, 발전을 위하여 창업지원계획을 수립하고 위원회의

심의를 거쳐 이를 시행하여야 한다. ② 정부는 제1항의 창업지원계획에 따라 투자 등 필요한 지원을 할 수 있다.

제8조(전문인력 양성) 정부는 온라인 디지털 콘텐츠(이하 "온라인 콘텐츠"라 한다.) 전문인력을 양성하기 위하여 고등교육법 제2조의 규정에 의한 대학, 대통령령이 정하는 온라인 콘텐츠 관련 연구소. 기관 또는 단체를 전문인력 양성기관으로 지정하여 교육 및 훈련을 실시하게 할 수 있으며 이에 필요한 예산을 지원할 수 있다.

- **온라인 디지털 콘텐츠 산업발전법 시행령**(제정 2001년 12월 7일, 대통령령 제17709호)

제12조(전문인력 양성기관의 지정 등) ① 법 제8조에서 "대통령령이 정하는 온라인 디지털 콘텐츠 (이하 "온라인 콘텐츠라" 한다.)관련 연구소. 기관 또는 단체"라 함은 다음 각 호의 연구소. 기관 또는 단체를 말한다.

1. 온라인 콘텐츠 관련 교육과정을 개설, 운영하고 있는 교육훈련기관 또는 단체
2. 정부출연연구기관 등의 설립, 운영 및 육성에 관한 법률에 의한 정부출연 연구기관
3. 민법 제32조 또는 공인법인의 설립, 운영에 관한 법률에 의한 법인으로서 온라인 콘텐츠 산업의 육성과 관련된 업무를 수행하는 법인
4. 그 밖에 온라인 콘텐츠 관련 교육훈련기관 또는 단체로서 정보통신부장관이 관계중앙행정기관의 장과 협의하여 인정하는 기관 또는 단체

② 정보통신부장관은 매년 관계중앙행정기관으로부터 소관별 전문인력 양성기관의 교육, 훈련현황을 제출받아 이를 종합하여

위원회에 제출하여야 한다.

- **이러닝(전자학습) 산업발전법**(제정 2004년 1월 8일)

제3장 이러닝 산업의 기반조성

제9조(전문인력의 양성) ① 정부는 이러닝 산업의 발전을 위하여 필요한 전문인력을 양성하는데 노력하여야 한다. ② 정부는 이러닝 산업의 발전을 위한 전문인력을 양성하기 위해 고등교육법 제2조의 규정에 의한 대학, 평생교육법 제22조 제3항의 규정에 의하여 설립된 원격대학 및 대통령령이 정하는 이러닝 관련 연구소, 기관 또는 단체를 전문인력 양성기관으로 지정하여 교육 및 훈련을 실시하게 할 수 있으며 이에 필요한 예산을 지원할 수 있다.

제4장 이러닝 산업의 활성화

제15조(개인의 이러닝 지원) 정부는 개인이 능력개발과 학습능력을 효과적으로 배양할 수 있도록 이러닝에 관한 필요한 시책을 마련하여야 한다.

제16조(기업의 이러닝 지원) 정부는 기업의 생산성 향상과 경쟁력 강화를 위하여 기업의 이러닝 도입을 촉진시키기 위한 시책을 마련하여야 한다.

제17조(지역의 이러닝 지원) ① 정부는 지역 간 학습격차를 해소하고 균형발전을 위하여 지역의 이러닝 활성화를 지원하여야 한다. ② 지방자치단체는 지역균형개발 및 지방중소기업육성에 관한 법률 제2조 제6호에서 규정하고 있는 지방중소기업 형태의 이러닝 사업자의 육성에 필요한 시책을 마련하여 추진하여야 한다.

제18조(공공부문의 이러닝 도입) ① 공공기관의 장은 당해 공공기관에서 책정한 교육훈련 중 대통령령이 정하는 비율만큼을 이러닝 형

태로 시행하여야 한다. ② 공공기관의 장은 이러닝이 교육훈련 방법으로 장착될 수 있도록 예산지원, 다른 교육훈련방법과의 차별개선 등 필요한 조치를 하여야 한다. ③ 공공기관의 장은 당해 기관의 인력양상을 위한 민간 지원사업 중 일정 부분을 이러닝 콘텐츠로 제작하여야 한다. ④ 제1항 내지 제3항에서 규정한 구체적인 기준이나 시행방법 등은 대통령령으로 정한다.

제20조(이러닝 센터) ① 정부는 제15조 내지 제17조의 이러닝 지원의 효율적인 시행을 위하여 이러닝 센터를 지정할 수 있다. ② 이러닝 센터는 다음 각 호의 기능을 수행할 수 있다.

1. 중소기업의 이러닝을 지원하기 위한 교육 및 경영 자문
2. 지역의 이러닝으로 할 수 있는 공공 서비스
3. 그 밖에 대통령이 정하는 사항

③ 정부는 이러닝 센터로 지정된 기관에 대한 경비의 일부를 지원할 수 있다. ④ 정부는 제1항의 규정에 의하여 지정된 이러닝 센터가 제2항의 규정에 의한 기능을 충분히 수행하지 못하고 있거나 제4항의 규정에 의한 지정요건에 미달하는 경우에는 청문의 절차를 거쳐 지정을 취소할 수 있다. ⑤ 제1항 내지 제4항외에 이러닝 센터의 지정요건, 절차. 운영방법, 경비지원, 지정취소 절차 등에 관하여 필요한 사항을 대통령령으로 정한다.

제22조(공공정보의 이러닝 콘텐츠화 지원) ① 정부는 공공정보의 디지털화를 활성화하여 이러닝 콘텐츠의 개발이 활성화될 수 있도록 지원하여야 한다. ② 공공기관의 장은 이러닝 사업자가 공공정보를 이러닝 콘텐츠로 제작, 이용하고자 할 때에는 당해 기관이 보유, 관리하는 정보 중 공공기관의 정보공개에 관한 법률 제7조의 규정에 의한 비공개 대상정보를 제외한 정보를 공개하여야 한다. ③ 공공기관의 장은 공공정보의 이러닝 콘텐츠 개발 등의 활용을 위하여 대통령령이 정하는 바에 따라 공공정보에

대한 이용조건, 방법 등을 정하고 이를 공개하여야 한다.

제23조(자유이용정보의 이용활성화) ① 정부는 이러닝을 위하여 기업 및 공공부문에서 자유이용정보의 디지털화 등 이용활성화에 대한 지원방안을 마련하여야 한다. ② 정부는 제1항의 규정한 디지털화된 자유이용정보의 축적 및 이용의 활성화를 위하여 "자유이용정보저장소"를 설치할 수 있다. ③ 제1항 및 제2항에서 규정한 자유이용정보의 활성화를 위한 지원방법, 자유이용정보저장소의 설치방법 등 구체적인 사항은 대통령령으로 정한다.

요약 및 정리

인터넷 교육이 원격교육의 근간을 이루게 됨으로서 정부차원에서 원격교육을 학교교육, 평생교육, 산업체 교육에 폭넓게 활용하도록 법으로 규정하는 노력이 점차 강화되고 있다. 이를 바탕으로 많은 수의 사이버대학이 해마다 증가하고 있으며, 기업 및 정부들 성인근로자들을 대상으로 한 인터넷 교육의 기회가 점점 확대되고 있다. 성인학습자들에게는 좀 더 양질의 인터넷 교육을 제공하고자 하는 노력으로 인터넷 통신교육 과정에 대한 심의 과정을 노동부에서 의무화하고 있으며, 인터넷 관련 산업의 발전을 위한 법규도 새로이 제정이 되었다. 향후에 이러한 노력은 점점 확산될 것이며, 이에 따라 각급 학교와 연수기관, 관련 산업체에 인터넷 교육이 미치는 영향력도 커질 것이다.

탐구문제

1. 인터넷 중심 원격교육의 시행을 법규로 권장하는 의미를 간단히 설명하시오.
2. 인터넷 관련 산업발전을 법으로 권장할 때 발생할 수 있는 문제점들을 간단히 나열하시오.

제13장

원격교육의 연구과제

● 학습목표

1. 원격교육 환경 전체를 통해 연구가 필요할 부분을 구분할 수 있다.
2. 원격교육의 질적 향상을 위한 중요 요소를 설명할 수 있다.
3. 원격교육의 주요 연구 이슈를 나열할 수 있다.

*** 핵심용어**

- **원격교육의 질** : 원격교육을 둘러싸고 있는 교수 - 학습 제반환경 구성요소들 각각의 수준을 높임으로써 원격교육 전체의 수준이 향상되어 학습자들이 만족할 만한 학습결과를 성취하는 것
- **원격교육의 매크로 요소** : 원격교육을 둘러싸고 있는 제도나 법규, 정책 등 원격교육의 교수 - 학습에 영향을 미치는 외부요소들
- **원격교육의 마이크로 요소** : 원격교육의 교수 - 학습에 직접적인 영향을 미치는 내부요소들로서 콘텐츠 설계 및 개발 · 운영 · 평가 등의 소프트웨어에 속하는 요소들과 인터페이스, 네비게이션, 플랫폼 등 하드웨어에 속하는 요소들

원격교육의 연구과제는 원격교육의 질적 향상과 밀접한 관계를 가지고 있다. 지난 몇 년 동안 원격교육은 인터넷의 발전과 확산에 따라 기하급수적으로 팽창이 되고 있으며, 이와 같은 양적인 발전은 원격교육의 질적 발전에 지대한 공헌을 했음에도 불구하고 오히려 걸림돌로서 작용을 하고 있는 것도 사실이다. 그 이유는 교육의 질적 우수성이란 먼저 학습자가 교육결과에 만족하여야 하고, 그로 인하여 가시적인 교육의 결과가 나타나야 함을 의미하는데, 아직까지 원격교육에서 이러한 결과가 크게 나타나고 있지 않음에 따라 원격교육의 질적 향상이 원격교육의 커다란 연구과제로 떠오르고 있다.

멜튼(Melton, 2002)은 인터넷 학습의 질에 대하여 “우수한 품질의 소프트웨어와 학습자의 수준높은 학습활동이 학습내용의 맥락(context)

과 잘 연계되어야 인터넷 학습의 질적 우수성이 가능해진다"고 강조한다. 다시 말해 인터넷 학습의 결과가 기대했던 정도에 도달하였을 때 인터넷 학습의 질을 언급할 수 있다는 의미이기도 하다.

인터넷을 중심으로 하는 원격교육에 대해 국내 · 외에서 진행되어온 연구들을 통해 원격교육의 연구방향이 어디로 향하고 있는지 알아보기로 한다.

01 국내 원격교육 연구

국내의 관련연구들은 주로 원격교육을 구성하고 있는 환경을 중심으로 조직 · 정책 · 인력 등 거시적인 측면에서의 논의와 교수 - 학습 내용(콘텐츠)의 설계, 개발, 운영, 평가에 대한 미시적인 측면에서의 논의로 나누어 분석되고 있다. 이 중 대부분의 연구들은 미시적인 측면에서의 질적 향상을 위한 요소들에 집중되고 있다.

조은순 · 이성 (2004)은 인터넷을 기반으로 하는 원격교육에서의 우수한 질은 교수 - 학습 환경 전반에 포함되는 콘텐츠, 미디어, 테크놀로지, 운영 서비스 등 인터넷 기반 원격교육을 위해 제공되는 제반요소들 각각에 대하여 높은 수준을 요구하는 것이며, 이들 요소 각각의 질이 인터넷 기반 원격교육 전반의 질을 좌우하게 된다고 한다.

이들은 기업 · 대학 · 연구소 · 교사 · 업체들의 전문가들을 대상으로 분석한 설문에서 평가측정 시스템, 설계 · 개발 프로세스, 전문가 양성 · 관리 시스템, 행정/운영 시스템, 기술 인프라, 비전 및 리더십 등 거시적이고 미시적인 요소들을 골고루 중요한 핵심요소로서 지적하고 있다. 이들 요소들은 단독으로도 우수한 질을 유지해야 하며, 인터넷 기반 원격교육의 운영과정에 포함되는 콘텐츠 설계 · 제작과 운영 · 관리요소 각각이 질적으로 우수해야 하기 때문에 이들 모든 요소를 관리해야 하는 평가 시스템의 중요성을 강조하고 있다. 또한 정부의 정책과 지원책도 이들 요소를 반영하여 실시해야 한다고 한다.

안미리 · 김미량(2001)은 원격교육체제에 대한 질관리나 평가의 준거가 전통적 교육체제에 대한 평가방법과 달리 적용되어야 함에도 명확한 대처방안이 마련되어 있지 않음을 지적하며, 가상원격 교수 - 학습의 질을 관리 · 보장 · 통제하여 보다 만족스러운 교육경험을 대상 학습자에게 제공하기 위한 10가지 여건으로 조직의 운영목적, 재정적 지원의 가능성, 학습자 관심과 시장규모, 적절한 학문 영역, 프로그램 및 자료개발 과정, 교수진의 관심과 능력, 적절한 학습자원 구성전략, 기술 장비와 시설의 관리 · 유지 · 다양한 지원체제, 체계적 평가를 위한 계획 등을 강조하고 있다.

교육과정과 결과에 대한 균형과 자기평가와 외부평가의 통합을 강조하는 홍순정 외(1998)는 이를 위한 1차적 요소로서 교육과 관련된 기능적 측면과 2차적 요소로서 교수, 시설, 설비, 재정 · 경영을 포함하는 지원체제로 구분하여 질적 요소의 중요성을 주장하고 있다.

평가에 관해서는(김재웅 외, 2000) 학습활동지원 인프라, 연구지원 인프라, 인적조직 인프라, 시스템 인프라, 개발 및 관리 인프라 등 5가지 영역으로 구분하여 각 영역별로 세부 구성요소들을 추출 · 설정하고 있으며, 이들 구성 영역간의 유기적 관련성과 상호조화, 협력의 정도가 가상원격교육의 총체적 질에 결정적 영향을 미친다고 주장하고 있다.

최경애(2001)는 인터넷 기반 원격교육체제의 질관리 모형 연구를 통해 서비스의 내용과 유형에 따른 인터넷 기반 교육체제의 교육요소를 크게 학문적 서비스(교재, 코스 안내 정보 및 진단검사, 교수 - 학습 상호작용 - 동기부여 및 피드백, 학습자의 요구에 대한 새로운 자료지원,

학급운영 및 기술지원 - 교사의 학급운영에 관한 역할)와 관리 행정적 서비스(기술진의 학급지원, 소프트웨어 및 웹 애플리케이션, 공공정보, 입학에서 코스 수강까지의 절차와 지원, 학사행정 및 상담 서비스 등)로 분류하여 제시하고 있다. 지금까지 분석된 국내 선행연구들을 정리, 요약하면 〈표 13-1〉과 같다.

〈표 13-1〉 인터넷 기반 원격교육 관련된 국내연구 - 조은순 · 이성(2004)에서 재구성

연구자	인터넷 기반 원격교육 연구요소들	
안미리 김미량 (2001)	미시적 요소	① 조직관리체제, ② 물리적 환경, ③ 교육과정(교수 - 학습)관리, ④ 기술 인프라, ⑤ 인적 자원, ⑥ 지원체제
	거시적 요소	① 원격교육 강좌의 계획, ② 강좌의 설계와 개발, ③ 강좌개발의 형성적 평가, ④ 강좌 전달 : 분배, ⑤ 강좌의 전달과 관리, ⑥ 행정지원/학습자 지원체제, ⑦ 강좌평가(강좌 효과성평가)
홍순정 외 (1998)	① 1차적 요소 : 기능적 측면(교육과 관련된 측면), ② 2차적 요소 : 지원체제(교수 · 시설 · 설비 · 재정 · 경영)	
김재웅 외 (2000)	① 학습활동지원 인프라 : 학습자, 교수자, 조교, 상담자, 운영자 ② 연구지원 인프라 : 커리큘럼 개발, 내용제시 방법, 질관리, 학습자 특성 ③ 인적 조직 인프라 : 기술지원담당, 교육담당, 개발담당, 행정담당, 재정담당, 상담담당 ④ 시스템 인프라 : 플랫폼, 하드웨어, 소프트웨어, 교육/행정 시설 ⑤ 개발 및 관리 인프라 : 커리큘럼, 콘텐츠 개발, DB관리, 자료개발, 커뮤니티 담당자	
최경애 (2001)	① 수업내부요소 : 교재, 코스 안내 정보 및 진단검사, 소프트웨어 및 웹 애플리케이션, 교수학습 상호작용(동기부여 및 피드백, 학습자의 요구에 대한 새로운 자료지원), 학급운영 및 기술지원(교사의 학급운영에 관한 역할, 기술진의 학급지원), ② 수업 외부요소(공공정보, 입학에서 코스 수강까지의 절차와 지원, 학사행정 및 상담 서비스)	
조은순 이성 (2004)	① 평가측정 시스템, ② 설계/개발 프로세스, ③ 전문가 양성 · 관리 시스템, ④ 행정 · 운영 시스템, ⑤ 기술 인프라, ⑥ 비전 및 리더십	

02 해외 관련 연구

원격교육에 관련된 외국의 연구는 국내에 비해 비교적 활발한 편이라고 할 수 있는데, 이들 연구는 원격교육의 미시적인 교수-학습적인 측면뿐만 아니라 거시적인 조직관리의 관점에 많이 집중하고 있다는 특징이 있다.

로빈슨(Robinson,1999)은 원격교육 환경에서의 질적 향상을 위한 평가를 원격교육의 모든 측면에서 전반적으로 실시하여야 한다고 주장하고 있으며, 프레돌리노 그의 동료들(Freddolino 외, 2001)도 원격교육의 영역들은 상호 밀접한 관계를 맺고 있기 때문에 구성요소들에 대한 총체적 평가가 동시에 진행되어야 하고, 전 구성요소가 서로 유기적, 상호작용적 관계를 형성할 때 원격교육의 전체 체계가 원활히 기능을 발휘할 수 있으며 교육적인 효과성이 높아진다고 주장하고 있다.

칸(Khan, 2001, 2002)은 인터넷 기반 원격교육을 e-Training, e-Teaching, e-Learning에 대한 다양한 시각을 제공하면서 학습틀 전체를 교수적 영역, 기술적 영역, 인터페이스 설계영역, 평가영역, 관리영역, 자원의 지원, 윤리적 영역, 제도적인 영역으로 나누고 이를 다시 교수목적 및 목표, 매체, 네비게이션 설계, 정보분배, 정보의 접근성, 수업 및 학습환경 평가 등의 하위요소로 분류하여 각각의 질적 수준을 맞추어야 인터넷 기반 원격교육이 성공할 수 있다고 강조한다.

론트리(Rowntree, 1998)도 인터넷 기반 원격 교수-학습 과정을 관리영역, 수업 및 교수자료 설계영역, 학습자 지원영역, 질개선 평가 및 제언 활동 영역으로 대분류하고 이를 다시 세부항목으로 분류하여 제시하는데, 여기서는 교육적 측면뿐 아니라 조직관리 관점도 포함하고 있다. 론트리는 이들 각 요소들이 집중적으로 연구되어야 함을 강조한다.

피틴스키와 체이스(Pittinsky & Chase, 2000) 또한 인터넷 기반 원격교육의 긍정적인 결과를 위한 질적 준거로서 조직의 지원, 코스 구조 및 개발, 교수-학습 과정, 학습자 지원, 교수자 지원, 평가 및 수정 보완의 영역으로 나누고 이에 대한 세부 항목들을 제시하고 있다.

미국 조지아(Georgia) 주립 대학교의 탐 리브스 외 8명(Tom Reeves 외, 2001)에 의해서 개발되어진 인터넷 학습 프로그램 평가 툴은 20개의 평가항목으로 구성되어 있는데, 시스템의 안정성, 학습자의 자율성, 사용성, 상호작용성, 학습과 화면설계, 성과지향성, 피드백, 콘텐츠의 완전성 등 미시적인 측면에서의 평가요소들을 제시한다. 이들 각 요소들은 인터넷 기반 원격교육을 이루고 있는 중요 요소들이며 원격교육의 연구과제들은 이들 요소들을 중심으로 이루어지고 있다.

영국의 공공기관인 IITT(Institute of IT Training's standards)는 인터넷 기반 원격교육의 질과 관련된 부분으로 설계자 · 개발자의 역량, 튜터의 역량, 실천지침, 원격교재를 위한 개발 표준을 중요한 요소로 강조하는데, 학습자료들은 학습을 촉진하도록 설계되어야 하며, 구체적으로는 8개 핵심 분야에 초점을 맞추어야 한다고 한다. 이 기관이 제시하는 인터넷 기반 원격교육의 질관리 요소들을 살펴보면 〈표 13-2〉와 같다.

싱가포르의 ECC(2003)는 지난 수년 동안 꾸준하게 인터넷 기반 원격교육의 질적 향상을 위한 평가요소들에 대한 연구를 해오고 있는 정부기관인데, 주로 콘텐츠에 초점을 맞추어 내용 측면(정확성 · 완전성 · 명료성 · 적절성 · 조직성), 활용성 측면(인터페이스, 이동성(navigation), 학습자 지원, 운영), 교수설계 측면(설명, 실습, 피드백, 평가, 과정설명, 학습설계)으로 나누고 〈표 13-3〉에 보는 것처럼 세부 영역별로 30개 항목을 가지고 평가를 하고 있다.

〈표 13-2〉 인터넷 기반 원격교육의 질적 향상을 위한 8가지 핵심요소〈IITT 2003〉

세부역량	주요 내용
완전한 학습자 지원	• 학습자에게는 적어도 과정의 목적, 대상, 필수요건, 학습목표, 목차, 학습시간 등이 포함된 과정 소개서가 제공되어야 함. • 학습자에게는 과정에서 사용되는 프로그램/브라우저, 화상회의 툴, 학습자간의 접촉방법 등에 대한 설명이 제공되어야 함.
콘텐츠	• 주어진 온라인 튜터의 지원은 학습자가 학습목표에 도달하도록 하는데 충분해야 함. • 학습을 촉진하도록 각 내용의 구조화 • 학습자에 적합하도록 진술되어야 함. • 활력 넘치고, 재미있어야 함. • 성적/종교적/연령에 차별이 없어야 함. • 저작권에 위배되지 않아야 함. • 모든 단원에 개관과 요약이 포함되어야 함.
학습설계	• 다른 학습 스타일을 가진 학습자들의 요구를 만족시키도록 설계되어진 다양한 접근방법을 사용해야 함. • 적절한 규정이 학습자가 반성하고 복습하며 새로운 학습을 소화할 수 있도록, 새로운 지식과 기술을 적용하고 실천할 수 있도록 설계되어져야 함. • 상호작용이 학습자들간 그리고 튜터간에 원활히 이루어지도록 설계되어야 함.
사전/사후 평가	• 충분한 시험, 연습 그리고 숙제들은 학습자가 모든 학습목표를 성취하는 것을 보증해야 함. • 학습자료는 학습자들의 지식/기술/태도를 파악할 수 있는 사전 평가를 포함해야 함. • 사전/사후 평가는 학습자들이 이것이 어떻게 이용될 것인가와 결과가 어디에 사용될 것인가를 명확히 알도록 해야 하며, 그들의 답안을 허용된 시간 내에 수정할 수 있도록 하고, 평가결과에 대하여 학습자들에게 피드백을 제공할 수 있어야 함.
네비게이션	• 단원들은 작은 요소들로 구성되어져 있어서 학습자들이 쉽게 교육화면에서 떠나 다른 일을 할 수 있음. • 학습자는 언제든지 현재 학습한 화면에서 상위의 메뉴나 기타 다른 메뉴로 이동할 수 있음.
유용성	• 교육과정은 학습자가 학습자료를 읽기 쉽도록 글자크기나 색상, 글자수 등이 가장 적합하게 구성되어야 함.
매체의 질	• 교수적 목적에 적합하도록 각종 매체가 적절하게 사용되어야 함. • 학습자가 화면을 여는데 10초 이상이 초과되지 않도록 매체를 구성해야 함.
기술의 질	• 프로그램은 소프트웨어의 버그와 잘못된 링크를 제외하고 안정적이어야 함. • 끊김없이 비디오/오디오가 실행되어야 하며, 화면의 리프레시가 학습자의 주의를 잃지 않을 정도로 충분히 빨라야 함.

〈표 13-3〉 인터넷 기반 원격교육 교재를 위한 연구요소들

구분	주요 항목	결정요소 (critical factor)	비결정요소 (non-critical factor)	합계
콘텐츠 측면	정확성, 완전성, 명료성, 적절성, 조직성	2	3	5
활용성 측면	인터페이스, 이동성(navigation), 학습자 지원, 운영	5	10	15
교수설계 측면	설명, 실습, 피드백, 평가, 과정 설명, 학습 설계	3	7	10
요소합계		10	20	30

이상에서 논의한 해외의 이-러닝 질 관련 해외 연구들을 모두 종합하여 보면 〈표 13-4〉와 같다.

〈표 13-4〉 인터넷 기반 원격교육의 해외 연구사례

연구자	연구주제 및 관련 요소들
Khan (2001, 2002)	① 교수적 영역, ② 기술적 영역, ③ 인터페이스 설계영역, ④ 평가영역, ⑤ 관리영역, ⑥ 자원의 지원, ⑦ 윤리적 영역, ⑧ 제도적인 영역
Rowntree (1998)	① 관리영역, ② 수업 및 교수자료 설계영역, ③ 학습자 지원영역, ④ 질개선 평가 및 제언 활동
Pittinsky & Chase(2000)	① 조직의 지원, ② 코스 개발, ③ 교수학습자 과정, ④ 코스의 구조, ⑤ 학습자 지원, ⑥ 교원에 대한 지원, ⑦ 평가와 시정
Baldrige(2004) (기관 평가관련)	① 리더십 ② 전략적 계획, ③ 고객과 시장 중심, ④ 측정/분석/지식관리, ⑤ 인적자원중심, ⑥ 프로세스 관리, ⑦ 사업 (수행)결과
Bizmedia(2002)	① 모든 사용자들에게 기술적인 문제없이 작동하는 기능성 ② 학습자 타입, 요구, 학습해야 할 내용을 고려한 설계 전략 ③ 콘텐츠의 최신성 및 예술성 ④ 상위 수준의 상호 작용성
IITT(2003)	① 개인적 측면, ② IT 훈련 조직적 측면, ③ 훈련부서 측면, ④ 조직 측면, ⑤ 열린학습센터
ECC(2002)	① 콘텐츠 측면(정확성, 완전성, 명료성, 적절성, 조직성), ② 활용성 측면(인터페이스, 이동성(navigation), 학습자 지원, 운영), ③ 교수설계 측면(설명, 실습, 피드백, 평가, 과정 설명, 학습설계)
MVU(2003)	① 기술 표준, ② 활용성 표준, ③ 접근성 표준, ④ 교수설계

03 원격교육의 성패원인 및 해결책

우딜(Woodill, 2004)은 최근 연구에서 인터넷 기반 원격교육이 대부분의 경우 실패로 끝나는 이유를 몇 가지로 구분하면서 향후의 발전 전략을 동시에 제시하고 있다.

(1) 시장의 적응속도

인터넷 기반 원격교육은 소프트웨어인 학습 콘텐츠가 하드웨어인 시스템위에서 날개를 달 때 비로소 학습자들에게 소기의 목적을 달성시켜줄 수 있다. 이 둘이 서로 조화를 이루면서 상호간 발전을 해야 하는데, 어느 한 쪽의 기술과 속도를 다른 쪽이 받아들이지 못하면 학습자들은 실망하고 인터넷을 외면하게 된다.

현재로서는 하드웨어인 테크놀로지는 날아가고 소프트웨어인 콘텐츠의 발전은 기어가고 있는 실정이다.

(2) 새로운 테크놀로지에 대한 환상

인터넷 학습은 테크놀로지 위에서 모든 교수 - 학습 활동이 이루어지기 때문에 테크놀로지의 새로운 기술과 발전은 원격교육 분야에 민감하게 작용한다. 또한 테크놀로지의 기능과 성능이 우수하면 학습결과가 좋을 것이라고 착각하게 된다.

예를 들어 인터넷 학습에서 LMS(Learning Management System) 또는 LCMS(Learning Content Management System)의 역할은 자판기와 같을 수도 있다. 자판기 속에 있는 물건이 원할 때 실수 없이 잘 나온다고 해서 물건에 대한 만족도가 높아지는 것은 아니다. 즉, 학습자는 학습 콘텐츠를 통해 학습목표를 달성하고 좋은 결과를 가져올 수 있는 것이다. 학습자들이 문제없이 자판기 같은 시스템을 잘 쓰고 있다고 해서 인터넷 학습이 성공하고 있다고 착각해서는 안 될 것이다. 아무리 훌륭한 플랫폼도 내용물이 기대에 못 미치면 학습자들이 외면하게 된다.

(3) 지루한 학습 콘텐츠

지금의 인터넷 학습이 안고 있는 가장 큰 문제점 중의 하나가 학습 콘텐츠가 지루하고 재미없다는 것이다. 더블린과 크로스(Dublin & Cross, 2003)에 의하면 온라인 과정이 필수과목이라 하더라도 수강생들의 30% 정도는 수강신청을 하고 싶지 않다고 설문에 응답하고 있다고 한다. 이유는 재미없고 의미없어 보이기 때문이라고 한다.

그렇다면 인터넷 학습에서의 학습 콘텐츠가 지루한 이유가 무엇일까? 알렌(Allen, 2002)은 우리가 인터넷 학습 콘텐츠를 설계할 때 오프라인 수업을 염두에 두고 설계를 하기 때문에 영화나 광고와 같은 기대감을 가지고 있는 학습자를 종종 실망시키고 있다고 지적한다.

(4) 교수와 학습에 대한 혼동

수업현장에서 교수(敎授)와 학습이 공존해야 하는 이유는 학습자들이 효과적으로 수업을 진행하도록 하기 위하여 지식과 경험이 풍부한 교수의 역할이 필요하기 때문이다.

인터넷 학습의 자기주도적인 학습은 자칫 학습자들에게 교수의 역할을 학습자들에게 넘김으로써 수업의 공백을 가져올 수 있다. 잘 설계되어 활용되는 테크놀로지의 장점은 이러한 교수의 공백을 채워줄 수 있지만 아직까지 인터넷상에서의 경험이 충분하지 않은 학습자들이 자발적으로 기계의 장점을 십분 활용하면서 상당히 효과적으로 학습을 진행하기는 어려운 일이다.

그러므로 인터넷을 통해 효과적으로 학습내용을 전달하는 방법을 아는 전문적인 교수자의 참여가 중요해진다.

(5) 기관의 비전 및 리더십 부재

원격교육을 실시하는 기관이 비전과 리더십이 있어야 하는 이유는 전통적인 교육기관이 높은 이상과 꿈을 가지고 교수자, 학습자 및 관련 담당자들을 비젼을 향해 정진하도록 유도해야 하는 이유와 마찬가지이다.

하지만 많은 가상대학, 사이버대학, 원격연수원 등 원격교육기관들이 마치 기존의 전통적인 교육기관에다가 좋은 악세서리를 하나 걸친 정도로 인식하고 있는 데서 인터넷 학습의 질적인 저하가 시작되고 있다는 지적이 있다(Melton, 2002).

원격교육을 실시하는 기관이 이에 대한 중·장기적인 비전 없이 비용 효과성과 홍보성·유행성을 바탕으로 교육을 실시하게 되면 질적인 수준은 기대하기 어려워진다.

이 외에도 일반적으로 언급되는 다양한 문제점들에는 다음과 같은 것들이 있다.

- 원격교육 실시에 대한 불명확한 당위성
- 과정 전체의 구조와 연계된 전략적 설계 미흡
- 구체적이고 세부적인 교수설계 전략 부재
- 설계와 제작과 연계성 미흡
- 원격교육 프로그램에 대한 평가 및 분석 미흡
- 제작, 제작 후 과정, 실행과 운영의 연계성 미흡
- 개별과정에 대한 운영전략 미흡
- 원격교육에 대한 장기적인 운영과 평가전략 미흡

이와 같은 문제들은 현재의 인터넷 기반 원격교육이 그다지 성공을 이루고 있지 못하다는 지적이면서도 향후의 발전방향을 설명하기도 한다. 다시 말해, 원격교육의 연구는 학습자에게 최상의 학습결과를 제공하기 위하여 원격교육을 둘러싸고 있는 제반 환경요소들은 하나씩 질적으로 향상하는 일이 중심이 되는 것이며, 어느 한 요소의 발전만으로 전체적인 발전을 가져오기는 쉽지 않은 것이 원격교육의 구조이기도 하다.

결국 원격교육은 이전의 전통교육보다 상당히 많은 교수-학습 요소들을 동시에 깊이와 넓이를 함께 고려해야 하는 동시성, 연계성, 체계성을 가지고 접근해야만 원격교육의 발전을 기대할 수 있을 것이다.

요약 및 정리

원격교육의 연구과제는 크게 원격교육을 둘러싸고 있는 외부환경에 포함하는 제도와 법규 · 정책 · 조직의 비전 등에 해당하는 매크로한 요소들과 원격 교수-학습을 실제적으로 구성하게 되는 마이크로한 요소들로 이루어진게 된다.

원격의 교수와 학습을 구성하는 마이크로한 요소들에는 원격교육의 콘텐츠에 해당하는 설계와 개발, 학습자들에게 교수와 학습을 진행하는 운영 및 관리, 평가에 해당하는 많은 요소들이 포함된다. 학습자들이 원격에서 학습할 때 중요하게 고려되는 상호작용, 튜터의 활동, 학습동기, 다양한 학습방법 및 전략 등이 모두 마이크로한 연구주제들에 속하게 된다.

원격교육의 테크놀로지가 발전되면 원격교육의 연구주제들도 변하게 되며 학습자들에게 필요한 학습전략과 활동에도 많은 변화가 있게 된다. 결국 원격교육의 연구주제는 원격교육의 확산과 발전에 따라서 지속적으로 변화되어야 한다. 이는 원격교육의 성공을 위해서도 중요한 사항이다.

탐구문제

1. 원격교육에서 대표적인 매크로한 연구주제와 마이크로한 연구주제들을 설명하시오.
2. 최근의 원격교육이 관심을 가지는 원격교육의 질적 향상은 무엇을 의미하는지 간단히 설명하시오.
3. 국내의 원격교육 연구추세와 해외의 원격교육 연구추세는 어떤 점에서 차이가 나는지 설명하시오.

제14장 원격교육의 미래와 전망

- 학습목표
- 핵심용어

01 원격교육의 발전 이슈

02 원격교육과 테크놀로지의 발전

03 원격교육의 미래

- 요약 및 정리
- 탐구문제

● 학습목표

1. 원격교육의 발전 이슈를 나열할 수 있다.
2. 원격교육 기관의 발전방향에 대하여 설명할 수 있다.
3. 원격교육의 미래를 위해 중요한 사항을 지적할 수 있다.

* 핵심용어

- **b-Learning** : 인터넷 학습의 단점인 학습자의 심리적인 부담감을 줄이고 수업 운영의 효율성을 위하여 집합교육과 연계하여 교육을 실시하는 방법
- **informal 학습** : 공식적으로 정규 학습과정에서 배우는 내용이 아니라 학습자가 자발적으로 비공식적인 채널을 통하여 학습내용을 접하는 방법
- **수행 컨설팅**(performance consulting) : 학습자가 학습 후 수행하게 되는 행동과 태도를 중심으로 하여 학습내용과 방법을 가이드해주는 학습지도방법으로 주로 기업의 연수와 훈련에서 많이 활용
- **m-Learning**(mobile-Learning) : 핸드폰이나 무선 노트북 컴퓨터 등 이동성 기기를 이용해 무선 인터넷으로 학습 콘텐츠를 접할 수 있는 형태의 학습방법. 최근에는 u(ubiquitous) - 러닝의 개념에 포함되기도 함.
- **t-Learning**(digital television-Learning) : 디지털 상호작용성 텔레비전을 통하여 학습하는 방법

우리나라의 인터넷 이용률은 세계 1위에 올라 있으며, 2004년 6월 기준 3000만 명이 넘는 인구가 인터넷을 사용하고 있다. 또한 국가 정보화 지수가 전 세계에서 7위에 올라 있으며, 인터넷 학습기반 지수는 5위에 달하고 있다(정통부, 2004).

정부는 현재의 평생학습 참여율(17.5%)을 인터넷 학습을 통해 OECD 회원국의 평균인 35.6%로 올린다는 계획을 가지고 있다. 2004년 7월 이러닝 산업발전법의 제정으로 이러닝 산업체는 활기를 띠게

되었고, 초·중등학교의 사이버 가정학습체제 도입으로 인터넷을 통한 학습은 이제 전국민을 대상으로 가능하게 되었다. 이는 우리나라의 인터넷 기반 원격교육의 미래가 상당기간 장밋빛을 띨 수 있음을 시사하기도 한다.

이렇게 인터넷을 기반으로 하는 원격교육이 양적으로 팽창할수록 우리의 관심은 원격교육의 질적 향상에 쏠리게 된다. 제13장에서 언급한 최근의 원격교육의 연구주제가 주로 질적인 향상에 초점이 맞추어지는 것도 이러한 현실과 밀접한 관계를 가지고 있다.

원격교육의 미래는 상당 부분 인터넷을 중심으로 하는 테크놀로지의 발전과 관련을 가지게 되며, 지금처럼 인터넷의 활용이 가정과 사회, 각급 학교에 모두 확산된 상태에서는 일과 학습과 사회생활을 구분 없이 엮어가는 학습사회, 학습국가의 개념이 일상이 될 수 있을 것이다.

미래학자인 피터드러커는 2020년에는 사람들이 50대까지 쉼없이 학습을 하여야 하는 사회가 도래할 것이라고 예견하기도 한다. 그 이유는 인터넷의 발전으로 학습할 대상과 내용이 도처에 널려 있고, 모두들 그렇게 학습을 하는 것이 추세가 되기 때문에 너나없이 다양한 분야를 학습하여야 하고 그렇게 해야만 겨우 직장을 잡을 수 있을 것이라고 한다.

이는 테크놀로지가 가져다 준 선물이면서도 또 다른 부담이 되기도 한다. 이러한 관점에서 향후 인터넷 중심의 원격교육에 대한 전망을 몇 가지 살펴보기로 하자.

01 원격교육의 발전 이슈

향후 인터넷을 중심으로 하는 원격교육은 학교나 기업·정부기관 등 조직의 전략과 통합되어 움직이게 될 것이다. 기업의 경우 비즈니스 전략이 인터넷 안에서 많이 작용하는 것은 이미 우리가 알고 있는 사실이고 이러한 현상은 사회 각 부분으로 더욱 확산될 것이며, 위에서 언급한 것처럼 일과 학습은 좀더 긴밀한 관계를 가질 수밖에 없다. 다시 말해 어떤 조직이든지간에 조직의 시스템 안에서 인터넷 학습이 하나의 중요한 파트로서 역할을 하게 될 것이다.

또한 인터넷을 기반으로 하는 학습이 단지 학습에서 그치지 않고 동료 학습자들이 하나의 울타리를 형성하게 되는 기능들, 예를 들어 지식경영, 학습동호회, 커뮤니티 등과 같은 활동영역의 확대가 재생산될 것이다. 이는 인터넷 학습의 특성상 교육이 종료된 후에는 이러한 기능들로 연계를 시키지 않는 한 학습내용에 대한 재검토가 쉽지 않은 상황을 극복하기 위한 아주 효과적인 방법이기도 하다.

(1) 인터넷 학습과 b-러닝

최근 들어 b(blended) - 러닝에 대한 관심이 증폭되고 있다. 그 이유는 인터넷 학습에 대한 기대감이 효과성에 대한 의문으로 조금씩 상쇄되고 있고, 심도있는 교육과정을 설계하고 개발하기가 쉽지 않기 때문이다.

b-러닝은 인터넷 학습의 단점인 학습자의 심리적인 부담감을 줄이고 수업운영의 효율성을 위하여 집합교육과 연계하여 교육을 실시하는 방법으로, 특히 기업에서는 b-러닝에 대한 경험과 성공사례가 많이

쌓여가고 있다. 온라인과 오프라인의 학습을 접목을 할 경우 양쪽의 강점을 합하여 시너지 효과를 낼 수 있는 장점이 있다. 기업뿐 아니라 사이버 가정학습체제가 전격적으로 도입이 되는 각급 학교에서는 학교와 가정이 유기적으로 연계하여 학습자들이 심화와 보충학습이 가능하도록 연계하는 이와 같은 통합학습이 더욱 확산될 것이다.

b-러닝의 확산은 인터넷 학습의 강점에 해당하는 실험 위주의 시뮤레이션 학습방법, 토론학습, 프로젝트 중심학습 등이 완전하게 온라인 상에서만 이루어질 경우 심도있는 학습이 이루어지기 어렵다는 지적이 많기 때문에 이에 대한 보완책으로 집합교육과의 통합은 중요하게 받아들여지고 있다. 특히 기업과 같은 곳에서는 인터넷 학습의 많은 부분이 시뮬레이션 형태의 현장경험 위주 교육이 되어야 업무성과(performance)를 높일 수 있는데, 이를 위해서는 학습과 현장이 연계되어 학습과 실습이 연결되는 것이 중요할 것이다.

이러한 과정은 학교교육에서도 예외가 아니며, 인터넷 학습의 궁극적인 목표도 학습자들의 학습결과에 대한 효과성에 있기 때문에 인터넷 학습과 관련된 학습방법과 형태의 변형은 앞으로도 지속적으로 변화하고 발전할 수밖에 없을 것이다.

(2) 공식적인 형태와 비공식적인 형태의 학습

현재까지의 인터넷 학습은 대부분 공식적인 형태(formal)의 교육형태를 가지고 있다. 즉, 정식으로 인터넷상에서 과정을 등록하여 신청하고 교육받고 평가점수를 받은 후 수료처리하고 학점을 인정받는 형태를 가지고 있다. 하지만 이러한 현상은 점차 비공식적인 형태(informal)의 자발적인 학습으로 그 형태를 바꾸어 가고 있다.

현대사회는 스스로 학습하지 않으면 살아남기 어려운 사회가 되고 있고, 이러한 현상은 앞으로 더욱 심화될 수 밖에 없다. 이와같은 현상은 이미 미국의 통계청이 몇 년 전 발표한 자료에서 나타나고 있다.

그러므로 교수자보다 더욱 전문적인 지식과 경험을 가지고 있는 학습자의 등장과 동료학습자들 사이에 교수자를 능가하는 수준의 학습자의 등장 등 기존의 교수와 학습의 개념이 혼재된 학습과정이 예상될 수도 있다. 이러한 현상에 가장 부담스러운 사람들은 교수자가 될 것이며, 학습자와 마찬가지로 교수자도 끊임없이 새로운 지식과 경험을 위해 노력을 쏟아야만 한다.

인터넷 학습을 실시하는 기관은 인터넷 학습 프로그램을 선별하여 공식적인 등록 프로그램과 자유롭게 학습하는 공개 프로그램으로 정하여 학습자들이 융통적이고 자발적으로 학습을 하도록 유도할 필요도 있다. 이미 많은 기관들이 공개 프로그램을 통해 어느 정도의 비공식적인 학습을 제공하고 있지만, 향후에 이러한 비공식적인 학습의 강도는 더욱 높아질 것이다. 특히 기업과 같은 곳에서는 학습자들이 다양하고 의미있는 비공식적이고 자발적인 학습이 가능하도록 전략을 수립해야 할 것이다.

(3) 교수자들의 변화

인터넷 학습의 확산으로 교수자들이 가장 큰 변화를 맞고 있는 것이 사실이다. 인터넷 학습은 학습자와 교수자 모두에게 낯설고 경험이 부족한 학습형태이기는 하지만 교수자의 경우 테크놀로지를 활용하여 수업을 진행해야 한다는 점은 상당한 부담이 될 수밖에 없다.

이와 관련하여 미국 시스코 시스템사의 교육담당 켈리 부사장은 인터넷 학습의 가장 큰 문제점이 담당 스태프들의 업무능력이라 한다. 다시 말해 인터넷 학습의 업무는 모두 바뀌었는데, 아직도 10년 전 집합교육을 생각하면서 업무를 하고 있다는 것이다.

즉, 많은 교수자들 혹은 인터넷 학습을 담당하는 담당자들이 인터넷 학습 업무야말로 전에 해본 경험이 없는 새로운 것이지만 익히 경험이 있는 집합교육을 생각하고 인터넷 학습을 설계하고 운영하다보니 많은 문제점들이 발생한다는 것이다.

인터넷 학습에서는 내용도 방법도 인터넷에 맞아야 하고 학습자들은 원격에서 교수자·담당자와 마주치지 못하고 수업을 진행해야 하는 근본적인 차이점을 인정하고 이것을 바탕으로 수업이 흘러가야 한다는 것을 잊어서는 안된다고 강조한다.

이러한 관점에서 인터넷을 기반으로 하는 원격교육의 교수자와 담당자들에게 요구되는 몇 가지 능력과 요소들을 살펴보면 다음과 같다.

1) 시스템적 사고(systems thinking)

사고체계가 논리적이고 인풋과 아웃풋이 긴밀히 연결되는 사고를 해야 한다. 인터넷 학습의 바탕은 테크놀로지이고, 수업내용과 방법이 모두 완성된 후에야 학습자들에게 전달이 되기 때문에 프로그램이 그 누가 보고 들어도 이해할 수 있을 정도로 완전하게 완성이 되어야 한다. 이렇게 해야 학습의 좋은 결과를 얻을 수 있다.

2) 학습자 관리(learner management)

인터넷 학습에서는 학습자들이 수업의 대상이기도 하지만 관리의 대상이기도 하다. 이는 기존의 교실수업이 교수자와 학습자가 같이 만들어가는 진행형 수업이었던 것에 비해 인터넷 학습은 이미 만들어진 수업 내용을 학습자들이 최대의 결과를 가져올 수 있도록 관리해주는 일에 초점이 맞추어져 하는 특성을 교수자들이 십분 활용해야 하는 것이다.

3) 성과 및 수행 컨설팅(performance consulting)

인터넷 학습에서는 교수자들 혹은 교육담당자들이 학습자들이 배운 내용을 어디에다 활용할 것이가에 관심을 가져야 한다. 그리고 학습자

각자가 가지고 있는 관심 부문에 알맞은 컨설팅을 제공해야 한다. 특히 기업의 경우에는 인터넷 학습의 효과와 관련하여 이것이 중요한 요소가 되고 있다. 즉 기업상황에서 인터넷 학습은 교육생의 업무현장이고, 학습의 결과는 업무상황에서 능력이 발휘되어야 한다.

4) 네트워킹

인터넷 학습에서 교수자, 교육담당자들은 다양한 기관 · 동호회 · 모임 등에 네트워크를 가지고 있어야 발전된 업무를 진행할 수 있다. 인터넷의 특성이 네트워크의 활용에 있는 만큼 학습하는 내용과 연계된 다양한 소스와의 접촉은 학습자들에게 또 다른 중요한 학습자료가 될 수 있다. 성인 학습자들의 경우 스스로 많은 네트워크를 만들 수도 있지만 연령이 어린 학습자의 경우 교수자가 이를 제공해줄 필요가 있다.

(4) 원격교육 기관의 발전방향

사이버대학과 원격연수원, 기업의 사이버연수원 등 인터넷 중심의 원격교육기관은 점점 증가하고 있다. 아직까지는 대부분의 인터넷 원격교육기관들이 자리를 잡아가고 있는 상황이지만, 앞으로 독립적이고 성공적인 교육기관으로 성장하기 위해서는 다음과 같은 몇 가지의 우려점들이 극복되어야 한다.

첫째, 인터넷 교육기관에 대한 편견과 부정적인 면이 해소되도록 홍보와 노력을 해야 한다. 이러한 현상은 기존의 원격교육이 그다지 성공하지 못하였다는 점에 기인하지만 이러한 점들을 극복하기 위한 노력도 그다지 많이 않았다는 점도 인정해야 할 것이다.

즉, 인터넷 학습도 상당히 효과적이고, 그 결과로 학습자들은 학습결과에 상당히 만족하였다는 실적이 많이 쌓이고 홍보가 되어야 인터넷 학습에 대한 호응도가 높아질 수 있고 이들 교육기관에 대한 편견과 우려감이 없어 질 것이다.

둘째, 학습 콘텐츠의 질적 수준이 향상되어야 한다. 인터넷 학습이 처음에 등장하였을 때 학습자들이 기대했던 것보다 콘텐츠 수준에서 아직 큰 발전이 되고 있지 않은 상황에서 학습자들이 기대하고 있는 콘텐츠의 수준으로 발전이 되지 않는다면 인터넷 학습의 성공이 요원할 수 있다. 또한 인터넷 학습이 확산되고 발전되어도 집합교육이 공존하기 때문에 학습자들에게 인터넷 학습만의 차별화되고 특화된 학습내용과 전략이 전달되어야 한다.

셋째, 교수자와 학습자, 학습자 동료 간의 실시간 학습활동이 현실화되어야 한다. 아직까지 인터넷 학습은 학습자가 요청한 피드백이 교수자에게서 언제 돌아올지 모르고, 인터넷의 커뮤니케이션 채널 외에 전화와 팩스가 동시에 활용되고 있는 실정이다. 이와 같은 현상은 향후 u-러닝 혹은 m(mobile)-러닝이 확산될 경우 휴대하기 편하다는 점에서 학습자와 교수자 모두에게 온라인보다는 어느 정도 극복이 될 수 있지만 이는 테크놀로지를 사용하는 원격교육이 근본적으로 가지고 있는 한계점이기도 하다.

넷째, 전세계 어디나 연결이 가능하다는 인터넷 학습의 특성을 살려 원격교육 기관 사이의 연계성을 강화하여야 한다. 특히 국내대학이 가지고 있는 한계점과 대학 발전정도를 고려할 때 원격교육은 이러한 문제점을 어느 정도 완화해줄 수 있는 길을 제공할 수 있다. 몇몇 사이버대학들이 이미 미국의 대학들과 연계된 프로그램을 구상중에 있으며, 이러한 움직임은 기업의 연수원에서도 나타나고 있다.

다섯째, 정책적인 지원 및 제도 · 법규의 일관성이 필요하다. 현재 인터넷 학습은 교육부 · 정통부 · 노동부 · 산업자원부 등 다양한 정부기관에서 각각 다루고 있기 때문에 인터넷 학습을 제공하는 교육기관들은 때에 따라서 다른 정부부처의 눈치를 살펴야 하는 실정이다. 인터넷 학습을 실시하는 기관들이 제도와 법규 때문에 콘텐츠의 질적 향상과 학습자에게 양질의 서비스를 제공하는 것이 소홀해지지 않도록 정부는 관심을 가져야 할 것이다.

여섯째, 원격교육 기관들은 하드웨어적인 모양새보다는 소프트웨어적인 우수한 콘텐츠 확보에 좀 더 관심을 치중해야 한다. 인터넷 학습을 위한 콘텐츠의 개발은 상당한 노력과 시간, 그리고 인력이 소요되는 일이다. 하지만 이미 확보된 하드웨어를 채우기 위해 급하게 콘텐츠를 공급하다 보면 학습자의 만족에서 벗어나는 수준 낮은 콘텐츠가 제공되기 쉽다.

이러한 단점은 이미 많은 원격교육 기관에서 현실로 나타나고 있으며, 그동안 급작하게 조달한 수준 낮은 콘텐츠를 수정하기에는 너무 많은 비용이 소요되고 새로 만들자니 시간과 또 다른 비용이 투자되기 때문에 어려움을 겪고 있는 기관들이 있다.

새롭게 콘텐츠를 구축하는 원격교육 기관들은 이러한 경험들을 타산지석으로 삼아야 할 것이다.

02 원격교육과 테크놀로지의 발전

테크놀로지의 발전과 함께 미래에 어떤 테크놀로지와 교육이 결합을 할지 우리는 감을 잡기 어려울 수도 있다. 인터넷 학습을 일컫는 e-Learning에서 e가 다른 단어로 대체되더라도 우리에게 중요한 것은 교육, 즉 학습의 효과를 위해서 테크놀로지가 최대한 활용되어야 한다는 것이다. 결국 용어 그 자체 보다는 내용이 얼마나 우수하고 결과적으로 학습자에게 실질적인 도움이 되는 학습이 제공되었나를 먼저 살펴보아야 한다.

우선 가까운 미래에 사회가 요구하는 인재상이 무엇이고 이에 따라 교수와 학습의 형태가 어떻게 달라질 수 있을지 생각해보아야 한다. 예를 들어 기업은 아마 지금처럼 지속적인 구조조정과 함께 또한 더욱 우수한 인력을 채용하기 위하여 노력을 할 것이며, 과거처럼 엄청난 수의 신입사원을 일시에 채용해 적응교육부터 시작하기 보다는 항시 현업에 투입할 수 있는 우수 인력을 상시 채용할 것이다.

이러한 현상은 대학교육의 변화를 가져오게 되며, 입사를 원하는 인력들에게는 자발적인 학습능력을 통한 자기계발 능력이 우수한 인력이 갖추어야 할 기본 능력으로 받아들여지게 될 것이다. 이는 또한 학습자들이 학습에 접할 수 있는 좀더 많은 기회를 원하게 되며, 장소와 시간에서 자유롭게, 전세계 어디에 있든지 우수한 양질의 콘텐츠에 접하고 싶어하게 한다.

결국 테크놀로지의 발전은 이러한 사회의 변화와 학습자들의 요구, 그리고 학습하고자 하는 분야에 집중되어 원격교육이 급속하게 발전하게 될 것이다. 최근들어 급속히 관심을 집중되는 m-Learning과 t-Learning은 이러한 현상을 잘 반영하는 움직임이라 할 수 있다.

(1) m-Learning

m-Learning은 핸드폰이나 무선 노트북 컴퓨터 등 이동성 기기를 이용해 무선 인터넷으로 학습 콘텐츠를 접할 수 있는 형태의 학습방법이다. m-learning은 유선 컴퓨터로 연결되는 e-Learning에 비해 휴대가 간편하고 장소의 제한을 받지 않는다는 점에서 차세대 원격교육 테크놀로지로 인식되고 있다.

특히 우리나라와 같이 핸드폰이 청소년까지 널리 활용되는 상황에서는 국민들 전 계층에게 핸드폰을 통해 언제 어디서든지 간편하게 원격교육이 가능함을 시사하는 것이기도 하다. 하지만 아직까지

m-Learning은 핸드폰과 무선 인터넷의 한계점을 벗어나기 어려운 문제점을 가지고 있다.

예를 들어 핸드폰의 작은 화면과 낮은 화상도를 통해 학습을 하는데 어려움이 따르게 된다. 또한 학습 콘텐츠를 다운받는데 걸리는 시간과 용량의 문제점, 인터넷 접속의 문제점들이 학습진행에 방해요소가 될 수도 있다. 현재의 e-Learning에서 문제점으로 지적되는 상위수준의 사고력이 요구되는 학습에 대한 것도 역시 m-Learning에서 극복하기 어려운 문제점으로 남게 된다.

그러므로 현재로서는 학습 콘텐츠를 간단하고 단편적인 부분으로 나누어 제공하는 방법이 많이 활용되고 있지만, 향후 핸드폰과 무선인터넷의 발전에 따라 m-Learning의 활용범위와 내용도 크게 발전할 것으로 예상되고 있다.

(2) t-Learning

t-Learning은 디지털 상호작용성 텔레비전 학습을 의미하는 것으로서 도래하는 유비쿼터스 시대에 차세대 텔레비전을 활용한 원격교육의 또 다른 유형이 될 수 있다. 이것은 기존의 일방향성인 텔레비전 방송교육의 한계점을 극복하여 인터넷과 상호작용성이 포함되었다는 점에서는 방송교육보다는 오히려 인터넷 학습과 더욱 유사한 형태를 가진다.

앞으로 각 가정에 디지털 텔레비전이 확산되고 텔레비전의 기능과 컴퓨터 네트워크의 기능이 복합적으로 널리 활용되면 t-Learning의 활용가능성도 더욱 넓어지게 된다.

현재는 유럽을 중심으로 t-Learning에 대한 활용성에 대한 연구가 활발하게 이루어지고 있으며, 우리나라도 조만간 디지털 텔레비전이 광범위하게 확산되면 t-Learning에 접근성이 높아질 것이다.

03 원격교육의 미래

컴퓨터와 인터넷의 확산은 원격교육의 발전에 지대한 공헌을 하였으며, 인터넷 교육이 미래의 유망산업으로 인정받도록 하는데 일조를 하였다. 우리나라는 인터넷 활용률이 전 세계적으로도 앞선 나라가 되었으며 동남아국가에서 우리나라의 인터넷 중심 원격교육은 벤치마킹의 대상이 되고 있다.

현재 정부차원에서 학교, 정부, 기업 등 전 계층을 대상으로 인터넷을 활용한 평생교육을 강조하는 것은 우리나라의 원격교육이 밝은 미래를 가질 수 있음을 시사하는 것이기도 하다. 또한 날로 발전하는 컴퓨터와 인터넷의 테크놀로지, 다가오는 유비쿼터스 시대에 대한 준비는 원격교육의 한계점을 극복하는 데 많은 공헌을 할 수 있을 것이다.

하지만 이러한 외향적인 발전과 더불어 원격교육이 풀어가야 할 커다란 숙제는 바로 교수자와 학습자의 원격교육에 대한 태도와 인식 등 원격교육의 핵심내용을 만들고 받아들이는 당사자들이다. 아직까지 면대면의 전통적인 교수와 학습에 경험이 더 많은 교수자와 학습자들은 원격교육을 단지 편해보이고 쉬워 보여서 채택하는 단편적인 어리석음에서 벗어나야 한다.

또한 원격교육은 절대 깊이 있는 학습을 할 수 없다는 편견에서도 벗어나야 한다. 학습내용이 학습내용이 질적으로 수준이 높기 위해서는 그만큼 노력을 하여 콘텐츠를 만들어야 하며 이는 콘텐츠를 설계하고 제작하는 담당자들의 엄청난 노력과 시간투자를 요하는 것이다. 이에 대한 이해와 노력없이 쉽게 만들어진 콘텐츠를 통하여 학습자들에게 양질의 학습이 제공되고 이를 바탕으로 우수한 원격교육이 이루어졌다고 판단하는 것은 원격교육 그 자체를 오해하고 있는 것이다.

결국 원격교육의 미래는 테크놀로지의 발전과 원격교육을 연구하는 전문가들 외에 원격교육에 직접 참여하는 사람들의 끊임없는 노력으로 더욱 발전하게 되는 것이다. 그러므로 교수자와 학습자들의 원격교육에 대한 인식이 한발 앞서갈 때 원격교육의 미래는 더욱 밝게 변화할 것이다.

요약 및 정리

원격교육의 미래와 발전방향은 현재 원격교육이 가지고 있는 한계점과 문제점을 가지고 해결할 수 있다. 지난 십 수년에 비하여 원격교육은 현재 상당한 발전을 이루었지만 이러한 점들은 대부분 원격교육의 외향적인 부분에 해당하는 하드웨어의 발전이라고 해도 과언이 아니다.

원격교육을 실제 접하고 학습하는 학습자와 학습내용을 만드는 교수자와 담당자들은 사실 발전하는 하드웨어만큼 놀라운 변화를 이루지 못하고 있는 실정이다. 이러한 문제점은 원격교육에 대한 부정적인 시각을 확산하게 되고, 정부를 비롯한 많은 관련 기관과 전문가들의 노력에도 불구하고 원격교육의 결과에 실망하는 결과를 낳게 되었다. 하지만 전 세계적인 정보화의 발전과 확산 및 우리나라의 IT 경쟁력으로 볼 때 인터넷을 중심으로 하는 원격교육의 미래는 상당히 밝은 편이다.

특히 전 국민을 대상으로 평생교육차원에서 원격교육을 확산하고자 하는 노력과 연구투자, 인터넷 학습 산업의 발전은 우리나라의 원격교육을 한 층 높은 수준으로 올릴 수 있으며, 향후 원격교육에 대한 학습자들의 인식도 크게 발전할 것으로 보인다.

앞으로 원격교육의 발전을 위하여 끝없이 부닥치는 문제는 콘텐츠의 우수한 질과 수준이 될 것이다. 하지만 이를 위하여 테크놀로지의 발전 외에 원격교육에 대한 체계적인 연구와 각급 교육현장별 적용사례의 발굴 등 부단한 사람중심의 노력이 원격교육의 미래를 보장할 것이라는 점을 반드시 알아두어야 한다.

탐구문제

1. 원격교육이 가지는 현재의 한계점을 중심으로 향후 가장 중요한 원격교육의 발전방향 세 가지를 간단히 설명하시오
2. m-Learning과 t-Learning의 활용가능성에 대하여 테크놀로지의 발전을 고려하여 본인의 의견을 설명하시오.
3. 원격교육 기관이 발전하기 위한 방향을 학교와 기업의 입장으로 나누어 간단히 설명하시오.

□ 참고문헌 □

[국내]

공주대학교 과학교육연구소(2002), **원격교육과 평가,** 대전 : 보성.

교육과학기술부(2007), **평생교육진흥기본계획(2008~2012),** 평생직업교육국 평생학습정책과, http://www.mest.go.kr

교육과학기술부 · 평생교육진흥원(2008), **2008 평생교육백서,** 서울 : 평생교육진흥원

교육과학기술부 · 한국교육학술정보원(2008), **2008 교육정보화백서,** 서울 : 한국교육학술정보원

교육인적자원부 평생학습정책과(2002), **국가인적자원개발 기본 계획의 실행을 위한 평생학습진흥종합계획,** 교육인적자원부

교육인적자원부 · 한국교육학술정보원(2005), **2005 교육정보화백서,** 서울 : 한국교육학술정보원

교육인적자원부 · 한국교육학술정보원(2007), **2007 교육정보화백서,** 서울 : 한국교육학술정보원

교육학술정보원(2002), **e-Learning 표준화 동향,** 서울 : 교육학술정보원

권대봉(2001), **평생교육의 다섯마당,** 서울 : 학지사

김영주 역(2002), **평생교육을 위한 원격교육,** 서울 : 지구문화사

김영환 · 이상수 · 정희태 · 박수홍(2003), **원격교육의 이론과 실제,** 서울 : 학지사

김재웅(2005), **평생학습국가 건설을 위한 평생교육제도 활성화 방안 : 원격대학, 학점은행제, 그리고 독학학위제를 중심으로,** 교육행정학연구, 23(2), pp.447~469

김재웅 · 강태중 · 한숭희 · 엄태동(2000), **원격교육기관의 질 확보 체제,** 평생교육학연구, 6(1), pp.89-108

김재웅 · 방명숙 역(2000). **원격교육학개론,** 서울 : 교육과학사

김재웅 · 정인성(2002). **원격교육활용론,** 서울 : 한국방송통신대학교 출판부

김희수(2003), **원격교육 교수 학습을 위한 원격교육론,** 서울 : 한올출판사

박숙희 · 염명숙(2002), **교수 · 학습과 교육공학,** 서울 : 학지사

박진규 · 주영흠 · 임현우(1999), **신세대를 위한 교육학,** 서울 : 지선사

백영균 · 김보경 공역(2003), **기업 및 학교교육을 위한 멀티미디어 활용 교수의 설계**, 서울 : 학지사

변영계 외(1999), **협동학습의 이론과 실체**, 학지사

신나민(2007), **원격교육입문**, 고양시 : 서현사

안미리 · 김미량(2001), **가상원격교육체제의 질 관리를 위한 평가모형의 개발**, 한국컴퓨터 교육학회 논문지, 4(1), pp.1-9

양영선 · 조은순 공역(1998), **원격교육의 이해와 적용**, 서울 : 예지각

오문의(2008), **중국의 중앙방송 TV대학의 원격교육제도 연구**, IDE 학술 정책정보 No. 08-C-7, 한국방송통신대학교 원격교육연구소

이인숙(2002). **e-러닝 : 사이버 공간의 새로운 패러다임**, 서울 : 문음사

임철일(2003). **원격교육과 사이버교육 활용의 이해**, 서울 : 교육과학사

임칠성 · 우재학 · 안선옥(1998), **토론을 통한 논술지도 연구**, 한국국어교육학회

정인성(1998), **원격교육의 이해**, 서울 : 과학교육사

정인성(1999), **원격교육의 이해**, 서울 : 교육과학사

정인성(1999), **인터넷 기반 가상수업 연수 자료집**, 방송통신대학교

정인성 · 최성희(2002), **효과적인 학습전략**, 서울 : 교육과학사

정통부(2004). **2004 정보화에 대한 연차보고서**, 정보통신부

조은순(2002), **최상의 결과를 위한 이 러닝의 활용**, 서울 : 한국능률협회출판

조은순(2002). **e-러닝의 활용**, 서울 : 한국능률협회

조은순 · 양윤선(2004), **기업 e-러닝에서 튜터의 학습동기유발 전략에 따른 학습결과 및 상호작용 분석에 대한 연구**, 2004한국 교육공학학회 춘계학술대회

조은순 · 이성(2004). **질향상을 위한 e-Learning 환경표준화 요소 탐색**. 한국교육공학연구. 20(2). pp.3-31

최경애(2002), **웹기반 교육체제의 질 관리 모형 연구**, 서울대학교 박사학위 논문

한국교육개발원(2007), **2007 평생교육백서**, 서울 : 한국교육개발원

홍순정 · 김재웅 · 엄태동(1998), **원격교육의 질 개선을 위한 모형 탐색**, 방송통신교육논총,11, pp37-58

[국외]

Allen, M.W.(2003), **"Michael Allen's Guide to e-Learning"**, John Wiley & Sons, Inc.

Hoboken, NJ

Bates, T.(1993), "Theory and practice in the use of technology in distance Education", InD. Keegan (ed). *Theoretical principles of distance education,* pp.233-243. London : Routledge.

Beckschi, P. & Doty, M.(2000), **Instruction systems design : a little bit of ADDIEtude, Please.** In Piskurich, G.M., Beckschi, P., & Hall, B. (Eds.). *The ASTD Handbook of Training Design and Delivery.* New York : McGraw-Hill.

Belanger, F. & Jordon, D.H.(2000), **Evaluation And Implementa tion Of Distance Learning** : *Technolgies, Tools And Techniques. Hershey,* : Idea Group Publishing.

Bostock, S. J.(1997), **Designing Web-based Instruction for active learning,** In B. H. Khan(Ed.), *Web-based instruction.* Englewood Cliffs, NJ : Educational Technology Pub.

Chadwick, C.(2002), **Why Computers are Failing in the Education of Our Children.** *Educational Technology,* 42(5), pp.29-34.

Cohen(1994), "**Restructuring the Classroom** : Conditions for Productive Small Group" *Review of Educational Research* 64(1), pp.1-35

Cuthell, J. P.(2002), **Virtual Learning : Impact of ICT on the way young people work and learn.** Burlington, VA : Ashgate Publishing Limited.

Driscoll, M.(1998), **Web-based Training : Using Technology to Design Adult Learning Experiences.** San Francisco : Jossey-Bass Pfeiffer

Driscoll, M.(1998), **Web-Bass Training, San Francisco** : Jossey-Bass Pfeiffer

Dublin, L. & Cross, J.(2003), "**Implementing e-Learning : Getting the Most from Your e-Learning investment**", *Presentation at the American Society for Training and Development at San Diego.* CA.

Freddolino, P., Macy, J., Rooney, R.& Hollister, D.(2001), "**Evaluation of Distance Education Programs in Social Work**", *Journal of Technology in Human Services* 18, 3/4, pp.63-84.

Gagnon, George W. & Collay, M(2001), **Designing for Learning : Six Elements in Constructivist Classrooms.** Thousand Oaks, CA : Corwin press Inc.

Galbreath, J.(2001), "The E=Book : Technologies Promise for Learning", *Educational Technology,* 41(4), pp.54-56.

Garrison, D.R. & Anderson, T.(2003), **E-learning in The 21st Century : A Famework for Research and Practice.** NY : RoutledgeFalmer.

Harry, K., John, M. & Keegan, D.(eds)(1993), **Distance Education : New Perspectives,** NY : RoutledgeFalmer.

Hartman, K., Neuwirth, C. M., Kiesler, S., Sproull, L., Cochran, C., Palmquist, M. & Zubrow, D.(1995), **Patterns of Social Interaction and Learning to Write : Some Effects of Network Technologies,** In M. P. Collins, & Z. L. Berge(eds), *Computer mediated communication*(47-78), NJ : Hampton Press Inc.

Heinich, R., Molenda, M., Russell, J.D., & Smaldino, S.E.(1999), **Instructional Media and Technologies for Learning.**(6th ed.), Englewood Cliffs, NJ : Prentice-Hall, Inc.

Hirumi & Lay, (2000)

Homberg, B.(1986), **Growth and Structure of Distance Dducation,** London : Croom Helm.

Johnson(1996), **Cooperative Learning in Classroom,** Personal Seminar.

Kahn, B.H.(2002), "Discussion of e-Learning Dimensions", *Educational Technology (Jan/Feb).* pp.59-60.

Keegan(2000), **Distance Training : Talking stock at a time of change.** NY: RoutledgeFalmer.

Keegan, D(1996), **Foundations of Distance Education, (3rd ed.).** London : Routledge.

Keller, (1983), (1984)

Keller, J.M.(1999), "Motivation in Cyber Learning Environments", Paper presented atthe Korean Society for Educational Technology, Seoul, Korea

Khan, B.H.(2001), **A framework for Web-based learning.** In Khan, B. H.(Ed.) *Web-based Training.* Educational technology Publication.

Krajcik, J., B lumenfeld P., Marx, R & Soloway D E(1994), "A Collaborative Model for Helping Middle Grade Science Teachers Learn Project-based Instruction", *The Elementary School Journal* 94(5), pp.483-497

Laffey, J.(1998), "A Computer-Mediated Support System for Project-Based Learning", *Educational Technology Research and Development* 46(1), pp.73-86

Lee, W.W. & Owens, D.L.(2000), **Multimedia-Based Instructional Design,** San francisco, CA., Jossey-Bass Pfeiffer.

Martin, M., Taylor, S.A.(1997), **The Virtual Classroom : The Next Steps.** *Educational Technology, 37(5),* pp.51-55.

Mehrotra, C. M., Hollister, C.D. & McGahey, L.(2001), **Distance learning : Principle for effective Design, Deliverly, and Evaluation. Thousand Oaks,** CA : Sage Pub.

Melton, R.F.(2002), **Planning and Developing Open and Distance Learning : a quality assurance approach.** Routledge Falmer, New York, NY.

Moonen, J.(2000), "Three-space Design Strategy for Digital Learning Material", *Educational Technology,* 40(2), pp.26-32.

Nadler & Nalder(1993)

Novak, J.D.(1998), **Learning, Creating, and Using Knowledge,** New Jersey : Lawrence Erlbaum Associated.

Penuel 외(1999)

Picciano, A.G.(2001), **Distance learning : Making Connections Across Virtual Space and time,** Upper Saddle River, NJ : Prentice-Hall Inc.

Pittinsky, M.& Chase, B.(2000), **Quality on the Line : Benchmarks for Success in Internet-based Distance Education,** The Institute for Higher Education Policy. Washington

Poter(1997)

Rankin, W.(2000), "A survey of course web sites and online syllabi", *Educational Technology,* 40(2), pp.38-42.

Reeves, T., Benson, L., Elliott, D., Grant, M., Holschuh, D., Kim.B., Kim.H., Lauber, E., & Loh. S.(2001), **Heuristic Evaluation Instrument and Protocol for e-learning Program,** Internal paper at University of Georgia.

Robinson, B.(1999), "International Trends in Quality Assurance for Open and Distance Learning in Higher Education", 한국방송통신대학교 방송통신교육연

구소 주최 원격교육 세미나 발표 자료집.

Roblyer M. D., Vye, N. & Wilson, B.G.(2002), "Effective educational software, now and in the Future", *Educational Technology,* 42(5), pp.7-10.

Rouet, J., Levonen, J. & Biardeau, A.(Eds)(2001), **Multimedia Learning : cognitive and instructional issues,** New York : Pergamon.

Rowntree, D.(1998), **Assessing the Quality of Material-based Teaching and Learning,** *Open Learning*(June). pp.12-22.

Ruffini, M. F.(2000), "Systematic Planning in the Design of an Educational Web Site", *Educational Technology,* 40(2), pp.58-64.

Russell, T.(2001), **Teaching and Using ICT in Secondary Schools,** London : David Fulton Pub.

Schank. R. S.(2002), **Desigining world-class e-Learning.** New York : McGraw-Hill

Simonson, M., Smaldino, S., Albright, M. & Zvacek S.(2003). **Teaching and learning at a Distance : Foundations of distance education, (2nd eds),** Upper Saddle River, NJ : Prentice-hall.

Slavin, R. E.(1987), "Ability Grouping and Student Achievement in Elementary Schools : A Best-Evidence Systhesis", *Review of Educational Research,* 57, pp.293-336.

Woodill(2004), **Where si the Learning in e-Learning? :** *a critical analysis of the e-Learning industry,* Internal white paper at Operitel.

[웹사이트]

• 국내

http://www.edu.cn/disedu_1456/index.shtml

EBS, http://www.ebs.co.kr

교육부, http://www.moe.go.kr/

방송통신고등학교, http://www.knou.ac.kr/

에듀넷, http://www.edunet4u.net

중앙공무원교육원, http://www.coti.go.kr

평생교육센터, http://www.lll.or.kr

한국교육학술정보원, http://www.keris.or.kr
한국방송통신대학교, http://www.knou.ac.kr/
한국직업능력개발원, http://www.krivet.re.kr
한수 초등학교 홈페이지, http://210.96.80.58

• 국외
China Education and Research Network(2001). Education in China Distance Education. [online]
ECC(E-Learning Competency Centre), http://www.ecc.org.sg/
IITT(Institute of IT training), http://www.iitt.org.uk/
미국 가상고등학교, http://www.govhs.org/website.nsf)
미국 스타스쿨 프로그램, http://www.dlrn.org
미국 홈스터디 인터내셔널, http://www.hsi.edu/)
영국의 개방대학교 홈페이지, http://www.open.ac.uk
인도네시아 IOJSS, http://www1.worldbank.org/disted/Policy/Program/pri-02.html
일본 NHK Gokuen, http://n-gaku.mediagalaxy.ne.jp/English/index-e.html
캐나다 알버타 원격학습센터, http://www.adlc.ca/home
캐나다 페블스 사업, http://www.pebbles.ryerson.ca

□ 찾아보기 □

저자약력

■ 염 명 숙

이화여자대학교 사범대학 교육공학 학사
미국 텍사스주립대학교 교육공학 석사
이화여자대학교 대학원 교육공학 박사
현) 대전대학교 중등특수교육과 교수
(저서)《교수학습과 교육공학》,《교육방법 및 교육공학》 외

- E-mail : msyeom@dju.ac.kr

■ 조 은 순

이화여자대학교 사범대학 교육공학 학사
미국 텍사스주립대학교 매스컴 석사
미국 코네티컷주립대학교 교육공학 박사
현) 목원대학교 사범대학 교수
(저서)《교육과 정보화》,《최상의 학습성과를 위한 e-Learning의 활용》 외

- E-mail : echos@mokwon.ac.kr

원격교육활용론

2판 2쇄 발행　2011년 3월 25일

저　자　염명숙 · 조은순
발행인　남　승　우

발행처　남두도서

서울시 동작구 사당로9가길 6(사당동 220-43)
TEL : (02) 595-1692～4
FAX : (02) 595-1394
E-mail : namdoo6@unitel.co.kr
신고 : 5-76호 (1998. 11. 4)

정가 20,000 원

ISBN 978-89-5780-112-3　93370